富爸爸RD 021

富爸爸，
菁英的大騙局

從貨幣、教育到資產，揭穿讓你越來越窮的金融謊言，邁向真正的財務自由

Fake: Fake Money, Fake Teachers, Fake Assets:
How Lies Are Making the Poor and Middle Class Poorer

羅勃特・T・清崎（Robert T. Kiyosaki ） 著
黃奕豪 譯

高寶書版集團

富爸爸常說：「水至清則無魚。」

——引自中國古諺

transparency（名詞）

trans · par · en · cy — \tran(t)s—— ˋper——en(t)——sē

複數形 **transparencies**

transparency 的意義

1. 透明、透明度
2. 透明的東西
3. 投資者取得一間公司包括價格水準、市場深度、經會計師核閱的財務報表等財務資訊的難易度 。

謹獻給
追求真理的人

致謝

C咖學生要感謝A咖學生

我在高中時被當了兩次，因為我很不會寫作。十年級時，我的英文科得了F。我其實不是不會寫作，我能寫，但就是無法把字拼好，也無法正確使用標點符號，此外也常常「文法不對」。但我認為，我會得到F的主要原因是我的英文老師不同意我所寫的內容。我寫了一篇文章描述我對他的想法。我想知道為什麼他總是強迫我們讀一些我們沒興趣的書。對了，順帶一提，我覺得他其實沒有將他的職責做好——他把我們班上超過七成五以上的人都當了。

十年級被當了之後，我幾乎要輟學了。沒有人喜歡被說「笨」，我非常難過。我逐漸痛恨學校，我想要學東西，但不想學我們被迫要學的科目。幸好我爸爸，也就是窮爸爸，說服我不要輟學；不過傷害已經造成了。富爸爸的兒子也在英文科拿到了F，而且是同一位老師給的。

我之所以能夠撐過高中，全是因為坐在全班最聰明的女生旁邊：一位A咖學生。學校體系會把尋求幫助稱為……「作弊」，商業界則稱為「合作」。要不是和這位A咖學生合作，我沒辦法撐過我的高中歲月。

如今，我是一位「暢銷作家」，是有史以來最暢銷的個人財務管理書的作者，而這也是透過合作才能辦到的。

繞了一大圈，其實是想向夢娜．甘貝達（Mona Gambetta）說聲「謝謝」。夢娜是書籍出版界的企業家，同時也是我在寫書時的A咖學生。她既是我的編輯、出版商、教練和幫我加油打氣的人，也是我的朋友。我們合作了多年，一同出版了好幾本書。要不是因為夢娜也加入了團隊，成為我寫書時的A咖學生的話，本書可能根本不會出版。

本書早在一年多前就該出版了，不過我在完成後又重寫了一遍，因為這個世界變化得太快，而我們又必須要用簡單的方式來討論「虛假的貨幣」這個複雜的議題。夢娜從來沒有對我抱怨、責備或批評我，而是持續鼓勵我，即使我一遍又一遍地重寫本書，她也從來不曾放棄我。

因此我要將本書獻給夢娜，向她說「謝謝」。若沒有她的鼓勵、耐心，以及再艱難都願意給我回饋的熱忱，我可能不會像現在一樣，成為一位真正的作家。

目錄
contents

目錄
contents

前言
未來是虛假的

《富爸爸，菁英的大騙局》在二〇一八年四月時就已完成，同年秋天也開始編輯並準備出版。

但是二〇一八年五月二十八日，我在街上經過了一間書報攤，當我用眼神掃過成排的雜誌時，每一本都像是在對我大喊著：「看我！」「選我！」「買我！」「讀我！」

當然，封面上有美女和跑車的雜誌是叫得最大聲的，然而真正抓住我的衣領，對我大喊「你一定要讀」的，卻是封面相當平凡的《時代雜誌》（TIME）。當時封面大喊而出的標題是「我這一代如何毀了美國」（How My Generation Broke America）。

這篇文章為我帶來的震撼，讓我推遲了這本書的出版。

最後一塊拼圖

你拼過一千片拼圖嗎？你是否曾花上好幾個小時，有時甚至是好幾天、好幾週在一千片拼圖裡慢慢尋找，終於找到使整幅拼圖完整的那一片？

這篇《時代雜誌》的文章，就是使我的一千片拼圖完整的最後一片，為我拼出了關於過去、現在和未來的樣貌。《富爸爸，菁英的大騙局》必須要收錄這篇《時代雜誌》的文章才行，這也代表我需要重寫《富爸爸，菁英的大騙局》。

菁英

二〇一八年五月二十八日刊登在《時代雜誌》的這篇文章，是由史蒂芬．布里爾（Steven Brill）所撰寫，內容主要在討論學術菁英。布里爾本人就是一位學術菁英，他中學時就讀於麻州一間名為迪爾費德學院（Deerfield Academy）的菁英私立高中，其後又畢業於耶魯大學及耶魯法學院。

在此引用部分布里爾文章中的句子：

我這個世代（嬰兒潮世代）的佼佼者從菁英大學畢業並投入就業市場後，他們的個人成就往往會為社會帶來非常不利的結果。

翻譯：菁英變得貪得無厭，並且透過犧牲別人來顧好自己。

這些人創造的經濟基礎建立在移動資產，而非打造新資產。

翻譯：菁英專注於讓自己變得更富有，而非創造新事業、打造新產品、增加工作機會和重振美國經濟。

他們創造出了奇異而充滿風險的金融工具，包括衍生性金融商品和信用違約交換等。這類商品雖然能在短期內創造出令人興奮不已的利益，風險和苦果卻是由別人來承擔。

翻譯：創造出虛假資產的菁英讓自己和親友致富，卻剝削了其他人。當這些菁英失敗時還能收到些許紅利，其他人甚至是他們的孩子，卻得繳更多稅並承擔通貨膨脹，為這些菁英的失敗付出代價。

第一片拼圖

布里爾的文章是我的最後一片拼圖，而第一片則是閱讀一九八三年出版的《強取豪奪的巨人》（Grunch of Giants）。

強取豪奪（Grunch）其實是巨大的（Gross）、全世界（Universal）、現金（Cash）、掠奪（Heist）的首字縮寫。這本書的作者是著名的未來學家及球型穹頂的發明人：巴克敏斯特・富勒（Buckminster Fuller）。

一九六七年世界博覽會的美國館

一九六七年，我一路搭便車從紐約到蒙特婁去參觀當年的世界博覽會「人類與世界」，這場辦在加拿大的世博會的宣傳（之前的也是）是「關於未來的世界博覽會」，而當年的美國館就是富勒打造的球型穹頂。

雖然我沒能在蒙特婁見到富勒，但卻有幸能在一九八一至一九八三年時，跟著富勒學習了好幾次。下一頁的這張照片，是我跟富勒在一個名為「商業的未來」活動中的合照。該活動辦於一九八一年，在靠近太浩湖的加州柯克伍德小鎮裡，為期一週。對我而言，和富勒一同參與的每場活動都為我及我的人生帶來眾多改變。

順便一提，鄉村歌手約翰・丹佛（John Denver）也在〈一個人能有什麼作為〉（What One Man Can Do）這首獻給富勒的歌裡稱他為「未來的祖父」。

富勒在一九八三年七月一日辭世，距離我最後一次與他上課只隔了三週左右。我記得我立刻找了一本《強取豪奪的巨人》來讀。富勒書中的內容，許多都與富爸爸教導他兒子和我的內容相同。

《強取豪奪的巨人》說的是超級富豪如何「搶劫」這個世界，也是我這一千片拼圖中的第一片。

從一九八三年到二〇一八年，我不斷研究、閱讀和參加研討課程，任何我覺得可能擁有「強取豪奪」拼圖的人，我都會去聽他們說什麼並向他們學習。

在本書的第二部分，我列出了幾位真正的老師，他們都是我見過、讀過著作或曾經求教過的老師——他們都擁有這份拼圖的其中幾片。

在我讀了《強取豪奪的巨人》三十五年以後的二〇一八年五月二十八日，我在街上巧遇了這本刊載著布里爾文章的《時代雜誌》。對我來說，這篇文章就是我一千片拼圖的最後一片。布里爾證實了許多富勒在《強取豪奪的巨人》中的擔憂及預測。

富勒是一位真正的未來學家，許多他在書中的預測和擔憂都在今日實現，這也是為什麼我說布里爾的文章「來得正是時候」。

雖然這本書因為布里爾的文章而推遲上市，但我很感謝他願意發表自己的洞見，因為他的看法來自一個鮮少人知道的世界：美國最頂尖、最優秀、最聰明的學術菁英小世界。

假如你好奇我說的菁英是誰，其中比較著名的包括：

1. 前總統柯林頓（Bill Clinton）
2. 前國務卿希拉蕊（Hillary Clinton）
3. 前總統歐巴馬（Barack Obama）
4. 前總統老布希（George H. W. Bush）
5. 前總統小布希（George W. Bush）

6. 前聯準會主席柏南克（Ben Bernanke）
7. 前聯準會主席葉倫（Janet Yellen）
8. 參議員米特．羅姆尼（Mitt Romney）

全球還有很多其他菁英在統治著這個世界。

不是壞人的陰謀

我的意思並不是說這些菁英都是壞人（雖然某部分的人可能是），或者他們是某個大陰謀的一環。我們姑且相信這些菁英大多數都是好人，在做他們認為「正確」的事。但問題在於他們都太聰明了，因此少了自我反省的開關，導致他們不斷做著自認為對的事情，就算這些事其實摧毀了數十億人的生活，他們卻仍不停歇。

誰是巨人？

巨人和學術菁英不一定是同一群人，富勒並沒有說菁英就是他口中的巨人。就我印象所及，從富勒的演講和著作來看，他認為菁英只是木偶，管理巨人的人才是幕後的操偶師。大家都知道，操偶師很少現身，他們比較喜歡躲在幕後及暗處。在這本書裡，我會盡我所能讓這些操偶師現形。

那麼，我們就來看看這本《富爸爸，菁英的大騙局》吧……

哪些是真的……那些又是虛假的？

除非你過著與世隔絕的生活，不然現在最常聽到的就是「這個是假的」「那個也是假的」，幾乎所有我們以前相信的事物……現在都是假的。

比方說，美國總統川普因為許多真的或他自認不公的報導而不斷攻擊媒體，讓「假新聞」一詞成了眾所皆知的字眼；許多人在社群網站上都有假的追蹤者；有好幾百萬人花費幾十億元購買假的勞力士錶、LV、Versace；甚至連處方用藥都有假的。

二〇一九年一月十七日，時代雜誌引用了麥克納米（Roger McNamee）的著作《糟透了：從臉書災難中覺醒》（Zucked: Waking Up to the Facebook Catastrophe，暫譯）當中的說法，點出「資訊」和「假訊息」（假新聞）之間的差異：「在 Facebook 上，資訊和假訊息看起來是一樣的，唯一的差異在於假訊息能帶來更多收入，因此也受到更好的對待。」

這類重複的假訊息不斷餵養令人惱怒的事物……也讓人們持續感到被挑釁、焦躁不安、憤怒。

Deep Fake

有一種叫做「deep fake」（深偽）的新技術，能讓業餘的科技玩家也有能力抓取名人的影像和聲音來合成假的影片。想也知道，人們最常拿來用真的電影明星的影像合成假的成人電影。但是，「deep fake」可能帶來另一種更危險的運用方式，就是讓握有重權的領導人對另一個國家宣戰。

簡單來說就是我們再也無法相信自己的所見所聞。

在現今的世界，辨別真偽就可能帶來貧與富、戰爭與和平，甚至是生與死的差別。

關於本書

本書主要討論三種虛假的事物：

1. **虛假的貨幣**：讓有錢人越來越有錢，卻讓窮人或中產階級越來越窮的力量。
2. **虛假的老師**：學校教了什麼跟金錢有關的事嗎？對大多數人而言，答案是「什麼都沒教」。大部分的老師都是很偉大的人，但我們的教育體系已經崩壞且過時，無法讓學生為面對真正的世界做準備。

我們的教育體系並未引導學生走向光明，反而讓上百萬年輕人走向財務的黑暗世界，還帶來債務中最糟的一種：學生貸款。

全美國的學生貸款超過一點二兆美元，是美國政府最多的資產。若以犯罪角度來看，這叫做勒索。

勒索的定義：

1. 以（武力）威脅的方式取得錢財，尤其是當官員犯下此種作為時；2. 索價過高。

差距

一九七九年以來，稅後收入占比變化（經通膨調整）

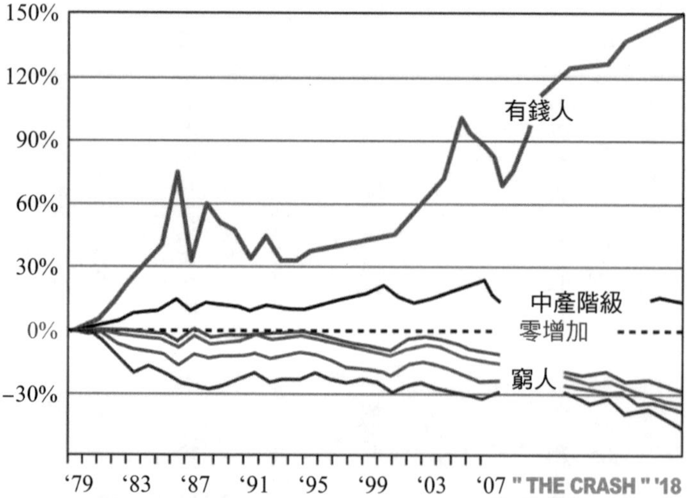

資料來源：美國國會預算辦公室

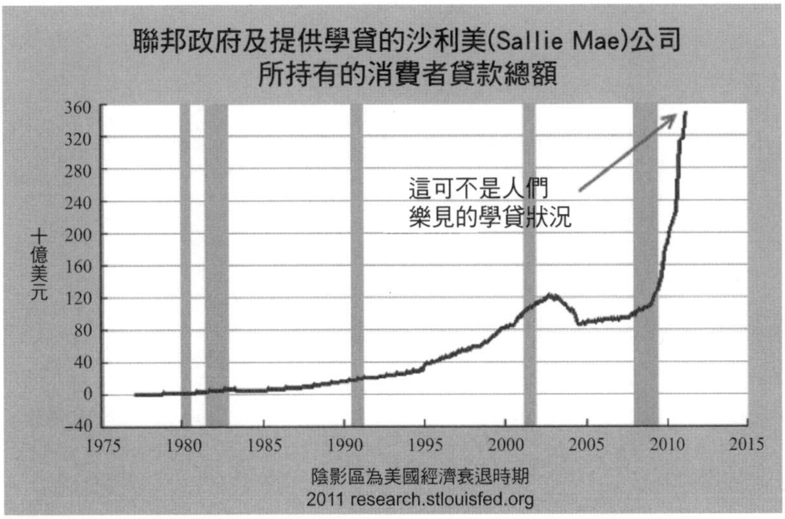

資料來源：聯邦儲備委員會

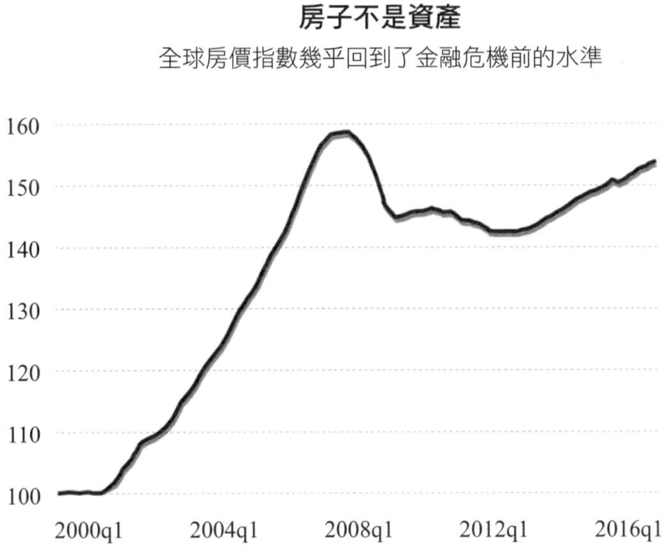

3. **虛假的資產：**首先我們需要先定義並了解資產與負債之間的差異。

財務課：資產是將錢放進你口袋裡的東西；負債則是把你口袋裡的錢拿走。

我的窮爸爸總說：「家是我們最大的資產。」

我的富爸爸則說：「你的房子不是資產，是負債。」

好幾百萬人都相信房子是資產。

二〇〇八年，美國房市崩潰。除了少數幾個城市，如舊金山、紐約和檀香山的房價不減反增之外，全球許多大城市的房價一直到今天都還沒完全復甦，從前一頁下方的圖表就能明白。

並非不動產崩潰

這次的房市崩潰並非不動產市場崩潰，而是虛假的資產（也就是布里爾在其文章裡討論的虛假的資產）所造成的。文章裡有一段話相當值得引述：

> （菁英）創造出了奇異而充滿風險的金融工具，包括衍生性金融商品和信用違約交換等。這類商品雖然能在短期內創造出令人興奮不已的利益，風險和苦果卻是由別人來承擔。

金融界大規模毀滅性的武器

巴菲特（Warren Buffett）稱衍生性金融商品為「金融界大規模毀滅性的武器」。

他再清楚不過了，因為他有一間公司就是在為這些衍生性金融商品評級和作保。

而在二〇〇八年時，近七百兆美元的衍生性金融商品市場突然引爆，幾乎拖垮了全球經濟。

許多人都將這場房市崩潰怪罪於次級房貸的買主，但事實是，就如布里爾的文章所言，是菁英創造出這些稱為衍生性金融商品的虛假資產。這些商品才是癥結所在。

一張圖勝過千言萬語

各位可以從下方的圖表看到道瓊工業平均指數，也就是股票市場一百二十五年來的變化。

富勒教導我們看事情要先從大處著眼，接著才看細節。但很可惜，大部分的投資人都是先從小地方開始，然後越看越小。舉例來說，許多投資人每天早上起床後，會查看一下他們最愛的那一支股票漲或跌，接著出門上班。他們可能是亞馬遜的專家，但卻往往無法看清整個大局。光靠全球市場數千支股票裡的其中一支，實在沒辦法讓人了解太多關於未來的事。

如何看見未來

富勒教導學生：「若想看見未來，一定要盡可能從最大的格局開始。」

道瓊工業平均指數(DJIA) 1895-2015

陰影區代表美國經濟衰退

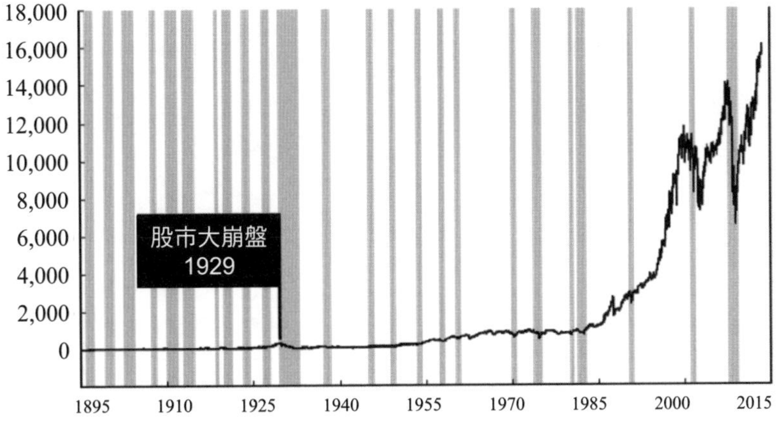

資料來源：標普道瓊指數公司 | 2013 research.stlouisfed.org

前一頁的道瓊工業平均指數圖正好點出了退一步才能看清大局，以及隨著時間發展而得到更好觀點的價值。本書許多內容也會沿著和這張圖表相同的曲線發展，方便讀者好好從大局裡看見未來。

金錢是隱形的

透過本書能學到的另一件事，就是金錢是隱形的。而各種圖表讓人有能力看見這些「隱形的金錢」在不同市場進進出出。在《富爸爸，窮爸爸》裡，我討論了現金流的重要性，這也是我和妻子金一同在一九九六年開發出現金流桌游（CASHFLOW）的原因。富爸爸常說：「有錢人讓更多的錢流入，窮人和中產階級則是讓更多的錢流出。」

另外，富勒的教誨也說：「你無法避開那些迎面而來，而你自己卻看不到的事物。」這也是為什麼看見未來如此重要。

在寫作本書時，我主張 KISS 原則：讓一切超級簡單（Keep It Super Simple）。為此，我使用了許多圖片和表格等視覺元素，而非單純陳述瑣碎的事實和數據，畢竟這對大多數人來說太過無趣了。

股市大崩盤

在前面的道瓊工業平均指數圖裡，一九二九年的股市大崩盤被特別標出來是有原因的。如果退一步回頭看看一九二九年的經濟大蕭條，再將其與二〇〇〇年的網路泡沫和二〇〇八年的次級房貸風暴相比，各位就能更了解為什麼富勒要寫《強取豪奪的巨人》，我為什麼要寫《富爸爸，窮爸爸》，以及為什麼布里爾會寫那篇〈我這一代如何毀了美國〉。

我要再一次重複布里爾文章中的話，因為這段話真的非常重要：

（菁英）創造出了奇異而充滿風險的金融工具，包括衍生性金融商品和信用違約交換等。這類商品雖然能在短期內創造出令人興奮不已的利益，風險和苦果卻是由別人來承擔。

這個世界所經歷的金融榮景和危機，皆起因於好幾兆美元的虛假貨幣被注入到菁英打造的經濟體系裡。

那麼，菁英們解決這個問題了嗎？當然沒有。既然這個問題能讓他們有錢，又何必解決？何必改變？何必做不一樣的事？人生多美好——對菁英而言。

二〇〇八年，衍生性金融商品市場將近七百兆美元。

二〇一八年，較寬鬆的估計認為這個數字達到了一千兩百兆美元。

沒錯。菁英讓這個問題越滾越大，幾乎已經翻倍。

二〇一九年，當我在創作本書時，一場高達千兆美元的災難正在伺機而動。

本書目的

無論是寫書還是製作現金流桌遊，我的目的都是希望讓和你我一樣，不是學術菁英的一般人，在這場即將到來的大崩潰爆發時，能有機會存活下來、茁壯，甚至致富。而這場崩潰的金額預估將會達到上千兆美元。

計算一下

我們在談的數字全都有好多個0……

一百萬是多少？

許多人夢想成為百萬富翁。

一百萬是一千乘以一千：

$1,000 × 1,000 = $1,000,000

十億是多少？

十億是一百萬乘以一千：

$1,000,000 × 1,000 = $1,000,000,000

一兆是多少？

一兆是十億乘以一千：

$1,000,000,000 × 1,000 = $1,000,000,000,000

一千兆是多少？

一千兆是一兆乘以一千：

$1,000,000,000,000 × 1,000 = $1,000,000,000,000,000

這讓我忍不住想問：一千兩百兆的衍生性金融商品如果崩潰了會發生什麼事？

這就是我寫了這本書的原因。

當學術菁英掌管我們的金錢、老師、資產時，經濟就會跟一幢紙牌屋一樣脆弱。

觀看事情的全貌

- 十億秒之前是一九八七年。
- 十億分鐘之前，耶穌正走過這片大地。
- 十億小時之前，人類還住在洞穴裡。
- 十億天之前，人類根本還不存在。
- 但每兩個小時，美國政府就花了十億美元。

一九八三年，富勒預見了這種未來。

一九九六年，現金流桌遊問市。

一九九七年，《富爸爸，窮爸爸》出版。

二〇一八年，布里爾證實了富勒所預見的未來正是現在。

這就是我延後出版《富爸爸，菁英的大騙局》的原因。

我希望大家都能看到完整的拼圖。

第一部分

虛假的貨幣

一九七一年，尼克森總統讓美元與黃金脫鉤。
同一年，美元成了「法定貨幣」……政府發行的貨幣。
富爸爸稱政府法定貨幣為……「假的貨幣」。
他還說：
「假的貨幣讓有錢人越來越有錢，而不幸的是……
假的貨幣也讓窮人與中產階級越來越窮。」

這也是為什麼《富爸爸，窮爸爸》的第一課就是：

「富人不為虛假的錢工作。」

——羅勃特．T．清崎

謊言一：儲蓄能讓人變有錢。

引言

虛假的貨幣

真實的財務課：

用心看眼睛看不見的事物。

——羅勃特・T・清崎

第一章

虛假的貨幣

世界即將改變……

一九七二年我擔任陸戰隊的中尉飛行員，駕駛砲艇直升機並派駐在越南外海的一艘航空母艦上。這是我第二次到越南，第一次是在一九六六年，我以國王角的美國海軍商船學院學生的身份造訪越南。

一九六六年，我十九歲，搭著一艘粗製濫造且滿是鏽蝕的「勝利號」。這是一艘典型出廠於二戰時期，用來載運武器和補給品以對抗德國、義大利和日本的貨船。一九六六年時，這艘歷經風霜的老貨船載的已不是二戰時期的貨物，而是五百、七百五十甚至一千磅的炸彈……到越南。

一九七二年我二十五歲，在另一艘船上當飛行員。這次搭的是一艘航空母艦。

富爸爸寄來的一封信

在艦上的某天，我收到一封富爸爸寄來的信，信上說：「尼克森總統讓美元跟黃金脫鉤了，當心點，世界要變了。」

一九七一年八月十五日，尼克森總統在當時最熱門的影集《牧野風雲》（Bonanza）播放期間宣布美元與黃金脫鉤。我顯然錯過了當天那一集，也錯過了尼克森總統的這項重大宣布。

不懂背後的意涵……

直到我在二〇一八年寫作本書時，仍有很多人不明白尼克森在一九七一年宣布的這項政策有多重要。如同我的富爸爸所說的「世界要變了」，世界確實變了。尼克森總統讓美元與黃金脫鉤的同時，也做了人類史上絕無僅有的重大改變。很可惜的是，即便到了現在也沒有多少人了解這項改革對全世界所有人的生活改變有多大。

尋找黃金

一九七二年，我完全不懂世界為什麼要變了，以及要怎麼變，也不明白尼克森總統此舉背後的含意。但富爸爸當時的警告卻勾起了我的好奇心。

我在艦上的飛行員「準備室」裡找到一本《華爾街日報》（The Wall Street Journal），接著開始從中尋找答案。但就連華爾街日報也沒有太多關於黃金的報導，只有一些評論論及黃金價格從一盎司三十五美元飆升到一盎司四十美元到六十美元之間。此外，我還在另一本刊物裡找到一篇由幾個「狂人」所寫的文章，預測金價可能上看一盎司一百美元。

金價的波動令我感到好奇。我問自己：「金價為什麼會上升？這又代表著什麼？」

如今在我寫這本書的同時，比特幣和其他虛擬貨幣的價格也正在不斷地快速起起伏伏。同樣也很少人明白比特幣或其他區塊鏈技術的貨幣將如何影響人們的生活、未來以及財務安全。

一九七一年飆升的金價和二〇一八年的比特幣，都只是全球深刻巨變中浮出水面的一角而已，真正的改變是全球金融板塊的位移，將為全球金融帶來大地震和大海嘯。

真正的財務課

泰德是與我一同服役的飛行員，他一樣也對黃金感興趣，於是我們在休息時間開始了自己的讀書會，做了一些研究，以便更了解黃金和即將到來的世界巨變間的關聯。

新聞說尼克森總統正式解除了金本位制度的原因，是美國從德國進口太多福斯汽車、從日本進口太多豐田汽車、又從法國進口太多美酒，因此有貿易逆差的問題。

財金小學堂：貿易逆差指的是美國的進口高於出口。

問題：法國、義大利和瑞士等國家不想收到美元，他們希望美國付黃金，因為他們不信任美元。

解決方法：尼克森總統關上了黃金的窗口，黃金再也不能流出美國。

真或假：這是關上黃金窗口真正的原因嗎？還是假的原因？

很可能是假的，尼克森總統不會無緣無故被世人稱為「狡猾迪克」。

繼續讀下去你就會知道為什麼尼克森總統的理由是個謊言。稍後我會告訴各位，我認為尼克森總統讓美元與黃金脫鉤的真正原因是什麼。

尼克森總統還承諾，只要美國的貿易逆差平衡就會恢復金本位制度，但這個承諾從來沒有實現，接著他就在即將被彈劾的情況下辭職了。

找到金礦

我和泰德仔細觀察一份越南地圖後，很快就找到了一處金礦。但問題是一九七二年時，美國在越戰中節節敗退，而這處金礦位於敵方的掌控範圍裡。

我和泰德決定結盟，同時規劃好要在隔天進行一項任務。我們的計畫是從艦上出發飛過敵方防線，找到那處金礦後以便宜的價格購入黃金。

隔天一大早，我們就從戰艦起飛，越過二十五英里的海洋進入越南。隨著我們飛過一輛又一輛焦黑且還隱隱悶燒著的坦克殘骸，以及各式南越軍人撤退時留下的車輛，我們的心情也越來越焦慮。北越軍人不斷向南推進，追擊南越軍人。跨越防線進到敵方領地之後，我跟泰德如果不慎被擊落且落入敵軍手中的話，麻煩可就大了。當然，我們並未告知艦上任何一個人我們要前來此處。

順著地圖，我們很快就發現一大片竹林圍繞著我們要找的村子。這個村落位於敵方防線後約三十英里處。我們也不急著進去，而是在村子上方時而在左時而在右的小半徑低空繞行。若遭受襲擊，我們就會立刻結束這場任務並飛回艦上。

但我們並未遭受攻擊，也認為此處是安全的，因此便降落到一處靠近稻田的草地上。熄滅飛機引擎後，我們便讓組員留在直升機上，獨自前往村子。

直到如今我都能清楚地回想起，我跟泰德兩人在這敵線後方的小鎮裡慢步走過滿是泥濘的小路，向正在叫賣蔬菜和雞鴨的越南村民們揮手打招呼。但沒有人回應我們。大部分的村民只是盯著我們，顯然不敢相信有兩個美國飛行員笨到在大白天裡走進他們的村子裡，來到市集的正中央……當時戰火正熾，而這座村子位於敵線後方。

我們對眾人微笑並舉起雙手，示意身上沒有武器。我們將所有的隨身武器都留在直升機上了。我跟泰德之所以這麼做是要讓村民知道，我們是拿著美金來做生意的人，而非帶著槍的海軍陸戰隊員。

接著，一位男孩帶著我們到村子深處去找那位「賣黃金的人」，她是個瘦小的女子，牙齒因為嚼檳榔而呈現血紅色，她對我們微笑並招呼我們進去。她的辦公室是間小小的竹舍，竹簾捲起表示今天有做生意。雖然尼克森總統關上了美國的「黃金窗口」，但這位女子的黃金窗口可沒有歇業。

真金還是假金？

我跟泰德雖然都是海軍陸戰隊的飛行員，也都是擁有大學學歷的軍官，但很快地我們就意識到我們對黃金一無所知，也完全不曉得真正的黃金長什麼樣子。

這位越南女子持有的是小塊的金塊，直徑三英寸、厚半英寸、顏色乾淨，以圓形的塑膠藥盒裝著。我們將塑膠盒舉起對著陽光，生平第一次見到實際的金子，但很可惜的，她的金子看起來卻像是塗上金色的小葡萄乾。

我問泰德：「這是黃金嗎？」

他馬上回我：「我怎麼知道？我不知道黃金長怎樣，你也不知道嗎？」

「我以為你知道，」我回答，一邊不可置信的搖頭，「我就是因為這樣才找你當伙伴的。」

在敵線後方做生意的壓力開始影響我們，我和泰德都覺得彼此是白痴。

關鍵時刻

多數企業家都會有許多這樣的關鍵時刻，至於對我和泰德來說，我們第一個關鍵時刻就是當我們明白，雖然我們是很好的飛行夥伴，但談到黃金時，兩個人都是白痴。

在我們冷靜下來且意識到其實兩個人都是笨蛋之後，我們開始討價還價。

一開始的出價是一盎司四十美元，我跟泰德其實都知道當天的黃金即期價格，也就是國際黃金價格大約落在五十五美元，但卻覺得應該可以拿到比較好的價錢，因為我們持有美元而且又在敵線後方。那位滿嘴血紅的瘦小女子輕蔑的笑了一下，心中可能在想：「兩個白痴，你們難道不知道全世界的黃金即期價格都是一樣的嗎？」

我們雖然努力議價，但她絲毫不為所動。她知道「即期價就是即期價」，而且也明白我們兩人都是貨真價實的笨蛋。她如果不老實的話，大可以賣塗了金漆的葡萄乾給我們，她就算賣塗了金漆的兔子排泄物給我們，我們可能都分不出差別。

恐懼開始……

我們的討價還價突然間被迫中斷，遠方傳來直升機組人員驚恐的大叫：「中尉、中尉，快回來！」我們兩人立刻停止議價，快速跑過市集回到直升機那裡。在我急奔回去的路上，我聽到一聲刺耳的尖叫，原來我不小心踢到一隻雞又踩到一隻鴨，我因此感到很抱歉。

我的想像越來越不受控制，幾乎都能看見一列又一列穿著黑色衣褲的越共和穿著卡其制服的北越軍人正穿過農田，逼近我們的直升機。這時我才突然想起我們兩人身上都沒有武器，完全無法自我防衛。那位滿嘴血紅的瘦小女子是對的：我們是白癡。

下沈的感覺

謝天謝地，那裡既沒有越共也沒有北越軍人。我們的機組人員之所以突然恐慌了起來，是因為直升機正在往下沈。直升機停放的那片草地其實是塊舊田地，由於引擎、火箭、機槍和彈藥重量的關係，整架飛機向後傾倒且逐漸下沉，尾槳幾乎都要碰到泥巴地了。我們必須立即啟動引擎，不然就完全不用啟動了。

我們的機工長是三個人裡體型最小也最輕的，因此由他坐在飛行員的位子啟動引擎，而我們兩個飛行員則負責用肩膀撐著尾椼，防止尾槳撞到地。

啟動過程相當完美，主旋翼慢慢轉了起來。等到旋翼開始全速運轉後，機工長便開始輕輕前後晃動機身，緩慢地將制輪器拉離濕黏的泥巴地，我跟泰德則在一旁鬼吼鬼叫，提醒他已經在轉動的旋翼過低可能會打到泥土。

一切都按照計畫順利進行，接著直升機終於重獲自由並開始盤旋；但就在那一剎那，濕黏腥臭的泥巴開始四處飛散，濺得我和泰德滿頭滿臉的髒泥巴，我們的綠色飛行服、臉和頭髮也全都變成了帶黑的棕色。

我趕緊爬進無人的飛行員座裡控制直升機，接著泰德也爬進了旁邊的飛行員座裡和機工長換手，機工長則爬回後座以便操控機槍。

飛回艦上的旅途既沉默又漫長。我和泰德都沒有說話，機工長也不敢問我們買到黃金了沒有。當我們在艦上降落時，陸戰隊員和水手們全都聚集到我們滿是泥巴的直升機旁來。將直升機在飛行甲板上停好並關機後，我們從機身裡鑽了出來。所有剛剛聚集而來的水手和陸戰隊員們全盯著我和泰德，因為我們身上的泥巴比飛機還要多。在穿越甲板回去房間沖澡的路上，我們只跟盯著我們看的人說了一句：「別問。」

從錯誤中學習

《富爸爸，窮爸爸》在一九九七年首刷出版。富爸爸其實沒受過太多正式教育，而窮爸爸，也就是我的親生父親，則是個學術天才，只花了兩年就取得了學士學位，並在史丹佛大學、芝加哥大學和西北大學做碩士研究，最後取得教育學博士。此外，我還在讀書時，他是夏威夷的教育部長。之所以要在此時提及兩位爸爸，是因為他們對於人應該如何學習有截然不同的看法。

窮爸爸相信犯錯代表一個人愚笨，將「對的」答案背起來是評量聰不聰明的真實標準。

富爸爸則認為人們會從錯誤中學習，他常說：「看書沒辦法讓你成為高爾夫球冠軍，要成為出色的高爾夫球選手一定要犯很多錯。要成為真的很有錢的人也一樣。」

由於我從來都不是個學術天才，因此同意富爸爸對於「真正的學習」的看法。

虛假 vs. 真實

本書討論虛假的貨幣、老師和資產，也討論真正的貨幣、老師和資產。

虛假的貨幣

從尼克森總統將美元與黃金脫鉤開始，美元就成了虛假的貨幣。

虛假貨幣的定義：虛假的貨幣讓有錢人越來越有錢，卻讓窮人和中產階級越來越窮。

虛假的老師

我發現學校裡有很多老師都是假的老師。簡單來說，他們從不實踐自己教的內容。

我在學校裡的老師有很多都是假的，但我在美國海軍航空學校裡的老師全都是真的老師，所有飛行教官真的都知道怎麼開飛機。

虛假的資產

數百萬人正在投資假的資產。我在《富爸爸，窮爸爸》裡寫過，資產是將錢放進你口袋裡的東西。但多數人的「資產」卻把他們口袋裡的錢拿走。每一張薪水支票裡都有部分的錢被扣掉，並且透過401(k)、IRA或政府退休金等退休儲蓄計畫被送進了華爾街。

好幾百萬人「為了退休存錢」存了好多年，希望最後能拿到好幾倍的錢；但是好幾百萬嬰兒潮世代的人即將發現，他們根本沒有足夠的錢支撐退休生活，因為從他們薪水裡扣掉的這些錢，全都進了虛假的資產裡，讓有錢人變得更有錢，但一般人卻得接下爛攤子。

真正的好老師

我很幸運遇到許多真正的好老師，跟我的富爸爸一樣的老師。每當我想學習某樣東西時，第一件事就是去找真正的老師，每天都實踐自己所教的東西並且取得成功的人。

那位瘦小的越南女子也是一位真正的老師。在短短的幾分鐘裡，她不僅讓我明白自己是個笨蛋，還激發我學習更多事情的動力：不只黃金，還包括那神祕、神奇、十分重要，人們稱為錢的東西，而錢是學校沒教的科目。

持有黃金是違法的

我和泰德將身上的泥巴洗淨之後，便回到飛行員準備室，迎接眾人的嘲笑。指揮官威脅要把我們兩人送去接受審判，飛行作戰官則威脅要罰我們在眾人面前洗直升機。但引起我注意的卻是兵器管制官，他說：「你要是真的帶金子上船的話就會被逮捕。」

「什麼？為什麼會被抓？」

「因為美國人持有黃金是違法的。」

「為什麼違法？」泰德問。

但兵器官也不知道。這件事就這樣過了，畢竟當時仍是戰爭期間，我們隔天早上也還要出更重要的任務，談話就這樣結束，大夥都去吃晚餐了。

但我心中卻產生新的疑問：為什麼美國人持有黃金是違法的？

這個問題促使我持續學習財務相關事務，並試圖找到自己的答案。

我跟富爸爸一樣，都在從錯誤中學習。

一九三三年羅斯福總統立法使美國人不得合法持有黃金。因此就跟多數美國人一樣，我跟泰德雖然看過黃金做的首飾，卻從沒看過金幣，更別說是金塊了。我們知道的唯一一種貨幣就是美元鈔票以及合金做的硬幣，而非真金或銀製的硬幣。

現在大多數人都只認識假的貨幣。

古代貨幣和現代貨幣

歷史上曾用許多不同東西作為貨幣，有貝殼、彩色的珠子、羽毛、活的牲畜和大型礦石等。現代的貨幣則有三種，分別是：

1. **上帝的貨幣：**金和銀。
2. **政府的貨幣：**美元、歐元、披索等。
3. **人民的貨幣：**比特幣、以太坊、**ZIP** 幣等。

本書試圖要回答的問題，是哪些貨幣是真的，哪些是假的；哪些老師是真的，哪些是假的；以及哪些資產是真的，哪些是假的。

你發問……我回答

問：你第一次想買黃金是什麼時候？有什麼計畫？

芭芭拉 E. —— 加拿大

答：我一九七二年開始買黃金，那時沒有思考到未來，只是好奇而已，我想知道黃金跟美元之間的關係。

一九七二年時，我天真地以為可以用較低的價格買到黃金，只因那時我在敵線後方。我對於黃金、美元和虛假貨幣知道得越多，就越好奇。

一九八三年我讀了富勒的《強取豪奪的巨人》，因此更清楚全球財富掠奪的規模和範圍。二〇〇八年，當全世界的央行都在以挽救全球經濟的名義印製好幾兆美元的鈔票時，財富掠奪的現象失去了控制。央行在救的其實是他們自己，而「我們人民」卻要承擔結果。

在本書的第三部分，你將會了解財富掠奪對今天的影響有多深遠和險惡，以及為什麼這種失控的財富掠奪讓我對未來感到非常擔憂。

問：爲什麼要人們信任新創公司這麼困難？

摩摩 S. —— 奈及利亞

答：新想法到處都是，全世界可能有上百萬人擁有關於新產品或生意的絕妙想法，但由於未曾受過真正的財務教育，只有非常少數的人知道如何利用這些想法賺大錢。這就是大多數人都不相信新創公司的原因。

問：如果我持有的財產全是法定貨幣的話，會不會有一天突然全都沒了？

諾亞 W.——美國

答：會，你將會失去一切。以歷史為借鏡就知道，沒有任何法幣能夠永存。虛假的貨幣難以維持其價值。美元是否可能成為有史以來第一個永存的虛假貨幣？當然有可能，但我不會賭這件事。

問：尼克森總統讓美元跟黃金脫鉤後，他們如何決定黃金的即期價格？

泰莎 H.——祕魯

答：理論上來說，黃金即期價格是由國際自由市場決定的，但那只是理論。現在的金價已受到操控，就跟多數的金融資產一樣。

我將在本書第三部分詳細說明金價如何受到操縱、為什麼要操縱，以及為什麼不應該繼續操縱下去。

問：爲什麼美國人持有黃金是違法的？他們給美國人的理由是什麼？

戈登 P.——美國

答：美國聯準會，也就是「強取豪奪的巨人」和美國政府想要控制貨幣供給以及上千家較小型的銀行，這些小銀行一直在跟大銀行以及聯準會競爭。

不久之前還有二十間較大的銀行，但如今只剩下四間「大到不能倒」的銀行，我們每個人都被困在了一個縮小的銀行體系裡。許多人懷疑讓美國經濟被少數幾間大型銀行及聯準會控制是個預謀了很久的計畫。

安東尼O.——澳洲

問：那時沒有網路，那位越南女人要如何知道金價？

答：她是黃金買賣的行家，行家一定要知道自身產品的價格。她可能是利用電話、短波無線電、收音機、報紙、其他黃金商人以及礦場主人來作為全球市場消息的來源，並與市場維持聯繫。有個更重要的問題是：你身邊有多少朋友知道今天的黃金即期價格是多少？你有多少朋友對黃金感興趣？

第二章

我們信賴上帝

誰贏得你的信任？

一九七一年八月十五日，尼克森總統「暫時」取消了美元兌換黃金。

一九七二年六月十七日，民主黨全國委員會在華盛頓特區水門大廈的總部遭人入侵，之後演變為惡名昭彰的水門醜聞案。

一九七三年十月十日，副總統斯皮羅・阿格紐（Spiro Agnew）選擇不對聯邦法院提出的逃稅控告提出答辯，藉以換取法院撤回對其貪污的控告。時任眾議院議長的傑拉德・福特（Gerald Ford）後來接手成為尼克森的新任副手。

一九七四年二月六日，眾議院通過了803號決議案，給予眾院司法委員會授權，調查是否有足夠證據證明尼克森總統涉入水門案，以對其進行彈劾。

一九七四年七月二十七日，該委員會通過了三項彈劾案，分別針對妨礙司法、濫用權利，以及藐視國會。

一九七四年八月九日，尼克森辭去美國總統職位。

一九七四年九月八日，福特總統給予尼克森全面無條件的特赦，使其免於為自己在總統任內所犯下或參與的罪行接受審判。

而我們信任這些領導人……我們的領導人？

之後再也沒有人讓美元回到金本位制。他們只是剛好忘了嗎？從什麼時候開始，又是為什麼暫時變成永久了？

你信任誰？

有一件很有趣的事情，那就是在每一張虛假的美元鈔票上都能看到：我們信賴上帝。

為什麼要求我們信賴上帝？而上帝的貨幣：金和銀又發生了什麼事？

黃金的原子序數是79，銀的是47。

金和銀在地球形成之初就已經存在，而且在未來連最後一隻蟑螂都滅絕時也還會存在。

所以為什麼菁英們要在虛假的貨幣上印著「我們信賴上帝」？

這其實不是歷史上首次有受到人們信任的領導者，利用虛假的貨幣讓自己更有錢有權了。

紙鈔在中國唐代（西元618—907年）第一次被使用，歐洲則要到了十七世紀才流行使用紙鈔。

在菁英發現為了戰爭或幫自己立碑而印鈔票有多麼容易之後，中國帝國就崩垮了。

羅馬人使用金幣和銀幣，而他們製造虛假貨幣的方式是將硬幣剪邊。

有邊齒且成色不足的硬幣

現在的美元硬幣帶有邊齒，使得金幣和銀幣變得很難剪邊。

之後，羅馬人也透過降低金、銀幣成色的方式生產虛假的貨幣。降低成色指

的是將金幣或銀幣摻入一些卑金屬，包括銅、錫和鎳等。

一九六五年，美國政府開始降低銀幣的成色，這也是為什麼銀幣邊緣會帶有銅的顏色。

葛雷欣定律

葛氏定律說：「當較差的（虛假的）貨幣進到體系時，好的（真的）貨幣會被逐出市場。」

從一九六五年開始，我會到夏威夷希洛當地的銀行，將紙鈔換成好幾捲的一角、二十五分和五十分硬幣，接著再回到家裡拆開這幾捲硬幣，從中挑出真正的銀幣後，再將有銅邊的銀幣拿回銀行。沒過多久我就有一大布袋真正的銀幣。

我不知道為什麼我會開始這個習慣，將紙鈔換成硬幣並存下真正的銀幣。但我就是這麼做了。這是葛氏定律在發揮作用嗎？

一九六五年我到紐約上學後就再也沒見過我那袋真正的銀幣了。我一直在想是不是母親把那些真正的銀幣拿去花了。

在全球搜尋黃金

一九九六到二〇一二年間，我有一位夥伴叫法蘭克．柯里（Frank Crerie），他是一位真正的老師。他與富爸和窮爸爸的年紀相仿，曾經透過首次公開發行的方式，協助了好幾處金礦和銀礦礦場在加拿大和美國的證券交易所公開上市。

由於法蘭克年事已高不方便遠行，於是派我到世界各地尋找金礦和銀礦的礦場。這個過程是個很棒且極為真實的「教育」。我還記得自己看著祕魯安第斯山脈的一處山丘側邊時，見到成排的地洞，那些全是小小的黃金礦場，順著山丘裡的黃金礦脈分布。我的採礦地質師跟我說，這些小洞是印加人採礦的地方，時間遠早於法蘭西斯克．皮澤洛（Francisco Pizarro）從西班牙跑到這裡並殺害了他們的領導者和偷走他們的黃金。

我也記得自己跑到蒙古去參觀另一處人稱「棋盤」的古黃金礦場，之所以被這麼稱呼，是因為那個礦場位於平坦的土地上，而一個一個的坑洞使其看起來就像棋盤一樣。

我們最好的一座礦場是位於阿根廷南部偏遠地區的一座古老銀礦，我們團隊在銀價只有每盎司三美元時，協助這座銀礦在多倫多證交所上市。我們在銀價升破了每盎司七美元後賺了一筆錢，現在的銀價在每盎司十五美元左右振盪，但很可惜我們在七美元時就賣了。

我們最大的一次收購則是買下中國的一座古老礦場。我們「沒花一毛錢」就取得了這座礦場，因為我們與中國政府達成協議，只要我們協助該礦場在多倫多證交所上市以便集資的話，就能免費取得礦場。我們做到了。而且好消息是，我們確實找到了黃金，礦藏量還很豐富：好幾百萬盎司「合格」的黃金。大約一年的時間裡，我們知道自己成了億萬富翁。我們用一個西班牙語的混合字幫這座中國的礦場命名：夢多羅礦場（Mundoro Mining），意即黃金世界。

接著有一天，一位政府官員通知我們，中國政府將不再核發新的營業執照給我們。如今，這座礦場由一位中國菁英朋友持有，他成了億萬富翁，我們則被完全趕出夢多羅。這就是我所謂極為真實的教育。

留下的印象

對於這段經歷我還保有的印象是：與世隔絕的人們、住在偏遠地區、無法與外界聯絡……卻是天生懂得判斷金、銀價值的人。

我們怎麼了？我們判斷上帝貨幣的能力怎麼不見了？我們現代人是否接受了過多的教育？我們為什麼信任自己根本不認識的人？我們為什麼只因為菁英們在虛假的貨幣上寫了「我們信賴上帝」就相信他們？請看下一頁的「黃金 vs. 虛假貨幣」圖。接著請看看「為什麼存錢的人是輸家」圖，以了解如果我們的領導者印製更多虛假的貨幣時會發生什麼事。歷史正在重演嗎？

接著，第50頁的照片是一九二三年的德國孩童在街道上玩錢：好幾十億的虛假貨幣。一戰過後成立的威瑪共和國，其通膨嚴重到一美元可兌換四百二十萬德國馬克。而旁邊的圖表則顯示了他們的錢從哪裡來。

而第50頁下方的 FRED 圖顯示，美國政府在二〇〇八年的危機過後印製了上兆的虛假貨幣。

你注意到這與一九二〇年代德國大量印製虛假的帝國馬克有些相似了嗎？

壞消息是，人類歷史上從沒有任何一種虛假貨幣能留存下來。很有可能在未來某天，現行流通的所有貨幣全都會回歸其真正的價值：零。

講到你自己的錢，你還會「信賴上帝」嗎？

讓學生回到真正的學習

富勒曾寫到要「讓學者自由，使其重回學習之中」。換言之，就是要讓學生脫離學校，回到真正的學習之中。

黃金 vs. 虛假貨幣

主要貨幣對黃金價格1900–2018

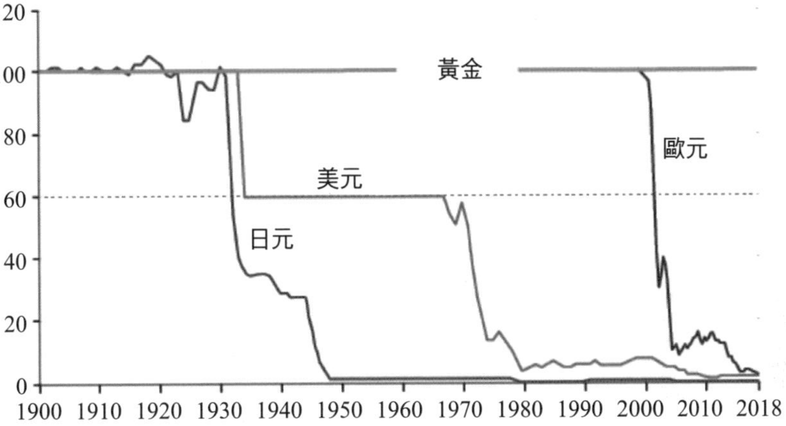

為什麼存錢的人是輸家

美元1913年至今的購買力變化

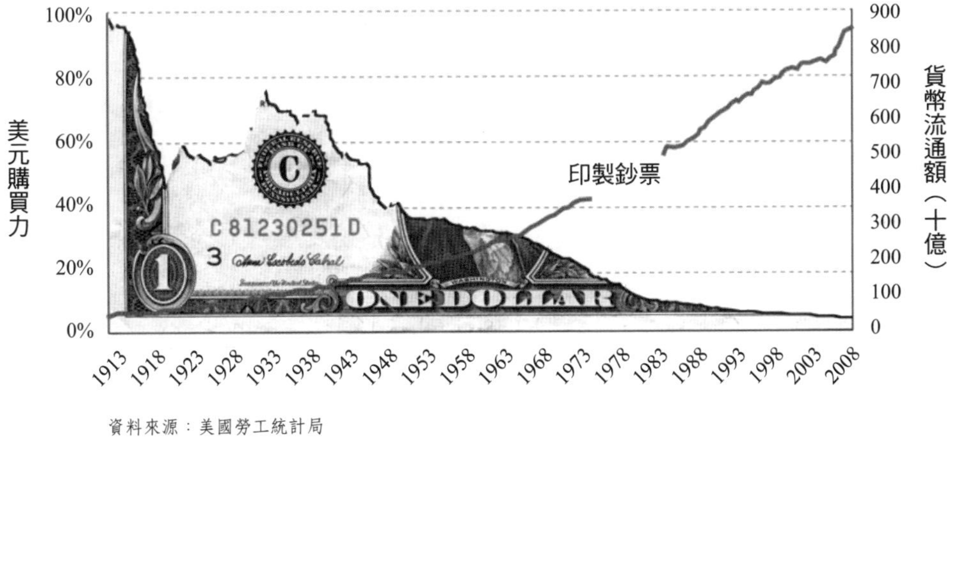

資料來源：美國勞工統計局

資料來源：Getty Images/Corbis

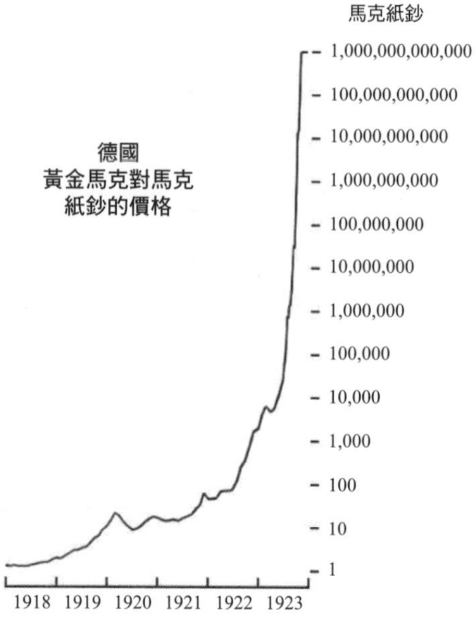

資料來源：維基百科-Delphi234

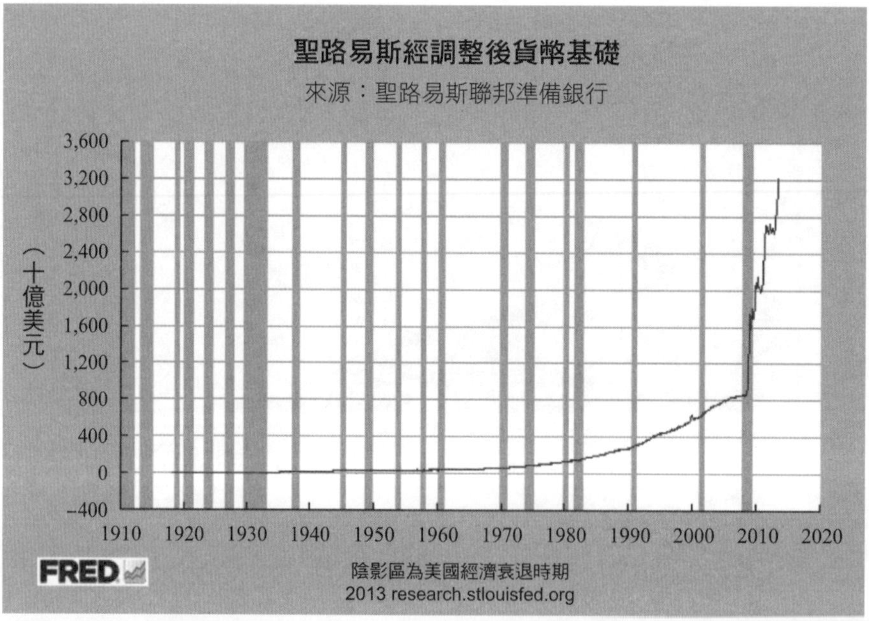

資料來源：美聯儲經濟數據

我一生中大部分的時候都是個平凡的學生。我還是一個假的學生。除了飛行學校之外，其他學校我都不喜歡。學校相當無趣。富勒說要「讓學者自由，使其重回學習之中」，而我經常在想，我的學習到底是什麼。

讀過富勒的《強取豪奪的巨人》後，我知道自己找到了真正該學的東西。我終於成為了一位真正的學生。

我開始真正的學習之後才了解到，我在四年級時舉手問老師「我們什麼時候可以學到有關金錢的事」的那一瞬間，就已經非常接近真正的學習了。因為問了那個問題，我才會認識富爸爸，也就是我同學的爸爸，也才會和他的兒子一起在九歲的時候成為富爸爸的學徒，跟真正的老師學習直到三十幾歲。

《強取豪奪的巨人》將我的學習和研究帶到新的層次。我開始尋找對這本書的主題有豐富知識的真正的老師，以及他們所著的書和授課的研討會。派我到世界各地尋找舊金礦和銀礦的法蘭克也是一位真正的老師。我會在本書的第二部分列出幾位真正的老師。

二〇一八年五月二十八日，在我經過一間街上的書報攤時，時代雜誌的封面吸引了我。封面上的標題是〈我這一代如何毀了美國〉。這篇布里爾在討論菁英的文章，是我巨人謎題的另一片拼圖。布里爾在文章中的內容，與富勒三十五年前在《強取豪奪的巨人》中所表達的憂慮如出一轍。

富勒曾在課堂上說到，那些我們見不到卻掌控全球經濟的人，會在學校裡尋找最頂尖的學生並訓練他們，以便讓這些學生再以他們想要的方式管理全球經濟。

雖然布里爾說的不完全一樣，但卻提及：

我曾是菁英中的一員。一九六四年時，我還只是個在法洛克威長大的書呆子，而法洛克威是個位於皇后區的工人階級地段。某天我在甘迺迪的自傳裡讀到，他曾經上過一種叫預校的學校。在我就讀的198國中裡沒有任何一位老師知道那是什麼，但我很快就明白原來預校是一種像大學一樣的學校。人們會在這裡上課，還會住在學校裡，但要比大學提前四年開始，這些對我來說不是什麼問題。更棒的是，我發現部分預校還會提供助學金。最後我進入了麻州西部的迪爾費德學院就讀。我的父母經營一間生意不太好的酒類商店，因此相當擔心。不過當時的校長法蘭克．博伊頓跟他們說，學校的助學計畫只會要求他們每年寄一張支票，支付他們所能負擔的費用即可。

三年後，一九六七年，三年級的我坐在校長室裡，一同在院長室裡的，還有時任耶魯大學招生部主任的英斯利．克拉克二世（R. Inslee Clark Jr.）。……克拉克被暱稱為「英仔」，而那時的我完全不知道自己成了克拉克革命裡的一部分。我即將成為後來所謂的英仔的男孩之一，後來也開始有女性加入。我們就像是一群菁英教育的注入劑，在一九六〇到七〇年代的耶魯大學、其他菁英教育機構、律師事務所以及投顧公司裡蓬勃發展。

富勒曾說過：「治理國家的巨人會挑選出極為聰明的年輕人並加以訓練。」布里爾則更進一步說：「我這個世代（嬰兒潮世代）的佼佼者從菁英大學畢業並投入就業市場後，他們的個人成就往往會為社會帶來非常不利的結果。」

預校

富爸爸的故事中有一部分我沒提到，就是我的有錢同學們從溪邊小學畢業後，都去了私立的預校就讀，而不是像我或富爸爸的兒子那樣到公立國中、高中就讀。他們大部分都去了位於八十英里外的大島上，就讀夏威夷預備中學，少部分則去了歐胡島，就讀歐巴馬的母校：普納荷學校（Punahou School）。

這位未來的總統跟布里爾一樣，都是「英仔的男孩和女孩」。年輕時的歐巴馬叫做「巴瑞」，從普納荷學校畢業後進了哈佛法學院，最後成為美國總統，和柯林頓及小布希前總統的發展路徑非常相似。

我問窮爸爸可不可以去讀預校時，他說：「我們不是有錢人家，而且公立教育的教育部長家的兒子去讀私立預校的話，會有點政治不正確。」

我的有錢同學們都去讀預校的同時，我跟富爸爸的兒子則和街道另一頭的學生一起就讀希洛中學和希洛高中。

好處是我可以天天衝浪，而且希洛高中的美式足球隊是全夏威夷州最強的，我剛好很愛打美式足球，每次我們和夏威夷預校比賽時都會把以前的同學打得屁滾尿流。

而且，最棒的是我和麥克能夠在放學和週末時成為富爸爸的學徒。我們在國中到高中這段期間接受了真正的財商教育。

這些後來去上預校的小學同學裡，許多後來都畢業於史丹佛、達特茅斯、耶魯或其他著名的菁英大學……給菁英和未來的菁英就讀的大學。

《富爸爸，窮爸爸》的故事要從我九歲開始上溪邊小學時說起。溪邊小學是有錢人家的小孩去讀的，窮人家和中產階級家庭的孩子則會去讀大街另一頭的希洛聯合小學。

在有錢人就讀的小學裡，讓我好奇為什麼有些小孩有錢，而我比較窮。四年級時，我在身邊都是有錢小孩的情況下，舉手問了當時的老師：「我們什麼時候可以學到有關金錢的事？」

她回答：「我們不在學校裡教金錢這個科目」，而我一生的學習也就此展開。接下來的事你們都知道了。

當時擔任教育部長的窮爸爸告訴我，他只能教我政府准許他教的東西，如果我想學有關金錢的事，他建議我去跟我好朋友的爸爸談談，也就是後來我的富爸爸。於是《富爸爸，窮爸爸》的故事，一個關於真正的老師教授真正的財務教育課的故事就此展開。

嚴重的社會後果

布里爾繼續形容他那一代的佼佼者們：

……這些人創造的經濟基礎建立在移動資產，而非打造新資產。

翻譯：菁英們透過創造假的資產變富有，卻沒有讓經濟也隨之發展，也就是說，他們並沒有創造出高薪工作。

你發問……我回答

問：我們要如何解決美國的財政問題？從何著手？是要重新讓美元回到金本位制度嗎？首先要消除衍生性金融商品跟假資產嗎？我們應該如何停止全球規模的大型財富掠奪？

傑米M.——美國

答：這些都是很棒的問題，我年輕時也有類似的疑問，但我越研究富勒的書和財富掠奪的現象，就越了解到這只有一個解法。富勒的通則中有一項是「從急難中擺脫困境」。這句話的意思是在事情發生改變以前，必須先有一項急難事件。仔細看一下急難這個詞的英文「emergency」，就會發現這個字的字根是「emerge」（浮現、擺脫困境）。富勒在我們的課堂上說到，人類下一次的進化將會在下一個急難事件出現時發生。

好消息是，有許多人知道這個急難事件即將到來，而且已經及早採取了行動。我預期我們將會（或已經）看到一群更聰明又更有智慧的新人們，在即將到來的急難之前現身。

二〇〇四年，在導致成千上百人罹難的印尼大海嘯侵襲陸地之前，許多動物如大象等，在遊客仍往沙灘蜂擁前行時就已經開始逃離海岸地區。

如今，同樣的事情正在上演。好幾百萬人正不斷進化，選擇不要成為受害人，並在即將到來的金融危機事件前開始做出改變。

我所有的書都是寫給知道改變已刻不容緩的人。

問：現在回到金本位制度會不會太遲？

安德魯C.——加拿大

答：這取決於你問的是誰。在本書的第三部分裡，各位將會了解為什麼許多像是前聯準會主席柏南克這樣的「學術菁英」，都認為黃金是一個野蠻的歷史殘跡。另外也有像詹姆斯．瑞卡茲（James Rickards）這樣的人，他在自己的著作《下一波全球新貨幣：黃金》說明了世界要怎麼做才能輕易地重回金本位制度。

問：如果尼克森沒有將美元與黃金脫鉤的話，你覺得現在的世界會是什麼樣子？

喬伊 S. —— 越南

答：這個問題非常好。我不知道，我寧願思考未來會發生什麼事並加以準備。

問：有虛假的眞相嗎？

邁可 A. —— 波蘭

答：有。在學校，虛假的真相叫「歷史」。若仔細觀察歷史「history」一詞，就會發現這個字是由「his」（他的）和「story」（故事）所組成的。在軍事學校裡，我們學到「歷史往往是由贏家寫就的」，而非敗陣的人。恰如約瑟夫．戈培爾（Joseph Goebbels，德國納粹時期的宣傳部長）所說：「一個謊話只要範圍夠大且不斷重覆，人們最終就會相信。」

富勒教導我們要相信「實物」，也就是看得到、摸得到和感受得到的東西，而不要相信故事或謊言。

舉例來說，哥倫布從未踏上美洲的土地。他其實是在西印度群島上岸的，因此技術上來說，哥倫布並沒有發現「新大陸」，但卻有許多遺物能夠證明維京人早在哥倫布之前就曾踏上並住在美洲。

所以到底是誰發現了美洲？一個義大利人還是維京人？

凱文 I. —— 日本

問：貨幣在過去幾年爲什麼突然有了改變？

答：稍微研究一下歷史就會發現，其實幾千年來貨幣一直都在改變。中國人是最先開始印紙幣的人。羅馬人在羅馬帝國搖搖欲墜之際也開始降低貨幣成色。希特勒在一九三三年上位，是因為威瑪共合國政府大量印鈔以償還一戰戰敗後的欠款，但印鈔最終導致二戰爆發以及好幾百萬人喪命。許多人認為一九七一是美國霸業終結的開始。

法蘭柯 S. —— 義大利

問：比特幣最近一直貶值。你仍然認爲比特幣是眞正的貨幣嗎？

答：是，但不一定是比特幣。我相信區塊鏈技術將改變世界，因為這項科技比政府法幣更值得信賴。這也是我寧願相信金和銀的原因，金和銀都比掌控政府、銀行和退休金的那些人可靠多了。

塞繆爾 H. —— 比利時

問：現在有這麼多假的（和眞的）新聞，究竟要看什麼才能取得值得信賴且眞實的經濟新聞？

答：在本書裡，我引用了在體制內工作的人的說法。他們是第一手目睹財富掠奪的人。在284頁有富爸爸電台的訪問清單，當中列出的訪問對象都是在體制內親眼見證巨人做事的人。各位可以聽聽這些訪談，從真正的老師身上學習和金錢相關的課程，這樣的課程只有少數人才能學到。

問：這本書如何協助我們在充斥著虛假事物的世界存活……並且爲下一次的經濟衰退或甚至經濟大蕭條做準備？

約翰H.——南非

答：金錢從一九七一年開始變成隱形的，本書就是要讓各位能更深入了解這個現象，並注意變化的跡象，因為多數人一直到事態無法挽回為止都看不見這些跡象。

第三章
我擁有真金白銀的七個實際面原因

何謂上帝的貨幣？

請注意，我說的是我擁有真正的金和銀，而不是說「我投資」或「我買賣」真正的金和銀。之所以要區別擁有、投資和買賣，有七個原因。

一、真正的金和銀不是投資物。

我不是為了賺錢而擁有金和銀。它們是一種保險，是針對菁英和我自己的愚蠢行為所做的避險方式。

我的車子有車險，以防有人撞到我或我撞到別人；持有金和銀的目的也與此相似。

我不信任菁英，菁英自以為無所不知，認為自己永遠正確。在他們心中，他們不會犯錯，也絕不會承認自己犯錯。

這種問題並非菁英獨有，我們每個人都患有這種「我是對的，你們都錯了」的病。我們都認識這種覺得自己永遠都對的人，我自己偶爾也會成為這種人。

菁英遇到的挑戰是，他們和其他菁英一起住在受到保護的世界裡，沒有與外界接觸。他們將孩子送到自己讀過的菁英學校，和其他菁英孩子一起就讀。他們相信自己正在做好事，為了更美好的世界而努力，卻與真實世界脫節。他們舉辦了眾多的慈善活動，覺得自己是好人、看起來體面，希望能在這樣的華宴裡看看，也希望受到關注，並且募到幾十億美元來拯救世界……但誰能從他們手中救出這個世界？這些菁英天生聰明、受過良好教育又積極努力，但卻在不知不覺間將整個體系改造成能讓自己變得更有錢的模式……還以其他人為犧牲。

我們可以從路加福音23：34（新標點和合本）獲得一些體悟：

當下耶穌說：「父啊！赦免他們；因為他們所做的，他們不曉得。」

耶穌基督在被釘在十字架上時說了這段話。我在主日學校裡的表現一直不好，但卻記得這個更重要的一課：學會寬恕。

菁英們也許不知道自己做了什麼，但問題在於這個世界要為「他們不知道自己做了什麼」而付出代價。就如同布里爾在《時代雜誌》裡寫得一樣：

（菁英們）能夠鞏固自己的勝場，運用策略打敗或吸收那些限制他們的力量，接著再將梯子收起來，以防更多人來共享他們的成功或挑戰他們的崇高地位。

透過不斷進步、踢除妨礙他們獲勝的障礙物、強勢設計改變政治格局，再藉由創新以及這些創新所帶來的意料之外的結果，菁英們創造出一座由護城河保護起來的國度，可讓自己無須受到問責，又免於承受自身勝利為大眾所帶來的傷害。

翻譯：菁英們已經高於法律，沒有任何事物可以阻攔他們。他們有錢聘請最傑出的菁英律師幫助他們跟政府的律師對打。通常菁英律師會是同一所菁英學校畢業的同學，而政府的律師既低薪又畢業於較不有名的法律學院。他們擁有為所欲為的權力卻不用負責，或者雖然毀了許多人的人生卻無法對他們問責。他們所受的優越教育和成功使其成了專制暴君。

定義：

暴君（名詞），擁有絕對權力的統治者或人，通常會以殘酷或壓迫他人的方式行使自己的權力。

我並非無所不知

我知道自己並非無所不知。我能知道的只有這麼多，雖然已經盡力，但仍會在財務上犯錯。我不信任領導者，也不信任虛假的貨幣，因此我才會持有金和銀，也就是上帝的貨幣。

金和銀是我的保險，保護我免受領導者和我自己的傷害。

二、沒有風險。

所有投資都有風險，但真金白銀沒有風險。金和銀的價格有起有落，是因為虛假貨幣的價值也在起起落落。

人們無論是投資在股市或房地產，都會希望有投資報酬率（ROI），因為他們承擔了風險。而將錢存在銀行時，人們則會希望有利息來作為投資報酬，因為存錢在銀行裡其實風險極大，尤其是當菁英們開始大量印製鈔票的時候。請看下一頁的圖。

但當我購買金幣或銀幣時，我不會預期要有投資報酬率，因為我並未承擔風險。金和銀是上帝的貨幣。永遠記得：金和銀的價格之所以會有起有落，是因為虛假貨幣的價值在上下擺盪。金和銀就是金和銀。在你、我、菁英甚至蟑螂都消失很久以後，金和銀仍會繼續存在。

當我購買金和銀時，我是永遠買下來，而沒有賣出的計畫。就跟巴菲特永遠持有股票一樣，我也是永遠買下金和銀。

我知道有些人會說「但是我想要花掉」或「我需要現金」，這就是多數人都不有錢的原因，他們太愛花錢了。我同樣也愛花錢，我喜歡好的車子、衣服、房子和食物，但即使在沒錢或沒工作的時候，我還是會保護好這些資產，從不賣掉我的金和銀。我要再說一次：就跟巴菲特永遠持有股票一樣，我也是永遠買下金和銀。

銀行不安全

銀行不安全，而且充滿風險。我很喜歡我的銀行家朋友們，因為他們貸款給我。我利用銀行來存放短期現金，也就是營運資金，但絕不會將長期財富存放在銀行裡。銀行的風險太高了。

為什麼存錢的人是輸家

美元1913年至今的購買力變化

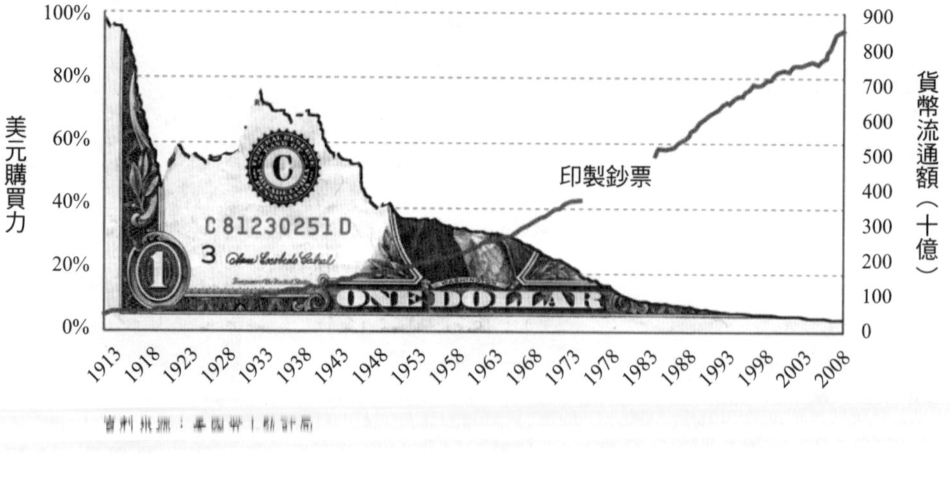

資料來源：美國勞工統計局

降低風險

為了近一步降低風險，我會將金和銀存放在不同的避險國裡。全以合法方式放在非常遙遠的地方。如此一來我就將所有的誘惑全部移除，而且永遠不用擔心有人會強迫我到銀行去將我的金和銀全領出來。

交易對手風險

什麼東西有風險？這是個很複雜的問題……

財金小學堂

對於想要增加自己的財金詞彙，而且想要擁有財商知識的人，交易對手風險是相當重要的詞彙。交易對手風險又稱為「違約風險」。

所有投資都有違約風險。簡單來說，當某個人無法履行其在合約上的義務時就會違約。例如你的朋友向你借了一百美元並答應要在一年後付一百一十美元給你，多出來的十美元用以彌補你借一百美元給朋友的風險，這十美元就是為了彌補交易對手（你朋友）所帶來的風險。

如果你的朋友現在失業又欠了你一千美元，這時利息就應該要高一點，因為交易對手風險提高了。更好的方式是直接拒絕。你的朋友可能會決定向銀行借錢，而這正是銀行家所想要的：放貸。銀行家希望我們使用他們發行的信用卡，因為他們不是從存款戶，而是從借款人身上賺錢。

其他交易對手風險的例子

底下舉另一個交易對手風險的例子。假設你為自己的家買了一份保險，這份保險的保障程度最多也只能跟你的交易對手，亦即保險公司一樣好。如果房子不小心發生火災而保險公司又破產了的話，你的房子和那份保險就通通都一文不值。

以下是二〇〇八年發生的事：

1. 次級房貸的借款人，例如你的朋友，為了買下自己負擔不起的房子而借錢。
2. 銀行很樂意通過次級貸款給你的朋友。
3. 接著發款銀行將抵押權賣給投資銀行。
4. 投資銀行將好幾千筆類似這樣的次級

2008金融危機

道瓊工業平均指數（DJIA）1895-2015

陰影區代表美國經濟衰退

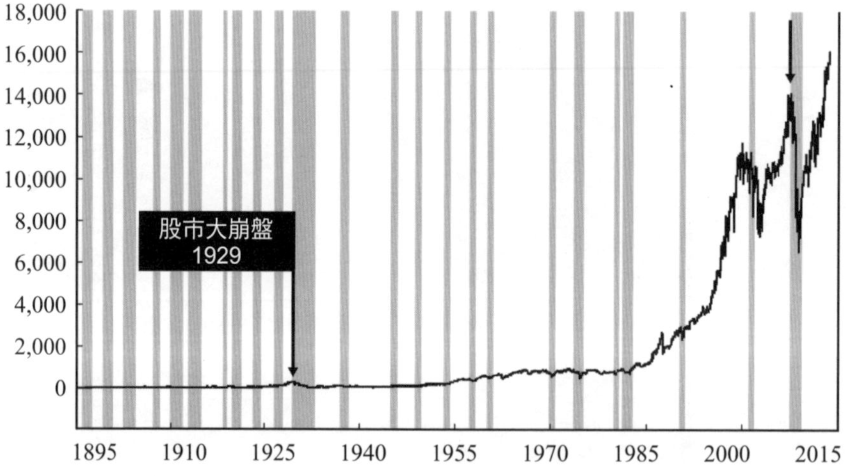

資料來源：標普道瓊指數公司 | 2013 research.stlouisfed.org

房貸包裝起來，稱其為房貸抵押證券（MBS），就這樣打造出一個衍生性金融商品。

5. 投資銀行將這些 MBS 賣給政府、投資基金、退休金計畫和其他容易受騙的人。

6. 為了讓買賣各方有保障的感覺，菁英買了一種稱為信用違約交換（CDS）的保險方案。

每個人都變有錢了……因為所有人都在收取「費用」。

再次引用布里爾在《時代雜誌》裡的話：

他們創造出了奇異而充滿風險的金融工具，包括衍生性金融商品和信用違約交換等。這類商品雖然能在短期內創造出令人興奮不已的利益，風險和苦果卻是由別人來承擔。

一旦次級房貸的借款人不再付款，衍生性金融商品就爆炸了，這完全符合巴菲特在二〇〇二年時對衍生性金融商品的評價：「金融界大規模毀滅性的武器」。

沒有人因此被判入獄。所有賺到錢的人，從房地產仲介到房貸仲介、銀行家、投資銀行和華爾街裡的人全都能把錢留下。

但有好幾百萬人丟了工作也失去了房子、存款和未來。如今的美國政府債台高築，所有的納稅人、納稅人的孩子和孫子都在付錢給這些銀行家，讓其享有紅利。

信用違約交換

在一個看不見錢財的世界裡，信用違約交換就跟你的房險、車險和壽險一樣重要。

信用**違約**交換裡的三方分別為：

1. 債券賣方
2. 債券買方
3. 債券承保人

債券賣方將債務（借據）包裝起來販賣，稱其為債券。同時，賣方也同意會在一段時間內支付殖利率，或稱利息、投資報酬率。這其實和朋友向你借了一百美元並在一年之後付給你10%的利率沒有太大差異。這位朋友就根本而言也是賣了一張債券給你。

債券買方購買這個債券，預期能在一段時間內獲益，並以利息的方式獲取報酬。你就是買方。你借給朋友一百美元，而他承諾會在一年後支付你一百一十美元。

身為債券買方，你想要確保這位賣方朋友會信守承諾，於是你們找了一位**債券承保人**來保障你的一百美元和十美元的利息。

信用違約交換就是為了預防有人不實現諾言而產生的保險方案。

什麼是衍生性金融商品？

我們可以用一顆柳橙來簡單解釋衍生性金融商品。

當你擠壓柳橙時，柳橙汁會被擠出來，柳橙汁就是這顆柳橙的衍生性金融商品；而將柳橙汁裡的水份拿掉後所得到的濃縮柳橙汁，則是柳橙的另一個衍生性金融商品。

當次級房貸的貸款人買入一間他無法負擔的房子時，菁英就將這位貸款人跟他的房子包裝在一起作為衍生性金融商品，稱其為房貸抵押證券，接著保險公司又再創出另一個衍生性金融商品，即信用違約交換。菁英們不只賺入大把鈔票，還能在房市的紙牌屋倒塌了之後領到獎金。

什麼都沒變，同樣的一群人仍然在創造新的衍生性金融商品，沒有任何一位菁英為此入獄。

布里爾寫道：

> （菁英的）金錢、權利、遊說團隊、律師和行動壓垮了本應對其問責的機構，包括政府機構、國會和法院等。

交易對手風險之所以重要的其中一個原因，是因為全球的貨幣體系都建立於這個概念。而我信任上帝的貨幣（金和銀）的原因，就是因為金和銀沒有交易對手風險。

別擔心……

如果你還無法完全理解交易對手風險、房貸抵押證券或信用違約交換的話，也別擔心。這世界上99％的人都不懂隱形的金錢世界在玩的遊戲。你若想要更了解這個隱形世界的話，就和三五好友一起讀讀我跟布里爾寫的內容，再互相討論彼此理解的部分。別忘了，三個臭皮匠勝過一個諸葛亮，但學校除外，因為在學校裡兩個人合作會被稱為作弊。

最重要的是務必記得全球的整個貨幣體系都建立於交易對手風險。

錢在銀行很安全……真的嗎？

銀行之所以要付利息給你，是因為存放在銀行的錢有交易對手風險。

美國政府透過聯邦存款保險公司（FDIC）為每位民眾的銀行存款保了最高二十五萬美元的險，而這麼做的原因之一，就是要讓存戶對於自己的存款感到既安全又安心。銀行跟政府都不願見到擠兌發生，因此提供了存款或違約保險。

但很不幸的是，如果某人在銀行存了一百萬美元而銀行破產的話，這個人也只能拿回二十五萬美元。

當你拿著錢走進當地的銀行要存款時，通常銀行會讓你選擇要將錢存在存款帳戶還是貨幣市場存款帳戶。貨幣市場存款帳戶的利息通常會稍高一些。為什麼？因為貨幣市場存款帳戶沒有存款保險。若你信賴銀行，願意將畢生的積蓄都託付給銀行的話，那麼貨幣市場存款是不錯的選擇。

信賴金和銀

金和銀是真實的貨幣，所以沒有交易對手風險。上帝不會違約或違反承諾。

順帶一提，我不會將我的金和銀存放在銀行的保險箱裡。我不信任銀行或政府，他們都只是人類，不是上帝。

私人金庫

近來擁有私人護衛的民營金庫蔚為風潮。

不久前，我剛到新加坡去了解一間民營金庫的運作狀況。我去的這間金庫位於主要機場旁一處私人小機場裡，正當我在跟該金庫的經理談話時，一架私人噴射機降落在主要機場後，一路沿著個人用跑道滑行至這座金庫前方。噴射機的機門打開後，我見到兩位武裝護衛護送著三個上鎖的鋼箱從飛機上下來。箱子裡的物品被送入庫裡上鎖後，兩人簽了幾份文件，接著飛機就又起飛了，整個過程中引擎完全沒有停過。

如果你沒辦法搭私人飛機全世界飛來飛去的話，也可以將金和銀存放在離家很遠且防火的保險箱裡。若你打算告訴別人保險箱和鑰匙的位置，一定要確保對方是值得信賴的人。

三、金和銀能帶來真正的財富。財富會吸引財富，正如貧窮只會帶來貧窮。

我曾受邀參加一場由一位印度教宗師主講的研討會。我相當期待，到了提問時間，大部分的人都在問有關頓悟、靈性、心靈平靜或快樂等問題。那位大師全身穿戴著許多金做的服飾：金邊眼鏡、大的金耳環、金手鐲和金項鍊。由於我自小就是衛理公會的教徒，而衛理公會的牧師幾乎不會穿戴任何金飾，於是我舉手問：「為什麼你穿戴這麼多金飾？」

這位親切的大師微微一笑後說：「因為神的眼淚是由金子做成的。」接著又說：「神的眼淚，也就是黃金，能帶來財富。」我進一步問這句話是什麼意思時，這位大師說：「假設你想要每個月吸引一千美元進到你的生命的話，就要持有等值的黃金。」

「那如果我想要每個月一百萬美元的話，就要一百萬等值的黃金？」

這位大師感受到我的貪婪超越了我的靈性，於是又笑了一下之後說：「何不先從一千美元開始，看看我說的在你身上是否靈驗。黃金不是對每個人都有用的，神明的慷慨也有條件。」

那是一九八六年，對於沒什麼錢的我們來說，每個月要找到一千美元等值的黃金並不容易，但我和金還是辦到了。我們每個月總會買一些金和銀，從未間斷。比方說，若我們希望收入可以從每月五千美元增加到一萬的話，我們就會買入一萬美元的金幣，之後就擺在那裡。幾個月後，就在我們不知不覺間，財富似乎真的有所增加。只要金價跌了，我們就會買更多的黃金，而且持續如此。現在，我們一定會把黃金存在民營金庫裡，而且全都位於遙遠的避險國家，但還沒多到需要私人噴射機和跑道來保護的程度……至少目前還沒。

每當有人問我跟金：「金子能為我帶來財富嗎？」我們總會以那位大師的話來回答：「何不自己試試，看看上帝的眼淚，黃金，在你身上是否靈驗。上帝很慷慨，但祂的慷慨有其條件。」

關於黃金的靈性課程

雖說神明的眼淚是由黃金所構成的，但我們都需要自問，這是喜悅的眼淚還是悲傷的眼淚？許多都是悲傷的眼淚。

我站在安地斯山裡看著古老的印加黃金礦場時，就會回想起在歷史課堂上讀到，當年西班牙人在皮澤洛的帶領下，殺害了成千的原住民，只為了奪取黃金和其他珍貴的金銀珠寶。納粹也對猶太人做了一樣的事。大部分的征服者都是如此。英格蘭人對蘇格蘭人、愛爾蘭人、毛利人和澳洲原住民這麼做，美國人也對美洲印第安人和夏威夷人這麼做。美國的白人奴隸主對黑奴如此。日本人也如此對待中國人和韓國人。現在，菁英們則在做同樣的事。

這門靈性課程適用於所有事情：重要的不是錢或財富本身，而是你如何取得這些錢與財富。

四、為什麼是金和銀？為什麼不是金和銀的指數股票型基金（ETF）？

我不信任紙本的東西，所有紙本的東西都是衍生的商品，是虛假的，需要有交易對手才有價值。

財務課

目前世界上的銀行體系大多是以部分**準備金制度**在運行。

全球的銀行制度都建立於這項部分準備金制度，而這種制度其實已存在這世界上好幾千年了。接著簡單說明一下這種制度。

一千多年前，你經營一間店鋪，並擁有十枚金幣。為了進貨你需要遠行到一千英里之外的地方，途中會經過不太安全的國家，還有可能會遇上盜賊。

於是你找了當地的一位「銀行家」，他同意讓你將這十枚金幣存放在他的保險櫃裡。他會給你一張紙，上面註記你在他這裡存放了十枚金幣。

你走過一千英里，穿過危險的國家，身上就都只帶著這張紙。你的金幣因此安全無虞。

接著你為自己的店舖挑選商品，將你帶著的這張紙交給賣商品給你的店家，最後啟程返家。

而這位賣商品給你的商人則會到他自己去的「銀行」領取他應得的金幣。

一段時間後，你和這位商人都意識到紙張比金幣方便多了。因此你們都將金幣留在銀行，並將銀行給你們的存款單當做紙鈔來使用。

需要用錢的人到了你們的銀行去要求「貸款」，銀行就將你存放的十枚金幣中的九枚借出。剩下那一枚還放在金庫裡的，就是他的「部分準備金」。以這個例子來說，該銀行的部分準備金是一枚金幣，意即10%。

接下來才是有趣的地方。這位將你的十枚硬幣借走九枚的人又去自己的銀行將這九枚金幣存入，他的銀行再從九枚裡借出八點一枚給其他貸款人，而這些貸款人再分別進行相同的步驟。十枚（真正）的金幣很快地就成了一千枚（假的）金幣。所有事都運作得好好的……直到有人想要拿到真正的金幣。這就是現代的銀行制度。

我之所以想要持有真正的金和銀並將其存放在私人金庫裡，而不願持有金和銀的ETF，是因為每一枚真正的金幣都會對應一百到五百枚假的紙本金幣。

所有事都運作得好好的……直到有人想要拿到真正的黃金。

部分準備金制度適用於所有金融商品，不單只是貨幣和黃金而已。整個銀行體系都建立於對交易對手的信任。

在富爸爸跟我和他的兒子解釋過部分準備金銀行制度後，每次我在紙鈔上看見「我們信賴上帝」都會笑出聲來。

我寧願信賴上帝的貨幣，金和銀，而非那些印製鈔票、管理政府、央行、銀行和股票債券市場的菁英。

請永遠記得在你、我、菁英甚至蟑螂都消失很久以後，金和銀仍然會繼續存在。

五、體制已經破產且破滅。差距正在擴大，階級間的衝突已一觸即發。

布里爾說過：

1. 一九二九到一九七〇年間，中產階級的收入增加速度比上層階級快，收入不均的差距減少了。
2. 一九二八年，底層90%的民眾享有52%的全球財富。
3. 而到了一九七〇年時，數字上升到68%。
4. 同一時期前1%的人們所享有的財富，已落到全球財富的9%。
5. 但從一九七一年開始，這項趨勢開始逆轉並逐漸加快。
6. 到了二〇〇七年，前1%人的財富已占了總財富的24%；二〇一二年，後90%的人在全球財富的占比已降至49%，不到一半。

一張圖勝過千言萬語

請看圖表。

差距

一九七九年以來，稅後收入占比變化（經通膨調整）

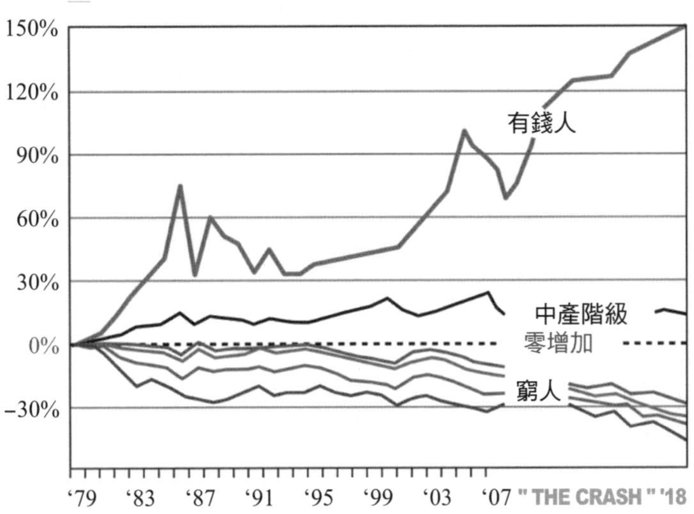

資料來源：美國國會預算辦公室

誰在乎窮人？

時代雜誌這篇布里爾的文章，其實是他的新書《尾旋墜落》（Tailspin）的書摘，布里爾在書中對窮人和中產階級有以下的說法：

> 政治人物至少還會對中產階級的困境發表口頭上的評論，但對窮人幾乎隻字不提，更別說有實際作為去幫助他們。這只能解讀為，政治人物擔心要是關心了中產階級以下的人，會讓中產階級認為民選的官員再次背棄了他們。
>
> 布里爾引用了馬可維茨（Daniel Markovits）和費斯曼（Ray Fisman）合作的研究：「無論哪個政黨，制訂政策的菁英都不太在意（經濟）公平。」

翻譯：誰在乎窮人和中產階級？

布里爾對此加以註解，同一群菁英們做了許多重大的進步改革，倡議許多與民主相關的開明議題，像是平權、婦女權、LGBT權益等……卻不在意經濟權力的不平等以及他們和中、下階層間越趨嚴重的收入差異。

我要特別強調七個布里爾提及的事實：

1.「美國揚名世界的經濟流動力引擎正在發出噪音；孩子的收入要高於父母的機會在過去五十年來已從90％降至50％。」

2.「二〇一七年的家戶負債已超過二〇〇七年金融危機前的峰值。」

3.「全球最富有的國家（美國）一直是經濟合作與發展組織（OECD）三十五國當中貧窮比例第二高的國家，僅次於墨西哥（墨西哥長踞倒數第二名，與以色列、智利和土耳其並列）。」

4.「在OECD的三十五國裡，美國孩童的數學能力表現排名第三十，科學第十九。」

5.「將近五分之一的美國孩童居住在政府定義的『糧食不安全』家庭裡，『沒有足夠的食物以維持有動力且健康的生活』。」

6.「美國的機場實在令國人顏面盡失，而打造現代化空中交通控制系統的進度又慢了二十五年。電網、道路和鐵道系統也都搖搖欲墜，使美國基礎建設的品質在全球排名裡一落千丈……在美國，每天平均有六百五十七個地下主輸水管道破裂。」

7.「（美國國會）議員都抱病在身，而且對於每天都要花五個小時到處拜託人感到厭煩……（在華盛頓特區）平均每一位眾議員和參議員對需面對超過二十個（登記在案的）遊說團體。」

但誰在乎中、下階層呢？

我的擔憂

我在一九八〇年代向富勒學習如何看見未來的同時，開始注意到以下的風暴已是烏雲壓境，風暴來襲了。

1. 許多嬰兒潮世代的人並沒有退休存款，因為在一九七四年以前多數勞工都有公司提供的退休金計畫。但在一九七四年之後，勞工們就得靠自己，並期望**401(k)**之類的個人退休金帳戶能在他們不再工作後，支持自己的生活。

2. 大型的退休基金多半已破產。舉例來說，加州公務員退休基金（CalPers）是全美最大型的公務員退休基金，但也短缺了一兆美元。

3. 底下是美國社會安全福利的盈餘／赤字圖表。

老人醫療照護保險是個更大的麻煩。美國一直在打一場歷時多年且花費好幾十億美元，卻毫無贏面的戰爭。

還沒完……事情還會更糟

布里爾寫道：「（美國）國會自一九九四年開始就沒有通過完整的預算案。」

二〇一八年一月二十五日出刊的《經濟學人》（The Economist）解釋了為什麼美國領導者無法平衡債務，以及為什麼美國將會破產。

憲法賦予國會預算權。但國會在運用這項權力上有四個很可疑的地方。首先，年度預算只包含了聯邦年度支出約三分之一的經費，而且國會還決議必須年年審議。多數的權益方案如聯邦長者健康保險、長者醫療等，則會自動撥款。因此，雖然預算案的制訂過程能讓國會議員

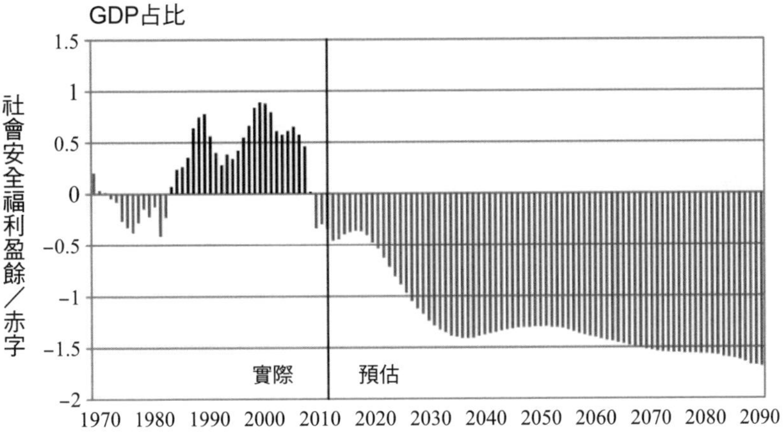

資料來源：皮特森基金會 ｜ 社會安全局

有機會就長期財政問題做些嘩眾取寵的表演，但程序本身卻沒有太多機會讓議員處理財政問題的主因：越來越膨脹的權益方案支出。

翻譯：一直以來受眾人忽視的窮人終將導致美國破產。而憲法使這一切無可避免。

未來會怎樣？

問題在於，這些菁英是否還會印製更多的鈔票來應對龐大的權益法案支出，還是他們會重回金本位制度？又或者我們會跌入另一個嚴重的大蕭條？

六、上帝的貨幣 vs. 法定貨幣。

一張圖勝過千言萬語，請看左頁圖表。

問：我們的政府還能再印多少虛假的貨幣？

答：只要人們繼續為其工作，菁英想印多少就能印多少。

下一步

下一步可能是國際貨幣基金組織（IMF）要發出特別提款權（SDRs），這是一種全球貨幣……但實質上就是更多的虛假貨幣。再說一次，只要人們肯接受，他們就會印。

但與此同時，菁英們卻在不斷囤積真金。他們知道遊戲已經結束了。

七、上帝的貨幣容易取得。

買入金或銀的礦場很困難，我知道。我買過也蓋過兩座。

買入金或銀礦場需要很多時間、金錢和腦力。但購買真的金和銀只需要很少的錢、風險和金融知識。

跟信譽良好的金幣和銀幣商家購買真正的金幣、銀幣不僅容易許多，也不貴。

我從一九六四年開始不斷購買銀幣，包括十、二十五和五十美分的銀幣。

為什麼是一九六五年？一九六五年時，美國鑄幣局開始降低銀幣的成色。降低成色的意思是鑄幣局將銀在硬幣成分的占比減少，並在硬幣中摻入如銅和錫等卑金屬。

羅馬人為了支撐不斷擴大的戰事所需的龐大支出也做了相同的事。聽起來很耳熟吧？

我在一九六五年發現美元硬幣出現了銅的色調後，就會帶著我的紙鈔到銀行去購買一串又一串的十分或二十五分硬幣。拆開包裝後，我會一個一個檢查。若發現沒有銅色調的硬幣就會保留下來，而

黃金 vs. 虛假貨幣

主要貨幣對黃金價格1900–2018

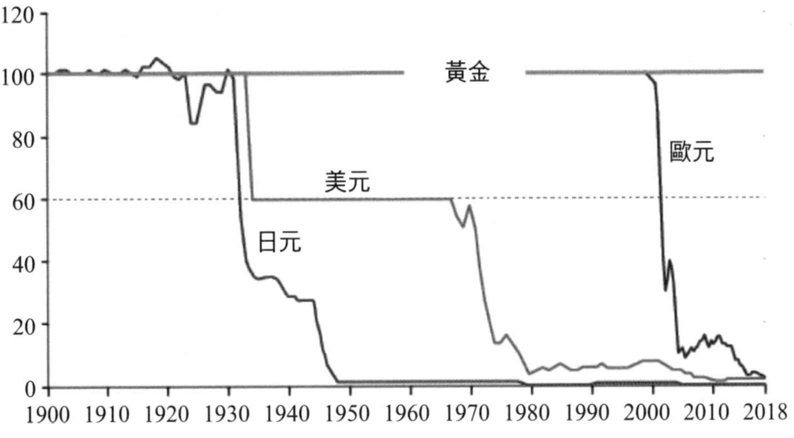

其他在邊緣帶有銅色調的硬幣（成色降低的硬幣）則通通拿去還給銀行。接著，我會再買入更多硬幣，不斷尋找真正的銀幣。這不是什麼高深的學問，也不需要去上任何財務課，因為銀幣沒有交易對手風險。

葛氏定律的根本概念是劣幣驅逐良幣。

我就只是這麼做，我也不曉得為什麼這麼做，只覺得想要真正的銀幣是很合理的事。

一九七二年時，我在香港買了人生第一個金幣。美國人一直要到一九七四年才能合法持有黃金。好消息是即使是現在，只要一美元就能買到一九六五年以前的銀幣。

只要大約二十美元左右，就能買到真正的一塊銀幣。大約一千五百美元，就能買到一枚真正的金幣。

我不建議初學者購買古金幣，這是一種相當稀有的收藏用硬幣。買這種金幣需要學習許多財務知識和多年經驗。

但最棒的事情是，無論是窮人還是有錢人都能買得起上帝的貨幣。

詹姆斯．瑞卡茲是一位我很尊敬的人，他預測黃金將會漲到每盎司一萬美元，其他人則預測會跌到每盎司四百美元。

你會怎麼做取決於你相信誰。

我不在意。就像我說過的，我購買金和銀，而且因為前述的七項理由，我永遠不會賣掉。

你當然也可以一直看著美元上的字然後相信上帝。其他人都是這麼做的。

在本書的第二部分和第三部分，我會解釋我如何以及為什麼不需要錢、如何以及為什麼能買我想要的東西，還有如何以及為什麼能夠持續購買金和銀。

不過現在重要的，是要了解我為什麼持有金和銀，以及為什麼我不相信菁英所說的「我們信賴上帝」。

你發問……我回答

問：你的「一千片拼圖的謎題」可不可以叫做巨人的謎題？

史考特 J. —— 美國

答：你想怎麼稱呼這個一千片拼圖的謎都可以。我之所以要將金錢稱為一千片拼圖的謎題，是為了要鼓勵大家學習與金錢相關的知識，並尋找屬於自己的解答來解決人生中的財務難題：金錢與人生。

真實人生可不像學校生活。在真實人生裡，你不用背誦答案、考試、通過或沒通過考試。真實人生是一個活到老學到老的過程，沒有正確答案。

若你真正在學習的話……一生都需要不斷學習，也不能只跟一個特定的老師學。在真實人生裡，萬物皆為師。在真實人生裡，沒有唯一的正確答案。某個情境下的正確答案很可能是另一個情境裡的錯誤答案。在真實人生裡，要向所有事情學習，從成功經驗裡學習，更要從失敗經驗裡學習。在真實人生中，只向一位老師學習、只相信一種道理、活在「我才對，你是錯的」的世界裡是很笨的事。

只因為一個人是博士、執行長或有錢人就相信他更是瘋狂。真正的學生要向所有的人事物學習。生命本身即是良師，而人必須不斷學習。

我的願望是每位讀者在讀完此書後都能進一步去找尋自己一千片拼圖謎題中的那一塊。你可以稱其為「巨人謎題」或是「我的人生謎題」。

問：爲什麼學術菁英會被教導要透過衍生性金融商品（合法的）掠奪全球財富？如果菁英只是被操縱的魁儡，那操控他們的人又是誰？

傑克森 G.——美國

答：這是個很好的問題，但我們可能永遠都無法知道真相。

真正的答案是，人們會對錢有關的事撒謊。多數人都不夠誠實面對自己和他人，經常說「我對錢沒興趣」，但內心深處其實又想要、渴望，甚至常常是極度渴望金錢。對大多數人而言，金錢將「生活」從他們的身、心、靈中趕了出去。

現實是，在今天，要有錢才能生存。一千年前，人們無須靠著金錢過活；一千年前，獵人以狩獵為生，而採集食物的人只需採集自己所需。他們住在洞穴或帳篷裡，不用繳房貸。他們走路或騎乘動物，不用繳車貸或加油。

現代人卻需要錢才能買食物、有遮風避雨的地方、有交通、教育並維持個人生存。然而人們還是寧願說謊而不願說出金錢的真相，就是金錢是生存下來的必需品。為什麼？因為大部分的時候，人們無法面對真相。

這就是為什麼許多人討厭自己的工作卻還是每天去上班，但又說「我不在乎錢」。

人們總說「我對錢沒興趣」卻又仇視擁有很多錢的有錢人。

人們總說「我對錢沒興趣」卻又買樂透彩，希望贏得好幾百萬。

人們總說「我對錢沒興趣」卻又為了幾百萬元對簿公堂。

人們總說「我對錢沒興趣」卻又為了錢跟某人結婚。

人們總說「我對錢沒興趣」卻又要求自己的孩子要拿好成績，還不是因為希望孩子能學到東西，而是希望他們能找到高薪的工作。

所以為什麼學術菁英要掠奪全球財富？因為他們未能誠實面對自己對於金錢的需求。菁英們之所以能夠輕易逃過懲罰，就是因為大多數人都無法對金錢誠實。

麗緹西雅 J. ——克羅埃西亞

問：你認爲美國大衆還會繼續接受購買力不斷下降的美元多久？需要做什麼才能讓人們質疑美元的實際價值？

答：沒有人真的知道答案。但我相信要隨時做好準備，這就是我要持有真正的金和銀，而且不存在銀行體系裡的原因。

堤傑 B. ——英國

問：我們該如何保護自己不被菁英影響？有任何希望或方法嗎？

答：保護自己的最佳方式就是持有真正的金和銀。菁英能控制和操縱所有人造的事物，但要控制、操縱或催毀上帝的貨幣是比較困難的。在菁英和你我都消失很久以後，金和銀仍然會繼續存在。

林肯 T. ——美國

問：人們要如何善加利用虛假的貨幣？

答：我利用債務來創造資產和虛假的貨幣。我用虛假的貨幣購買能夠創造更多錢的資產，也用虛假的貨幣購買真正的貨幣，或者說上帝的貨幣，也就是金和銀。但是記得，要這麼做的話需要接受真正的財商教育。

第四章
印造虛假的貨幣
歷史不斷重複

印造虛假的貨幣不是新鮮事。

無論是古代還是現代的銀行體系都是建立在印造虛假貨幣上，這就是銀行賺錢的方式。

銀行能賺這麼多錢，正是因為好幾千年來，銀行體系皆擁有印造貨幣的特許權。

銀行並非唯一擁有印鈔特許權的機構。股票市場、債券市場、不動產市場、衍生性金融商品市場，還有很多其他市場都擁有印鈔票的許可。

仿冒者印的是**真正的**偽幣。

你也可以合法印鈔票，而且不需要許可。

課題

為錢工作的人……也在為印製鈔票的人工作。

教育的問題

還有一個更大的問題，那就是我們的教育體系沒有教學生關於印鈔票的事，反而教導學生要為印鈔票的人工作。這才是我們現在面對的金融危機背後真正的問題。

一九七一年八月十五日是人類史上最大印鈔行動開始的日子。那一天，時任美國總統尼克森宣布美元不再以固定價格兌換黃金。

一九七二年，也就是我飛越敵線尋找黃金的那一年，我還不明白我做了什麼，或者說為什麼我當時會做那些事。我只是好奇，想要知道富爸爸說「當心點，世界要變了」是什麼意思。

回顧過往，我才發現原來自己在不經意之間親眼看見了史上最大金融掠奪的開始。

印了好幾世紀的鈔票

先提醒一下，印鈔票不是新鮮事。

大部分的印鈔投機行為都是小型、孤立的地區性行為，而且僅限較小的國家。

但有一些現金掠奪卻如巨獸一般，會改變全球的遊戲規則。這些巨人是：

1. **中國人**在西元六一八年開始印造紙鈔，為全球之首。馬可孛羅在旅途中注意到了中國的紙鈔，於是印紙鈔這樣的做法便慢慢傳到歐洲。
2. **羅馬帝國**在國債節節高升且戰事範圍過廣的情況下，透過摻入鎳和錫等卑金屬，以降低硬幣金幣和銀幣成色。
3. **移民到美國十三州的移民**為了美國獨立戰爭而印造虛假的貨幣；南北戰爭時期，南方的美利堅聯盟國為了應付戰事也印造了聯盟幣。

4. **德國**在一九二〇年代印製了幾千兆的虛假貨幣。印製虛假貨幣的結果導致了二戰爆發、希特勒崛起並屠殺了數百萬的猶太人和其他無辜的人。
5. **辛巴威**曾被譽為非洲的「麵包籃」，卻因領導人在二〇〇〇年時大量印製鈔票後經濟崩潰。
6. **委內瑞拉**是相當富有的產油國，在二〇一八年時瀕臨破產，並且革命一觸即發，卻還在持續印製虛假的貨幣。

課題

幾乎所有例子裡，有錢人都變得更有錢，其他人卻全盤皆輸。

印造虛假貨幣的結果通常都不太好。

課題：承諾

一九四四年，在美國新罕布夏爾州布列敦森林所召開的一場會議裡，與會的四十四國決議讓美國成為全球的準備貨幣。那一年，美國在布列敦森林協定裡向全世界承諾以黃金支持美元的發行。因為這個承諾，美元成為第一個全球貨幣。舞台已經搭好，只待大印鈔之母，也就是全球現金掠奪現象粉墨登場。

課題：與敵人的貿易

一九五〇年代開始，原是敵國的德國和日本開始在美國銷售福斯汽車和豐田汽車。美國進口的越多，流出的黃金就越多。

課題：打破承諾

一九七一年，美國打破了曾在一九四四年許下的承諾，時任美國總統尼克森之所以打破這項承諾，是為了停止黃金進一步流出美國。但歷史已經證明了尼克森是個騙子，所以才會有「狡猾迪克」的別稱，他連「為什麼無法遵守承諾」都說謊。

如果尼克森持續讓美元維持金本位制的話，金本位制自身就會解決黃金流出美國的問題。美國會因為進口高於出口而受到懲罰，於是開始生產物美價廉的產品（或稱為資本主義），如此一來黃金就會再度流回美國。

相反的，學術菁英扼殺了資本主義，結果工廠被迫關閉，工作機會則紛紛外流到低薪國家。金本位制被打破了，如此一來學術菁英能夠印製更多鈔票並掠奪世界的資產，好讓自己更有錢。用富勒的話來說，就是「強取豪奪的巨人：巨大的全球現金掠奪」。

課題：美元成為債

一九七一年，美元搖身一變成為美國納稅人的借據。美國開始用這種借據來購買福斯汽車和豐田汽車。

課題

尼克森承諾讓美元脫離金本位制只是暫時的。

但是尼克森在因為水門案而被彈劾之前就引咎辭職，因此沒有實現諾言，讓美元重回金本位制。人類史上最大規模的印鈔行動就此展開，而且直到如今還在進行。有錢人因此變得極度富有，但窮人和中產階級則陷入困境。

布里爾寫道：

近來，大部分的美國人無論政治傾向是什麼，都會問自己類似的問題：我們怎麼會變成現在這樣？全世界最偉大的民主國家和經濟體系怎麼變成了一片遍布破碎不堪的道路、收入不公逐漸擴大、充滿苦澀的極端化現象，以及政府失靈的土地？

過去兩年當我試著尋找答案時，發現了一個不斷重覆而且相當諷刺的事。大約五十年前，使美國偉大的核心價值開始讓美國走下坡。

富勒博士曾在我們的課堂上警告過大家。我在此概述一下自己在三堂富勒的課程中聽到的內容，他說傳統的富裕世家在一九六〇和七〇年代，開始將高等菁英教育的大門開放給中、下階層裡極度聰明的學生。這些嬰兒潮世代的菁英學生就成為了傀儡，由「巨人」們在背後操縱。

布里爾就是一九六〇年代被選中的極度聰明的中產階級學生。其他人則像是前總統歐巴馬、前總統柯林頓、前國務卿希拉蕊、前聯準會主席柏南克和葉倫。

富勒來自菁英學校，是承繼祖上財富的美國白人貴族。他們家族四代都畢業於密爾頓學院以及哈佛大學，但富勒本人卻未曾從哈佛畢業。

前總統約翰．甘迺迪、前總統大小布希以及參議員米特．羅姆尼也都是哈佛和耶魯的畢業生，也全都出身於美國的白人貴族世家，繼承了大量財富。

再努力一點

布里爾意識到，其他同樣來自中、下階層的學術菁英同儕們都沒有任何財富可以繼承，因此，他們不只要用堅韌的毅力成為學術菁英，還要用同樣的毅力使自己富有。他們透過這樣的堅韌毅力走進了華爾街、美國的大公司和律師事務所。

布里爾意識到正是這些來自中、下階層的學術菁英們摧毀了其他美國中、下階層的經濟。

布里爾說：

他的同儕們進入了美國的大型公司後將工作機會移到海外去，而非試圖與這些低薪國家競爭。律師們在掌管事務所後只為極度有錢的人服務，而非保護毫無防備的中、下階層。華爾街裡的人走向操縱金融體系、打造虛假的資產，而非創造新的實際資產。留在學術界的學術菁英不再專注於『美國例外論』，而是操縱社會、確保人人能夠平等，沒有人覺得情感受到傷害。

他們專注於讓孩子都能受到公平對待，以此保護自己的孩子並確保他們能夠爬到頂端，但同時又要確保自己的孩子能夠去上相同的預校，因為這些預校保證他們的孩子能夠進到最菁英的大學裡。

簡單來說，他們的菁英小孩能接受其他中、下階層的人無法取得的教育。

結論是布里爾對這些勤奮努力並取得高成就的同儕們有了這樣的認識：

他們創造出一座由護城河保護起來的國度，可讓自己無須受到問責，又免於承受自身勝利為大眾所帶來的傷害。……接著，以一種史無前例的方式，這些菁英能夠鞏固自己的勝場，用計打敗或吸收那些限制住他們的力量，再將梯子收起，以防更多人來共享他們的成功或挑戰他們的崇高地位。

富勒在他的教學和著作《強取豪奪的巨人》裡，也表達了相同的擔憂。在那本書裡，富勒幾乎要將前總統雷根稱為「丑角」，因為他的四周圍繞著野心勃勃而且從內部開始掠奪美國的學術菁英，而雷根竟然還聽取他們的意見。

全球大印鈔

一九七一年是全球財富大掠奪，也就是竊占全球人民財富的開始。

一九八三年，未來學者富勒的書《強取豪奪的巨人》，再說明一次，掠奪（Grunch）代表巨大的（Gross）全世界（Universal）現金（Cash）掠奪（Heist），就像是個充滿先見之明的預言，警告我們即將發生的事情。書中陳述了當時正在發生，並且一直持續到今天的全球現金大掠奪現象。

一九七一年當美元由黃金支撐後，貨幣就變得看不見了。人們無法看見財富掠奪的現象。我再次引用富勒的話：「你無法避開那些迎面而來，而你自己卻看不到的事物。」

不全然是壞事

印鈔也不總是壞事。印造虛假的貨幣也帶來不少好的結果。上億人口在為虛假貨幣工作的同時，也產生了一個運作良好的經濟體系、新發明、更好的房產，以及醫藥、交通、消費者商品和科技方面的進步。

雖然有菁英寄生在這些辛勤工作的人們身上吸取他們的財富與健康，這些努力的人們還是創造出了一個更美好的世界。

問題在於，印鈔票永遠無法解決問題。一九七一年開始的財富掠奪最終將以失敗收場。由大印鈔開始的盛筵即將來到尾聲，而宿醉（很嚴重的那種）才正要開始。

在前1%的人變得非常有錢的同時，數十億人卻變得（或即將變得）更窮。

現在，數百萬名理應是史上最富有而幸運的美國嬰兒潮世代的人，全都不敢期待美好的退休生活。上百萬名嬰兒潮世代的人都很憂心，他們當中也有很多人已經知道自己永遠無法退休。在工作了一輩子之後，他們當中有許多人會在老去的同時變得越來越窮。這就是為了虛假的貨幣而工作及儲蓄時會發生的事。下面的圖表說明了一切。

以下摘自二〇一八年六月二十三日出刊的《華爾街日報》：

老化的美國所面臨的定時炸彈

「這一代的美國人到達退休年齡時，財務狀況比上一代差了許多。」

課題

「上一代」指的是二戰世代的美國人，他們擁有確定給付制（DB）的退休金，意即有終身的薪資。財務知識對於二戰時代的人來說沒有必要，因為確定給付制的退休金有「專業管理」。

接著，確定給付制走入歷史。許多曾提供確定給付制退休方案的公司紛紛因為成本太高而停辦。

如今，只剩少數的嬰兒潮世代人還享有確定給付制，也就是有終身給付的薪資。

但如今就連有確定給付的嬰兒潮世代人也開始感到擔憂。《華爾街日報》提到：「許多公務員活在不確定

為什麼存錢的人是輸家

美元1913年至今的購買力變化

資料來源：美國勞工統計局

感之中，因為財政短絀的政府正在考慮減少退休金。」

課題

許多確定給付的退休制度之所以深陷麻煩，是因為他們以7.5%的報酬率來計算投資，而且預期嬰兒潮世代的人無法活超過七十歲。好消息是嬰兒潮世代的人活得更久了，但壞消息就是市場表現並不總是與預期相符。

除了這些令人不安的事實和數據，還有一件事：每天都有約一萬名嬰兒潮世代的人退休。這個危機將在二〇二六年演變成金融災難。因為嬰兒潮第一年出生的人將滿八十歲，需要越來越多的長期照護，而這一年社會安全和老人醫療照護保險可能也會破產。

嬰兒潮世代的確定提撥制——而非確定給付制

一九七四年，隨著數百萬的嬰兒潮世代進入就業市場，員工退休所得安全法（ERISA）亦在國會通過，以降低聘雇的成本。幾年過後，首個401(K)退休計畫出現，該計畫又稱為「確定提撥制」（DC）。

嬰兒潮世代需要成為「專業」的財富管理人，卻沒有受過任何財務教育，這就是嬰兒潮世代的危機。

確定提撥制的退休金受限於提撥的金額，退休金總額即為退休時提撥帳戶裡的金額。如果提撥帳戶裡一毛錢都沒有的話，嬰兒潮世代的人就只能自求多福了……到時可能會把好運用盡又沒錢。

同一篇《華爾街日報》的文章接著報導：

人類壽命增長以及快速提高的學費，使得五六十歲的人得同時扶養子女和長輩。

嬰兒潮世代因為需要同時扶養父母和小孩，時常被稱為「三明治世代」。

二〇一七年，年齡界於六十到六十九歲之間的美國人總共約負債兩兆美元。

嬰兒潮世代的總人數只有七千五百萬人，以此來看，平均每人負擔的債務相當多。

（嬰兒潮世代）不只平均負債極高，還常需要在繳納孩子學費的同時，從存款裡掏錢出來照顧年歲漸長的父母。此外，微薄的401(k)退休基金每年為兩口之家帶來的收入中位數只有不到八千美元。

總體而言，戶長為五十五歲至七十歲的家庭裡，有超過40%沒有足夠資源供其在退休後維持現有生活水準，這相當於一千五百萬戶左右的美國家庭。

二〇一六年時，投資401(k)計畫且至少有一位年齡界於五十五到六十四歲之間的工作人口家庭裡，在其賦稅優惠的退休帳戶中，存款中位數

道瓊工業平均指數（DJIA）1895-2015

陰影區代表美國經濟衰退

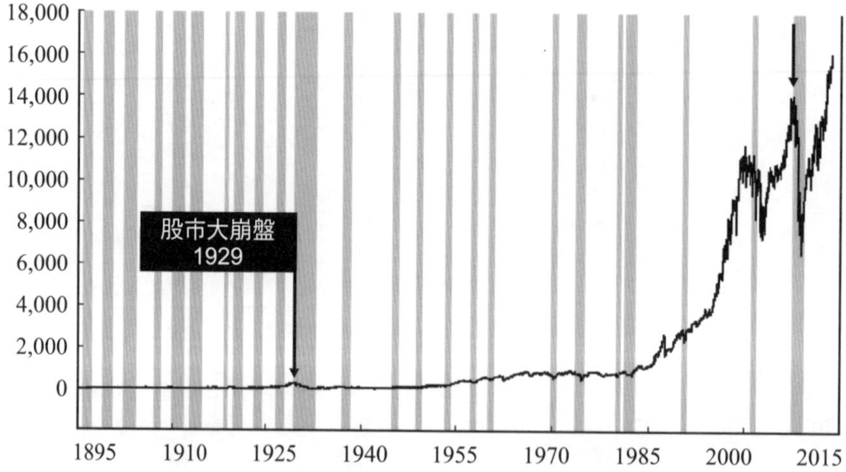

資料來源：標普道瓊指數公司 | 2013 research.stlouisfed.org

為十三萬五千美元。……若是一對六十二歲跟六十五歲的夫妻在今天退休的話，這筆存款將可為其往後的日子帶來每月六百美元的收入。

然而二〇〇〇年和二〇〇八年的市場衰退卻也突顯出這種 DIY 式退休計畫的風險，許多 401(k) 計畫的參加者都降低了提撥金額，將資金從股市移出卻再也沒有重新投入，或是將錢提出來繳帳單。

亞瑟．史密斯二世（Arthur Smith Jr.）今年已經六十一歲了，仍能感受到影響。他說在過去的三十五年來，雖然換過幾間公司，但都不斷存錢在 401(k) 類型的計畫裡。然而在市場崩跌時，他的 401(k) 計畫也受到了嚴重打擊，很大一部分原因在於他投資在單一的科技股裡。

他說：「我們可以自己選擇想要的股票，我就貿然選擇了幾支高風險的股票。」同時也提及他的 401(k) 計畫在二〇〇〇初時，價值跌了將近一半，接著又在二〇〇八年時砍了一半。

課題

一九六〇年代，當我還小時，只有賭徒會投資股票。那時的人如果要投資會投資債券市場。時至今日，多數的嬰兒潮世代都成了股票市場裡的賭徒。

嬰兒潮世代會投入股票市場的其中一個原因，在於現在的存款和債券利率是史上低點。許多人為了尋求「更高的報酬」而投入股票市場。

再回頭看一次瓊工業指數圖表，注意一下我們現在落在何處。道瓊指數又創了新高，主因是有許多虛假的貨幣要找標的投資以獲取報酬。

十五億美元的獎勵

在同一期《華爾街日報》的封面上，在嬰兒潮世代的文章旁有另外一篇文章的標題：

小米給了執行長十五億美元的「感謝」

文章的開頭是：

> 中國手機製造商小米公司的市值即將來到七百億美元，該公司為表感謝，在有史以來最盛大的發薪日，給了創辦人兼執行長價值十五億美元的股票，而且沒有任何附加條件。

歷史正在重演

歷史已經證明，印造虛假貨幣絕對無法帶來繁榮，只會害為其工作的人貧窮潦倒。

美國的嬰兒潮世代是經濟礦坑裡的金絲雀。嬰兒潮世代曾經相當富足，如今卻要擔心是否會活在貧窮裡。他們就是金絲雀，感受到虛假貨幣引發的危機已悄悄到來。

回顧一下歷史，從中國、羅馬帝國、德國的威瑪共合，一直到今天的委內瑞拉，印造虛假的貨幣不僅無法打造長遠的榮景，而且下場不是大蕭條、革命或戰爭，就是這三者同時爆發。

一九七一年是人類最大規模的印鈔行動開始的那一年。

問題是，這個行動會如何以及何時結束？

真正的財務教育應該要包括如何印鈔票，以及為什麼要印鈔票。知道鈔票如何被印出來能夠提升你的財務存活率。

你發問……我回答

問：爲什麼說是上帝的貨幣，要是上帝在我們創造祂以前根本不存在的話呢？（我不反對宗教或靈性。）爲什麼這足以成爲我們持有黃金的理由？

傑森 C. —— 美國

答：你在質疑的究竟是上帝的存在……還是黃金？我沒有上帝存在的證據，但有黃金存在的證據。

我說金和銀是上帝的貨幣，是因為我曾經創辦了一座金礦場和銀礦場，金礦場在中國，銀礦場在阿根廷。兩間礦場都透過初次公開發行，在多倫多證交所公開發行。

在我們能夠上市前，需要先證明我們找到了真正的金礦和銀礦。我們需要有實體來證明地底下確實蘊藏有金礦或銀礦……如此一來我們公司才能有合法持有、開採和販賣金與銀的權利。此外，我們還需證明自己擁有透過公開發行販售公司股票的權利。

因此，我知道金和銀在地球形成之初就已存在，我親眼在地底看見真正的金和銀，因此我說金和銀是上帝的貨幣。在虛假的貨幣、政府法幣、人類的貨幣甚至人類本身都消失很久以後，金和銀仍然會在此長存。

我知道也有虛假的金和銀，那就是金和銀的ETF。ETF可以合法買賣他們根本就沒有的金和銀。據估計，ETF所持有的每一盎司真實黃金，很有可能透過ETF成為一百盎司虛假的黃金被賣出。我知道這件事是因為我曾幫助公司上市。在幫助公司上市並讓公司股票在證交所上市的過程中，我發現在證交所交易的這些紙本資產大多都是虛假的。

問：我應該持有多少黃金？有沒有應占「投資組合」多少比例的建議？

布魯諾T. —— 法國

答：大部分的財經專家會建議，資產中應有10%的貴金屬。但我沒有採用這個比例。

在第一部分裡，我寫到黃金是上帝的貨幣，可以吸引更多財富。這代表我之所以會持有貨幣，就是因為我相信真正的黃金可以帶來更多財富。

簡單來說，如果我希望每月能有一萬美元的收入的話，我就會持有一萬元等值的黃金。我無法證明這也會在你身上靈驗，只能說至少對我管用。

如同那位大師多年之前對我和金說的：「黃金是神的眼淚。」

每當我和金希望能有更多收入時，我們就會買入更多的真金。這對我們很管用，但若你不相信真金能夠帶來財富，又或是你不相信有神的話……就別買了。

第五章
你在印造多少貨幣？
如何贏回掌控權

提醒：印鈔票不是新鮮事。
提醒：印造虛假的貨幣是銀行體系的基礎。
了解貨幣如何被印造出來，能讓你在這充滿虛假貨幣的世界裡更有機會存活下來。
課題：了解鈔票如何被印出來的同時，也會更理解為什麼窮人會窮，以及如何不讓自己變窮。

印鈔一、搖錢「牛」

幾千年來，貨幣以許多不同的形式存在過，可能是珠子、羽毛、礦石、動物或陶器等，其中最早且最為重要的形式是乳牛。

有好幾千年的時間，乳牛都扮演著現代貨幣的基礎。乳牛可說是真正的貨幣，甚至直到今天依然如此。事實上，英語中乳牛（cattle）的意思就是任何形式的財產，可以是貨幣、土地和收入等。

一位養乳牛的人若需要借錢時，就會帶著他的牛到放貸的地方去，作為借貸的抵押品，當他付清債務後，就可以將乳牛牽回。

抵押制度直到今日仍在使用。抵押品（collateral）的另一個同義字是擔保品（security）。二〇〇八年發生金融危機，正是因為債務抵押債券（CDO）和房貸抵押證券（MBS）雙雙違約。

注意抵押（collateralized）和擔保（securities）這兩個字。這兩個詞彙與一千年前的「乳牛」所代表的意義相同。一千年前，乳牛是真實的抵押品和擔保品。

當這兩種形式的虛假抵押品露出其虛幻的本質時，全球的經濟差點就要崩潰了。

為什麼會有這麼多受過高等教育、充滿才華又領有高薪的人，相信虛假的擔保品能成為真正的擔保品呢？這真是相當、相當可怕。而更令人驚恐的是，同樣的這群人，這群相信虛假的擔保品可以作為真正的擔保品的人，居然掌控著這個世界。

你能想像一個一千年前的銀行家不知道真正的牛長怎樣嗎？但這卻是如今正在上演的情形。

「空口說白話」

今天，當大家說到有錢人與其他人之間的差距時，最大的差別就在於有沒有抵押品。

課題：中、下階層的人會窮的其中一個原因，在於他們沒有抵押品。這就像是一個牧場主人跑去銀行借錢，卻沒有牛能拿來當做抵押品一樣。

德州有一句俗諺：「只有牛仔帽，沒有牛」（空口說白話）。

這個世界滿是空口說白話的人。這些人可能住在豪宅裡、開名貴的車、孩子讀私立學校……但卻沒有抵押品。銀行可能會核准房貸、車貸、信用卡給他們，但這些都只是被歸類為消費者信貸的一種債務，而不是用於投資的借貸。這些人還會抱怨：「我的銀行不會放貸給我的。」

銀行需要真正的抵押品。你也是。

現今的 CDO 和 MBS 核心在於抵押品及擔保品，問題在於這兩者都是以虛假的抵押品和擔保品為支撐。

如果你希望未來更有保障，擁有真正的抵押品對於真正的保障來說是不可或缺的。討論真正的抵押品和擔保品正是本書的重點。

財金小學堂

in kind（形容詞），以實物支付。由德文 kinder 衍生而來的金融詞彙。kinder 的意思是孩子。幼兒園 kindergarten 則是孩子的園地。

當一個人留下他的乳牛作為抵押品時，借款人便是用乳牛的小孩「實物支付」給放款人。小牛，也就是先前提到的 kinder，是利息的一種早期形式。在現代，當銀行放款給你時，你所支付的利息便是一種現代形式的小牛。

In kind 的另一個意思是「對等的」。例如小牛對乳牛、錢對錢……還有以牙還牙。

利息都是對等的，或者以另一種方式來看：利息就像是錢生小孩，或說鈔票在印鈔票。

當代的銀行若放款時不能收取利息的話便無法存活。

存款：你……在印鈔票

當你將錢存在銀行時，你的錢就正在印鈔票。

你存款在銀行時，銀行就是以對等的「以錢付錢」的方式支付利息給你。再說一次，因存款而生的利息就像是你存的錢在印鈔票。

信用卡

使用信用卡時也是在印鈔票。信用卡本身沒有任何一毛錢，信用卡背後唯一擁有的是你的良好信用，而你的信用就是銀行的抵押品。在美國，個人信用是以FICO分數來計算，這是一種評估個人有多麼值得信賴的量測制度。

差別在於，使用信用卡時，你是在幫銀行印鈔票，也就是你要還給銀行的款項，以及其他可能需要支付的（對等的）利息。

貸款

借車貸、房貸或是為了做生意而貸款時，你也在印鈔票。你在幫銀行印錢，而銀行則為了這些剛印出來的錢向你收取利息。

誰的錢更有價值？

思考一下下面兩種你在印鈔票的例子：

- 你在存款帳戶裡存入一千美元，銀行付了2％的利息給你。
- 你用信用卡刷了一千美元，而銀行跟你收18％的利息。

在這兩個例子裡，你都在印鈔票，問題在於哪個錢更值錢，是你的錢？還是你幫銀行印的錢？

請記得，自一九七一年起，全世界的貨幣系統就是奠基在印造虛假貨幣上運行的。

請記得，為錢工作的人其實是在為印鈔票的人工作。

你將會在本書裡學到如何成為讓別人為你工作的印鈔者。但首先，更重要的是你需要先了解其他印鈔票的例子。

印鈔二、部分準備金制度

這個世界的銀行體系是奠基於部分準備金制度，這項制度其實已經在這世界運行了好幾千年。以下簡單向各位複習一下這項制度。

假設你是一千年前的一位店老闆。你擁有十枚金幣，而且需要穿過不安全的國家到好幾英里外的地方幫店鋪進貨。

於是你找了當地的「銀行家」，通常是金匠，他同意幫你保管這十枚金幣。他會給你一張紙，上面註記你在他們這裡存放了十枚金幣。這張紙就是所謂的存款單，而且直到現在也還是如此稱呼。

接著你走過好幾百英里，穿過危險的國家，身上只帶著這張紙。你的金幣放在「銀行家」那裡，因此安全無虞。

你為自己的店鋪挑選商品，將你帶著的這張紙，也就是存款單，交給賣商品給你的店家後，接著啟程返家。

而這位賣商品給你的人則會到他自己的「銀行」，用你的黃金存款單領取他應收的費用。一段時間後，你發現帶著一張存款單比帶著一堆金幣走來走去方便多了。因此你將金幣留在銀行裡，並將存款單當做紙鈔來使用。

銀行家如何印鈔票

需要用錢的人到銀行去「貸款」，於是銀行就將你存放的十枚金幣中的九枚借出。剩下那一枚還放在金庫裡的就是「部分準備金」。銀行只需要在保險櫃裡保有10％，亦即你原先存放的十枚硬幣中的一枚，便能達到針對「準備金」的規定。

這時，錢就已經被造出來了，透過部分準備金制度，十枚金幣成了九枚，但是存放的十枚金幣才是真正的金幣，而放貸出去給債務人的那九枚則是虛假的錢，虛假的貨幣就這樣被造出來了。

接下來才是有趣的地方，這位將你的十枚金幣借走九枚的人，又去自己的銀行將這九枚金幣存入，這位借走九枚金幣的人又收到了一張九枚金幣的存款單。

持有借來的九枚金幣的銀行再從這九枚裡借出八點一枚給下一位債務人。

借了八點一枚金幣的人又將錢存進自己的銀行，然後銀行又再將八點一枚金幣中的90％借給下一個人……不斷循環下去。

曼德列克機制（Mandrake Mechanism）

理解了嗎？這就是所謂的曼德列克機制，該名字來自於一個連環漫畫裡的魔術師。曼德列克能從他的帽子裡變出所有東西，一如銀行家能憑空變出錢來一樣。

在剛剛這個簡短的例子裡，原先的十枚金幣透過神奇的部分準備金制度已經膨脹成為二十七點一枚。在部分準備金制度和曼德列克機制的神奇力量之下，二十七點一枚的金幣很快將成為兩百七十枚甚至更多。

透過這兩種制度，我們印造出了大量的虛假金錢。

曼德列克掌控全球

思考一下，一九七一年時，尼克森總統將美元與黃金脫鉤，這個世界再也不需要原先的十枚金幣了。由曼德列克機制創造出來的神奇貨幣就這樣掌控了全世界。

再想像一下，全球有好幾十億的人不斷在銀行借貸和存放好幾十億的虛假貨幣，就如同曼德列克不斷從帽子裡變出越來越多的假錢一般。

二〇〇八年時，大魔術師曼德列克得要從「帽子」裡變出一千兆以上的美元，才能拯救這個神奇的金錢世界免於崩潰。

但曼德列克還能繼續從帽子裡變出錢來多久？這就是問題所在了。

銀行擠兌

當曼德列克的魔法消失時，擠兌就會發生。

曼德列克的魔術秀總會落幕。擠兌指的是許多驚慌的存款人大排長龍，想要將錢提領出來。問題是……曼德列克根本沒有這麼多錢。

因此美國的銀行才有了一個備案：聯邦存款保險公司，透過這家公司為銀行裡的每筆存款提供二十五萬美元的保險，問題是這家公司並沒有足夠的現金應付大型擠兌。

一旦恐慌真的發生，整個銀行體制可能完全停擺而不會違法。近代歷史上其實發生過好幾次銀行停擺的狀況，若曼德列克的魔術秀果真的停擺，每個人能領多少錢出來就只能聽任 ATM 來決定了。想像一下你跑到銀行的 ATM 去領錢，卻看到上面寫著：「你本日提領限額為一百美元」。

信賴曼德列克的魔術秀

富爸爸向我及他的兒子解釋完部分準備金制度及曼德列克機制後，我們終於了解為什麼美元上會印著「我們信賴上帝」。

如今，我寧可信賴上帝的貨幣，也就是真實的金和銀。我不信任曼德列克的魔術秀，亦即富勒所說的巨人：巨大的全球現金掠奪背後的力量。

我信任金和銀，不信任由曼德列克聘請來管理他的魔術秀、印造貨幣、掌管央行、政府、銀行以及債券和股票市場的菁英們。

請永遠記得，在你、我、菁英們甚至蟑螂都消失很久以後，金和銀仍會繼續存在。

虛假的金和銀

曼德列克也會生產虛假的金和銀。

課題：虛假的金和銀。我從不投資虛假的黃金或銀（或稱 ETF），也就是紙本的金和銀。

GLD 和 SLV 分別代指金和銀的 ETF，也就是虛假的金和銀。我不會投資 ETF，因為所有的 ETF 都是部分準備金制度的一部分……也可以說是曼德列克魔術秀的一部分。舉例來說，曼德列克可以透過 ETF 將一盎司的真實黃金變成五十到一百盎司的虛假紙本黃金。印造 ETF 和共同基金都是曼德列克魔術秀的一部分。曼德列克能夠印造金錢、股票、債券甚至是房地產。

房地產的 ETF 被稱為 REIT 或不動產投資信託。我很愛黃金、銀和房地產，但絕不會投資 GLD、SLV 或 REIT。

課題：這不代表你也不應該投資 ETF 或共同基金。這些紙本資產對不同人有不同的益處。我會在本書的第三部分裡說明什麼人適合投資 GLD、SLV 或 REIT，以及我為什麼不投資。

我不投資 ETF 的其中一個理由，在於 ETF 是衍生性金融商品，也是曼德列克魔術秀的一部分。

印鈔三、衍生性金融商品

全球的銀行體系是建立於衍生性金融商品。

課題：什麼是衍生性金融商品？

我會盡量用最簡單的方式（KISS 原則）來說明。

柳橙的衍生性金融商品

當你擠壓柳橙時，柳橙汁會被擠出來，柳橙汁就是這顆柳橙的衍生性金融商品；而將柳橙汁裡的水份拿掉後所得到的濃縮柳橙汁，則是柳橙的另一個衍生性金融商品。

油和鈾的衍生性金融商品

想一下原油。汽油是原油的一種衍生性金融商品。汽油遠比原油易燃易揮發。而汽油的其他衍生性金融商品有航空燃油、噴射機燃油和其他精煉過的石油蒸餾液。

鈾的原子序是92，原子符號為U。鈾的蘊藏量遠高於銀，但將鈾衍生再衍生後的產物則會變得既不穩定、有毒又危險。鈾的衍生物通常用來作為核燃料，供反應爐和大規模毀滅性武器使用。

金錢的衍生性金融商品

股票是一間公司的衍生性金融商品；房貸是房地產的衍生性金融商品；債券則是貨幣的衍生性金融商品。

接著在大約五十年前，事情變了。

富勒說，人們開始用錢來玩遊戲。

又或者恰如布里爾引用馬丁·李普頓（Martin Lipton）的說法：「我們創造出一種完全獨立的經濟活動：交易紙張卻沒有成就任何事。」

一九五〇年代時，超過60%的企業利潤來自製造業，如今則為25%。一九五〇年代時，金融業約占整體企業利潤的9%，如今則為30%。

拉娜·福洛荷（Rana Foroohar）在其著作《大掠奪：華爾街的擴張和美國企業的沒落》中寫道：「在金融市場創造財富已經變成目的，而不是用來達成共享經濟繁榮的工具。」

翻譯：「我拿到我的份了，我才不管其他人的死活。」

福洛荷舉了一個例子說明美國金融產業中「我拿到我的份了」的態度：「美國前二十五大避險基金管理人所賺的錢，超過全國幼稚園教師收入的總和。」

富爸爸電台訪問拉娜．福洛荷

各位可透過以下連結，收聽拉娜上富爸爸電台討論「美國金融產業如何被貪婪掌控」的訪問：http://youtu.be/VgZZnG7US14

金融工程

金融工程不會產生新的或者能帶來實際和長久繁榮的資產；相反的，其控制了金錢買賣並創造出虛假而有害的資產。

大約在二〇〇五年左右，菁英金融工程人員因為過於渴望更高的報酬率，因此拿著房貸等一般的衍生性金融商品，找上了次級房貸的債務人，提供這些債務人他們根本負擔不起的貸款，打造出所謂的房貸抵押證券及債務抵押債券等金融科學怪人，再將這些東西以「有價證券」的形式賣給全世界……也就是說這些是衍生性金融商品的衍生性金融商品。

巴菲特將這些衍生性金融商品的衍生性金融商品稱為「金融界大規模毀滅性的武器」。

布里爾在《時代雜誌》的文章裡對衍生性金融商品的評論如下：

（菁英們）發明出新的法律和金融商品，成功讓美國的大企業和華爾街捨本逐末，打造出一種經濟體系，建立在資產的移動，而非創造新的資產。他們創造出了奇異而充滿風險的金融工具，包括衍生性金融商品和信用違約交換等。這類商品雖然能在短期內創造出令人興奮不已的利益，風險和苦果卻是由別人來承擔。

二〇〇八年，這些金融界大規模毀滅性的武器突然引爆，全球經濟瀕臨崩潰。

有任何改變嗎？

二〇〇七年時一共有七百兆美元投注在衍生性金融商品裡。

二〇〇八年，這些金融界大規模毀滅性的武器內爆，幾乎拖垮了全球經濟。但到了二〇一八年，投注在衍生性金融商品的錢卻來到了一千兩百兆美元。

為什麼要改變呢？曼德列克的魔術秀必須一直演下去。

印鈔四、通貨膨脹

曼德列克神奇的金錢秀也跟通膨有關。要是通膨停止的話，曼德列克的帳篷便會垮下來，這場秀就結束了。

曼德列克的篷子垮了

再看一次道瓊指數一百二十五年來的變化圖表。

各位可以清楚看見在二〇〇〇年及二〇〇八年時，曼德列克的帳篷在什麼時候，以及在哪裡垮下來了。

接著請看下一頁上方的圖，這些峰值看起來是不是很像大型的馬戲團帳篷呢？

各位也可以從下一頁下方的圖看到巨大的全球財富掠奪是在什麼時候開始重新把氣打回曼德列克的篷子裡。

問題資產紓困計畫及量化寬鬆

菁英中的巨頭：前聯邦準備委員會主席柏南克，和前美國財政部長兼前高盛集團執行長的亨利．鮑爾森（Hank Paulson）卻決定不將這件事稱為印鈔，而是另外想出了新的名字「問題資產紓困計畫」（Troubled Asset Relief Program，簡稱 TARP），接著是量化寬鬆（quantitative easing，簡稱 QE）。

我猜對他們而言，這兩個名字要比單純地說「印鈔票」聽起來聰明多了。

要我說，這根本是在打迷糊仗。

曼德列克的神奇印鈔大秀和部分準備金制度印造了這麼多錢，導致整個世界都洩了氣，瀕臨大規模衰退。

道瓊工業平均指數(DJIA) 1895-2015

陰影區代表美國經濟衰退

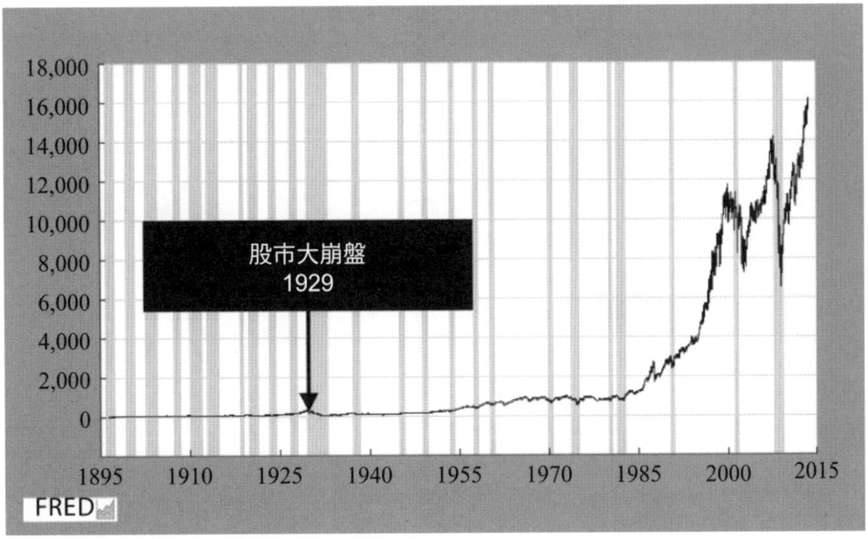

資料來源：標普道瓊指數有限公司｜2013 research.stlouisfed.org

道瓊工業平均指數(DJIA) 1895-2015

陰影區代表美國經濟衰退

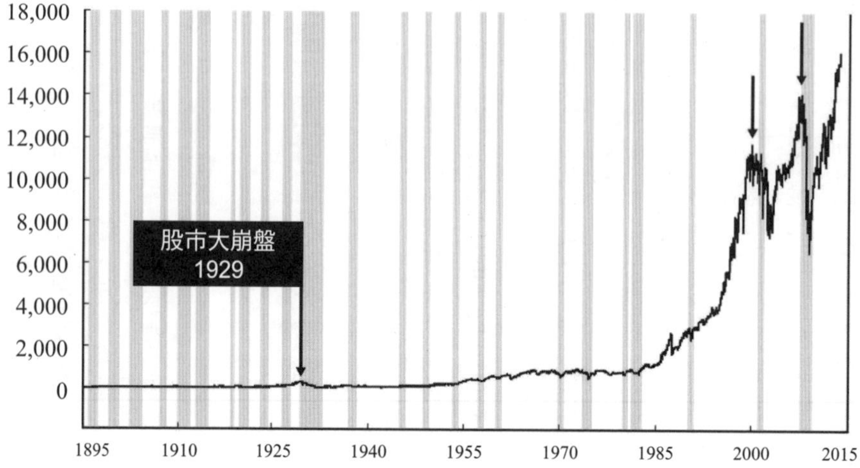

資料來源：標普道瓊指數公司 | 2013 research.stlouisfed.org

道瓊工業平均指數(DJIA) 1895-2015

陰影區代表美國經濟衰退

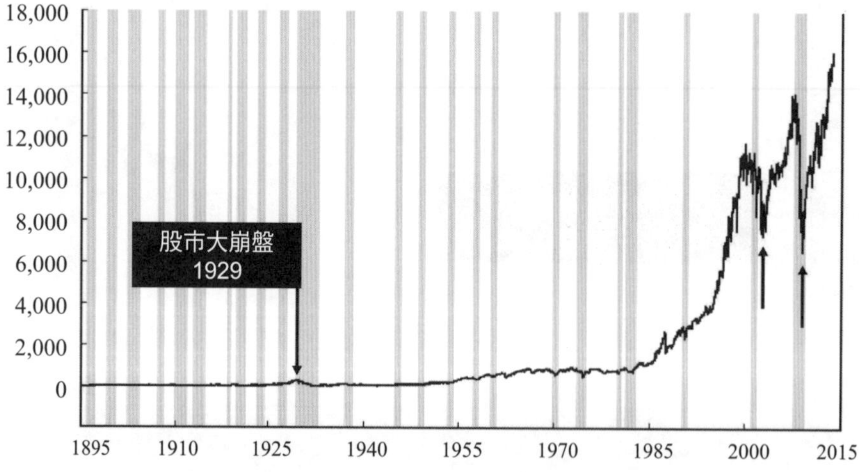

資料來源：標普道瓊指數公司 | 2013 research.stlouisfed.org

為了不讓曼德列克的篷子倒塌，因此才需要紓困和量化寬鬆。

課題：有通貨膨脹的話，曼德列克的魔術秀才有辦法繼續下去。

（懂了嗎？要讓篷子繼續充著氣……）

課題：若沒有通貨膨脹的話，曼德列克根本無法應付在印造金錢過程中所產生的大量債務。

課題：有了通貨膨脹，債務就會變便宜，因為錢變小了，如此就能用比較小的美元來支付債務。

通貨膨脹比通貨緊縮好

課題：如果通貨緊縮發生的話，債務就會變貴，因此需要用更有價值也更貴的美元來償付。因此通縮通常會導致景氣衰退。

通貨膨脹和通貨緊縮

課題：通膨時，人們花錢的速度較快，因為擔心價格會走揚。

課題：通縮時，人們不太消費，因為大家都想等

為什麼存錢的人是輸家

美元1913年至今的購買力變化

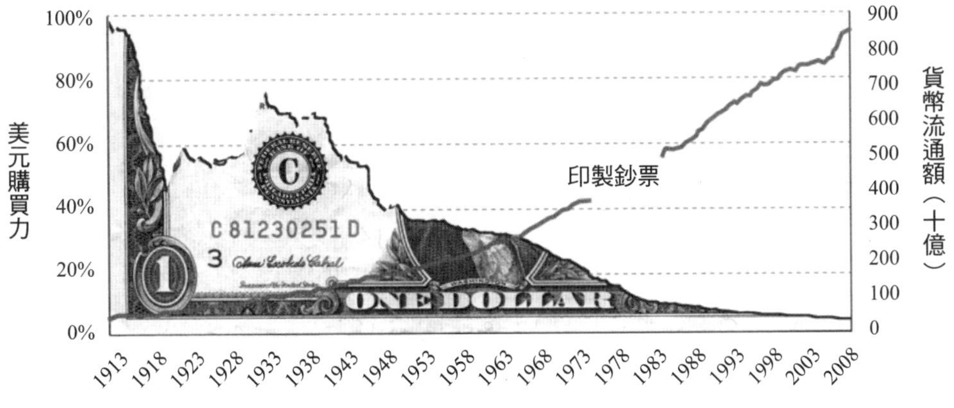

資料來源：美國勞工統計局

價格下降，如此便有可能導致衰退。

課題：這就是為什麼曼德列克的神奇金錢秀需要通膨才能繼續上演。沒有了通膨，曼德列克無法支付他的最後一場秀。

課題：這也是聯準會和美國財政部施行紓困和量化寬鬆的原因。他們必須利用好幾兆，甚至好幾千兆的虛假金錢為曼德列克的帳篷重新充滿氣。

附帶損害（Collateral Damage）

再次注意 collateral 這個字。有害的衍生性金融商品、虛假資產、虛假抵押品等所帶來的附帶損害，傷害了世界上所有無辜的人，同時儲蓄的人也成了輸家。

這些人不只從買房的人身上奪走他們的美國夢，連存款人的美國夢也被奪走了。市場在二〇〇八年崩潰時，銀行大幅降息並央求人們借錢。

許多時候，存錢的人都是靠著固定收入維生的退休人士，他們在存款利息降低時成了最大的輸家，有時利息還可能低於零。

沒有了存款利息後，這些存款人開始要用本金

道瓊工業平均指數(DJIA) 1895-2015

陰影區代表美國經濟衰退

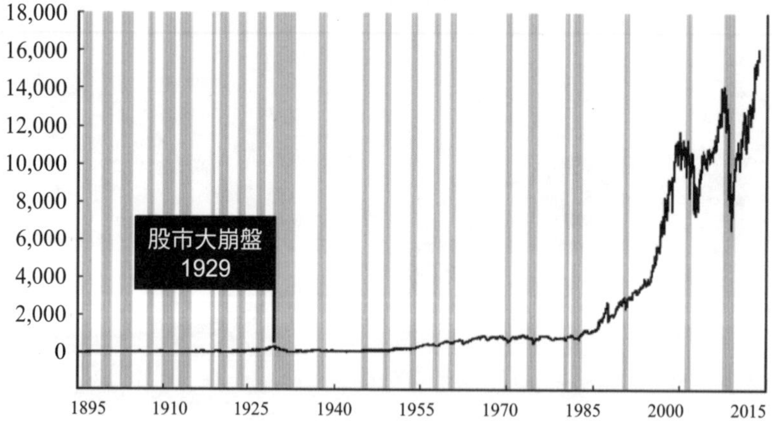

資料來源：標普道瓊指數公司 | 2013 research.stlouisfed.org

度日，存款因而逐漸減少。

百萬富翁曾經很有錢

一九七〇年，我從大學畢業後一年，那時存款利息還有15％。為了簡化計算，我們用一百萬美元來做計算。

$1,000,000×15％＝$150,000

一九七〇年代，十五萬美元夠一個人生活了。

但二〇〇八年後，利率降低，在部分國家甚至低於零。存款人成了最大輸家，而百萬富翁也不如以前有錢了。同樣為了方便計算，我們再用一百萬美元存款來計算：

$1,000,000×２％＝$20,000

在美國，無論是誰一年只靠兩萬美元都難以生活，即使你是百萬富翁也一樣。靠著存款度日的百萬富翁因此成了新貧。

這種現象迫使人們投入股票市場以求更高的報酬，而結果是：股票市場泡沫化。只要看一下道瓊指數一百二十五年來變化的圖表就會發現，在二〇〇〇年和二〇〇八年的危機之後，股票市場的泡沫都破滅了。

比特幣和網路貨幣

二〇〇九年，比特幣出現……網路貨幣開始為曼德列克神奇的金錢秀帶來挑戰。

曼德列克不喜歡競爭，巨人會反抗人民的貨幣：網路貨幣，但有些菁英則叛逃至網路貨幣的世界。

課題：通膨帶來貧窮。

印造貨幣會讓一部分人變有錢，當房產「增值」時，人們會覺得自己變有錢了，或是因為股票投資組合的價值提高，而覺得「淨值」提升。

但對好幾百萬人而言，印造鈔票卻使他們變窮。

根據一份由史丹佛、哈佛和柏克萊的教授共同進行的研究，發現在過去的四十年，孩子未來比父母賺更多錢的可能性就從90％降到了50％。

另一份研究則發現，從二〇〇九到二〇一二年全球前1％的有錢人收入提升了31.4個百分點，其餘99％的人收入卻只微幅上升了0.4％。

差距

一九七九年以來，稅後收入占比變化（經通膨調整）

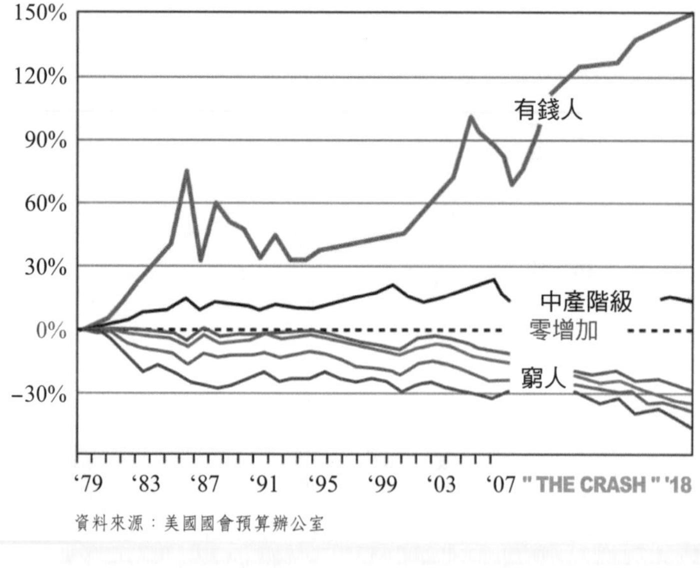

資料來源：美國國會預算辦公室

帳篷城市

帳篷城市正在全美國如雨後春筍般冒出，尤其是在幾個最繁榮的大城市裡，像是舊金山、西雅圖和檀香山。

許多住在帳篷裡的人其實都有工作，他們只是負擔不起一間房子而已。二〇一八年，全美約有五十五萬人無家可歸。

你說你想掀起一場革命

回顧歷史，每當有錢人和其他人之間的財富落差過大時，革命就會發生，而這正是我所擔心的。俄國、古巴和委內瑞拉等國在有錢人的財富和其他人差距過大時都發生了革命。

我們是否也正朝向下一場革命邁步而去？

披頭四的〈革命〉（Revolution）比我更精確地表達了我的想法，各位可以在 YouTube 上找到這首歌（www.youtube.com/ watch?v=BGLGzRXY5Bw）。

你看得見未來嗎？

富勒博士教導我們想要看見未來就要研究過去。以下是一些能幫助我們達成目標的圖表和照片。

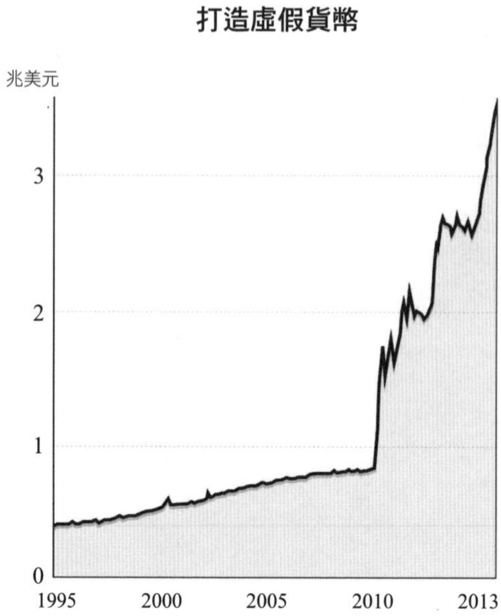

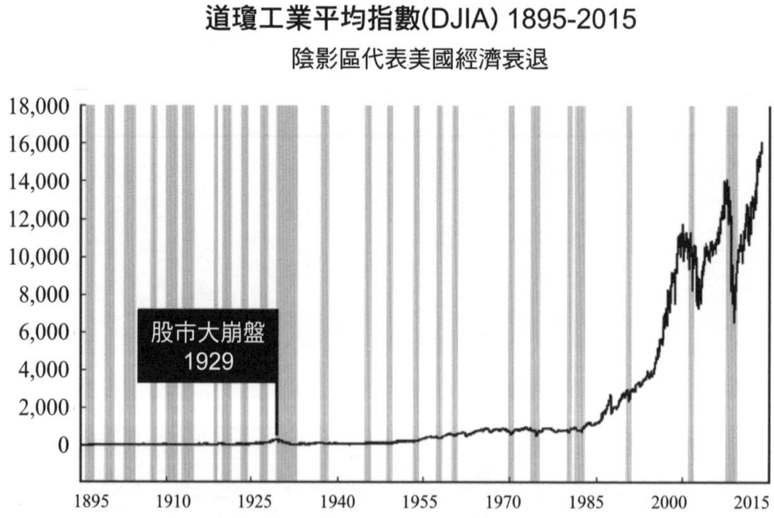

資料來源：標普道瓊指數公司 | 2013 research.stlouisfed.org

國家印太多貨幣時會發生什麼事？

當通膨失效時，許多國家經常會因過度印鈔而陷入惡性通膨。第 118 和第 119 頁是一九二〇年代德國惡性通膨時的照片，各位在看這些照片時可能就會理解為什麼我不存虛假的貨幣。

這場惡性通貨膨脹導致希特勒崛起、二戰爆發，以及數百萬無辜之人喪命。

印造虛假貨幣從未曾打造長遠的榮景，只會害得為錢工作的人陷入貧窮。

一九七一年是首次全球「印鈔」的開端，如今，整個全球銀行體系都靠印鈔票在運作，但美國和全世界還能繼續印造虛假貨幣多久呢？

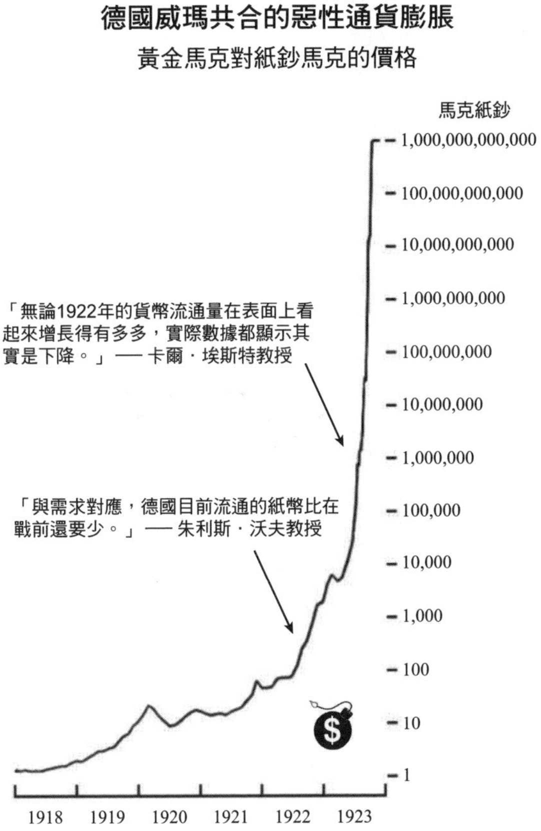

資料來源：dollarvigilante.com

歷史正在重演嗎？

我相信是的。

下一章將會解釋我為什麼持有真金白銀。

二戰過後德國惡性通貨膨脹，一位女子用紙幣來為爐子生火。

圖片來源：Getty Images/Universal History Archive

一九二三年德國威瑪共合時期，失去價值的紙鈔被拿來焚燒。

圖片來源：Getty Images/ullstein bild

一九二三年馬克貶值時，成堆的紙幣存放在某間銀行的地下室。

圖片來源：Getty Images/Albert Harlingue/Roger Viollet

布亨瓦德集中營的受害人。

圖片來源：Getty Images/H. Miller

一九二三年，德國孩童在街道上玩鈔票：好幾十億虛假且沒有價值的貨幣。

圖片來源：Getty Images/Corbis

你發問……我回答

問：市場泡沫破滅之後會發生什麼事？就這樣憑空消失了嗎？

克里斯G.——希臘

答：對也不對。泡沫破滅時，部分的錢會從贏家手上移轉到輸家手上。大部分的輸家都是普通的投資人，而這些投資人往往會聽信「長期投資」的陷阱。長期投資有時管用，有時則不。錢從贏家手上轉到輸家手上去時並非真正不見了。輸家確實輸了，但錢沒有消失不見，只是轉手而已。

這就是為什麼許多專家會說不賣掉就不會有損失。這些專家這麼說是基於你仍然持有股份的這個事實。

但我不同意。假設我以每張二十美元的價格買了一百股。

100 × $20 = $2,000

結果隔天市場崩潰，現在每股只值兩美元了。

100 × $2 = $200

在這個例子裡，錢確實消失不見了。這位投資人損失了一千八百美元，他可能會打給他的財務顧問說：「我損失了一千八百美元。」

顧問回答：「只有在賣掉時才會有損失，所以才要長期投資，股價會再升回去的。」

這是謊話。以這個例子來說，在那個當下確實虧錢了。這些錢從投資人的資產欄位裡消失了。

問：如果發生擠兌，每個人都跑去銀行要將錢領出來的話，會發生什麼事？銀行還有辦法借錢給任

何人嗎？

曼紐爾A.——墨西哥

答：不一定。人在恐慌時會做很多有趣的事，因此難以預測會發生什麼事。二〇〇八年的金融危機過後，數百萬人總計損失了好幾千兆美元。有錢人沒有損失什麼錢，因為美國政府為那些最大的銀行「紓困」。存款人會有損失是因為銀行印造了好幾兆的虛假美元，導致存款價值滑落。下一次再發生金融危機時，若所有人一下子都想要將錢領出來，銀行可能會採行跟「紓困」相反的作法，也就是「自救」（bail in）。「自救」是銀行會將存款人的存款轉換為銀行的股票（權益），於是存款人的錢就凍結在銀行裡了。再一次，存款人輸了，而有錢人贏了。詹姆士．瑞卡茲在其著作《下一波全球金融危機》裡預測，「九重冰」事件即將發生。九重冰事件指的是整個貨幣和銀行體系都會遭到凍結，因此瑞卡茲建議所有人要將一些錢、黃金、白銀存放在銀行體系之外。

問：我發現要對你和其他人所揭露的眞相保持開放的心態很不容易，我不斷閱讀、傾聽、思考……但我預設的態度一直是否認。我要如何更開放並接受眞相？

賈納V.——美國

答：你所做的事已顯現了你的開放心態。當你有所覺知時，你的心就已經對新的想法和概念開放了。恭喜你。

問：你如何知道新聞報導的內容究竟是眞是假？

羅西M. —— 印度

答：一定要注意新聞的資訊來源。我在本書列出曾接受富爸爸電台訪問的名單，大部分的訪問都是四十分鐘左右，聆聽這些身在充滿虛假貨幣的真實世界裡做正事的人的訪談，將讓你獲益良多。如果你的資訊來自證券經紀商、房地產仲介或保險業務的話，永遠記得富爸爸的警告：「這些人之所以叫仲介（broker），就是因為他們比你更沒有錢（broker）。」

問：美國眞正的問題不就是中央銀行體制，也就是聯準會嗎？

莊K. —— 美國

答：這取決於你問的是誰，我相信其實有很多問題，而聯準會和央行體制絕對是其中之一。我認為真正的問題是我們的教育體系裡缺乏財務教育。若每個人都有接受財務教育的話，我們現在所深陷的金融危機就不成問題了。這個危機反有可能成為致富的轉機……所以我才寫了這本以及其他本書。

這讓我想到中文的「危機」一詞其實是由「危險」加上「機會」所構成的。

而本書就是寫給像你這樣希望在危險之中看見機會的人。

問：請問 Roth IRA 退休帳戶是虛假的還是眞實的資產？

伊凡K. —— 美國

答：不一定。Roth IRA 是有賦稅優惠的工具。不過，雖然 IRA 有賦稅優惠，卻不是所有 IRA 都是資產。當市場崩潰時，IRA 也可能隨之崩垮成為負債。

問：為什麼那張美國股票的圖這麼負面，或者其實沒這麼負面？我發現如果買股票的話，當中其實有很大的機會……

盧卡斯 D. —— 德國

答：很棒的問題。那張圖既可正面也可負面，端看人們如何看待。對長期投資的人而言，市場崩盤很可能是危機；但對能夠「賣空」的人來說，崩盤反而可能是機會。再說一次：危機＝危險＋機會。

問：貨幣不就只是交易的媒介嗎？所以長期價值其實沒這麼重要。如果有個人存了美元，這不是他的問題嗎？因爲他大可以買股票的。

丹尼 W. —— 日本

答：我同意。在本書的最後，各位將會知道其實根本不需要錢，更別說是要存錢了。真的財富教育的價值，就在於讓一個人無論有沒有錢都能變富有。

問：爲什麼大家都得要等到無法挽回時才看得出銀行和政府在做什麼？

維克多 R. —— 新加坡

答：俗諺說：「水至清則無魚。」

我寫這本書及所有富爸爸系列的書，就是要讓你看見大部分的人看不見的事情。

班尼S.——以色列

問：比特幣會成爲強勢全球貨幣嗎？

答：我不認為。然而，區塊鏈技術將會改變世界。

第六章

我持有真金白銀的八個哲學性原因

你的理由呢？

請再次注意，我說的是我持有真正的金和銀，而非「我投資」或「我買賣」，我說的是我持有真正的金和銀。我之所以要區別擁有、投資和買賣有八個原因。

一、信任

我不信任虛假的貨幣，也不信任我自己。我知道自己並非無所不知，無法對萬事皆有答案。我無法預測未來，但我知道必須要為未來做準備。

我不信任管理政府、銀行或華爾街的菁英們，也不信任任何印造虛假貨幣的人。

我持有金和銀是因為我信任這兩者，我信任上帝的貨幣。

真金白銀在地球形成之初就已存在、在蟑螂出現以前就已存在，而且在蟑螂滅絕很久以後仍會繼續存在。

黃金的原子序數是79，銀則是47。

我信賴……上帝的貨幣。

二、金和銀不是投資

我持有金和銀的目的不是為了賺錢。金和銀是保險，是保護我免受菁英和自己的愚蠢影響的避險方式。

我幫車子保險，以防有人撞到我或我撞到別人。金和銀也有類似的功能。

我不信任菁英，他們自認無所不知，也認為自己永遠正確。在他們的心中他們不會犯錯，因此永遠不會承認自己錯了。若他們犯錯，甚至還能拿到獎勵，我們卻得為此付出代價。

金和銀是保險，讓我免於菁英的影響，也不用承擔他們的過錯。

布里爾寫道：

（菁英們）能夠鞏固自己的勝場，運用策略打敗或吸收那些限制他們的力量，接著再將梯子收起來，以防更多人來共享他們的成功或挑戰他們的崇高地位。

透過不斷進步、踢除妨礙他們獲勝的障礙物、強勢設計改變政治格局，再藉由創新以及這些創新所帶來的意料之外的結果，菁英們創造出一座由護城河保護起來的國度，可讓自己無須受到問責，又免於承受自身勝利為大眾所帶來的傷害。

翻譯：菁英們已經高於法律，沒有任何事物可以阻攔他們。他們有錢聘請最傑出的菁英律師幫助他們跟政府的律師對打。通常菁英律師會是同一所菁英學校畢業的同學，而政府的律師既低薪又畢業於較不有名的法律學院。他們擁有為所欲為的權力卻不用負責，或者雖然毀了許多人的人生卻無法對他們問責。他們所受的優越教育和成功使其成了專制暴君。

> **定義：**
> 暴君（名詞），擁有絕對權力的統治者或人，通常會以殘酷或壓迫他人的方式行使自己的權力。

金和銀是在面對已成為暴君、貪婪、腐敗、無知和無能的菁英們時的保險。

三、真正的金和銀沒有風險

金和銀的價格有起有落，是因為虛假貨幣的價值也在起起落落。

一九七一年以前，金和銀的價格相對平穩，而現在每當金價或銀價走低時，我就會買進更多，我想要上帝的貨幣。

人們無論投資股市或房地產，都會希望有投資報酬率，因為他們承擔了風險。而將錢存在銀行時，人們則會希望有利息來作為投資報酬，因為存錢在銀行裡其實風險極大，尤其是當菁英們開始大量印製鈔票的時候。請看下一頁的圖表。

但當我購買金幣或銀幣時，我不會預期要有投資報酬率，因為我並未承擔風險。金和銀是上帝的貨幣。永遠記得，金和銀的價格之所以會有起有落是因為虛假貨幣的價值在上下擺盪。

當我購買金和銀時，我是永遠買下來，沒有賣出的計畫。就跟巴菲特永遠持有股票一樣，我也是永遠買下金和銀。

我知道有些人會說：「但我想要花錢」或是「我需要現金。」這就是為什麼多數人都不富有，他們需要虛假的貨幣才能存活，又熱愛花費這些虛假的金錢。我同樣也愛花錢，我喜歡好的車子、衣服、房子和食物，但我從越南回來以後，即使沒錢或沒工作時，也從不曾將我持有的真金白銀售出。

銀行不安全

我要再說一次：銀行不安全，而且充滿風險。我會將短期現金存放在銀行裡作為營運資金，而不會將金和銀放在銀行裡。應該說，我不會將長期的財富存放在銀行裡，因為銀行的風險太高了。銀行有可能會被強制關閉，而你的錢、黃金和白銀就在裡面動彈不得了。

人民的貨幣：加密虛擬貨幣

正當銀行體系於二〇〇九年搖搖欲墜時，比特幣加入了戰局。

加密貨幣和區塊鏈技術的一大好處在於銀行體系

為什麼存錢的人是輸家

美元1913年至今的購買力變化

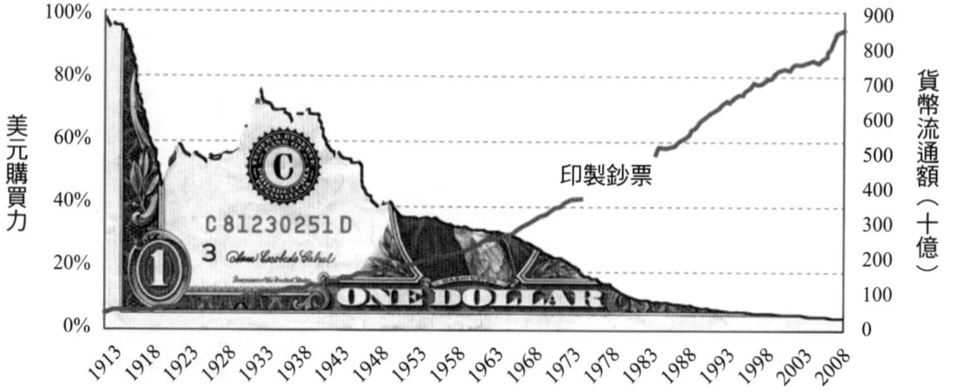

資料來源：美國勞工統計局

之外的信托和証券服務。

隨著加密貨幣不斷發展，曼德列克的神奇金錢秀，亦即銀行體系的力量就會衰弱而失去對全球金融自由的掌握。

降低風險

為了進一步降低風險，我還將黃金及白銀存放在七個不同的避險國家裡，完全合法而且非常遙遠。這些金和銀全都存放在私人的金庫裡，而非銀行的金庫。如此一來才能確保我不會受不了誘惑去動用我的金和銀，同時也能降低有人強迫我到當地的銀行將金和銀全領出來的機會。

我必須保護這些金和銀，因為他們就是我的乳牛、我的抵押品。

你若還不需要搭著私人飛機全世界飛來飛去的話，也可以將金和銀存放在離家很遠且防火的保險箱裡。

我不需要帶著我的黃金到處飛來飛去，目前還不用，但我有跟好幾個既非銀行也離家很遠的私人金庫合作。

如何賺大錢

在接下來的幾章裡，各位將會學到如何賺入大筆金錢，並將金和銀轉換為存在銀行之外的存款。只要你能賺很多錢就比較不會有想要動用自己的金和銀的衝動了。

虛假的貨幣充滿風險，金和銀則沒有風險，因為他們是上帝的貨幣。

《下一波全球貨幣大戰》《下一波全球新貨幣：黃金》和《下一波全球金融危機》等書的作者

詹姆斯・瑞卡茲就將每盎司黃金和政府法幣進行比對，進行了計算，結果發現若美元要重回金本位制的話，每盎司黃金將會升至一萬美元。

其他專家卻在呼籲要讓每盎司黃金降至四百美元以下。你覺得誰才是對的？

四、負擔能力

我從一九六五年開始搜集銀幣，我當時才十八歲，美國政府也是在那一年開始降低銀幣成色。再簡單說明一次，降低成色意指在銀當中混入較便宜銅和錫等卑金屬。

一九六五年以後，所有美國的「銀」幣通通開始在邊緣有了銅的色調。

派翠克是我們班上最聰明又有些書呆子的同學，他開始研究這個銅色調的原因，接著發現原來銀變貴了，因此銀幣需要以更便宜的方式來製造。

銀是可供工業用的珍貴金屬，被大量用於蓬勃發展的電子產業和醫療產業中，可以當成淨化毒素的物質。

如今，銀的使用持續增長。

黃金 vs. 虛假貨幣

主要貨幣對黃金價格1900–2018

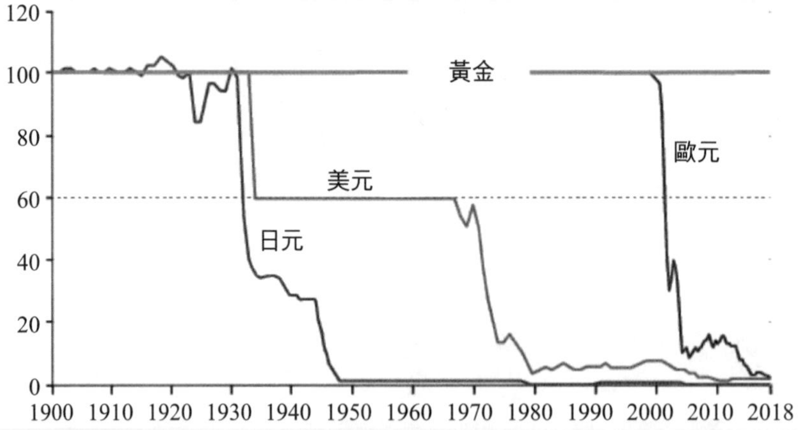

我和派翠克開始搜集真正的十美分和二十五美分銀幣。

現在幾乎世界上所有人都能買得起真正的銀幣，市場上仍有許多真正的十美分銀幣，每個只需約一點五美元。無法付擔一點五美元購買一塊銀幣的人還有其他問題。

一美元鷹揚銀幣現在的價格約為二十美元。我現在寧可存下一枚十美分或花二十美元買下一元的鷹揚銀幣，也不會留下現代的十美分或一美元硬幣。

再說明一次，真金和白銀沒有利息的原因是因為沒有風險。銀行支付利息給你的存款，是因為在部分準備金制度和曼德列克機制下，銀行是有風險的。

再看一次政府法幣和黃金的對照圖。要注意圖表上黃金由一條位於一百的直線代表，表示黃金的購買力是一個常數。另一個值得注意之處（同一張圖表的右下方）在於，幾乎所有貨幣相對於黃金的價值都在一百年內減少了97％～99％。

哪個風險更高：存政府法幣還是存黃金和銀幣？

若你必須要快速持有虛假貨幣，金和銀都是流動資產。你可以在世界上任何一個地方買賣金和銀以換取虛假貨幣。

五、複雜vs.簡單

當我在一九七二年以大約五十美元的價格買下人生中第一枚金幣時，世界還很單純。如今，世界複雜了許多，而且還越來越複雜。

一九七二年，我的科爾維特車（Corvette）上的收音機只有一個簡單的按鈕；我的公寓門上也只有一個簡單的鎖。

如今，我需要操作指南來教我如何使用法拉利上的播放器，而一道簡單的鎖也不足以阻擋竊賊進入我家了。小偷可以從世界任何一個角落竊取我所擁有的一切，甚至連我的身份都可以。

一九七二年，核子戰爭是最大的威脅。如今，網路戰天天上演。

假設有位來自不知名國家的十五歲駭客，單純只是為了好玩而找到了能夠切斷紐約、倫敦、東京和北京等城市電力的方法。

你覺得這世界會變怎樣？

要是再也不能匯款會發生什麼事？要是人們再也拿不到薪水會發生什麼事？要是社會安全和社會福利的支票都停止支付了會發生什麼事？

要是銀行都不營業了會發生什麼事？要是全球股票市場全都崩盤會發生什麼事？

根據估計，全美國超市的食物只足夠應付三天。要是成千上萬個飢餓難耐的人一窩蜂湧入你家當地的喜互惠（Safeway）超市會發生什麼事？

這個世界很複雜，金和銀卻很單純。

5個「G」

一個務實的人必須既悲觀又樂觀。

我對未來保持樂觀，但卻同時感到悲觀。

因為悲觀，所以我透過5個「G」為未來做準備，分別是：

1. **金**（Gold）和銀。
2. **食物**（Grub）：至少六個月的食物。
3. **汽油**（Gasoline）：我投資油井，也擁有得以讓我出城的油量。
4. **土地**（Ground）：我擁有遠離都市且安全的不動產，並儲有水和食物。

5. 槍（Guns）和彈藥：兩者都能作為保護工具及貨幣。

交易對手風險

虛假貨幣會有交易對手風險，也就是說，該貨幣本身無法單獨成為貨幣。

思考一下我在上一章所提的例子。假設有個朋友向你借了一百美元並給你一張借據，這時就有了交易對手風險。在這個例子裡，交易對手亦即你朋友有多可靠，這張借據就有多可靠。你的朋友若是個言而無信的人，這張借據就比拿來列印的紙還要不值錢。

而這就是一九七一年所發生的事。美元就是一張借據，是由政府發行的本票，你的交易對手成了美國政府。因此美國政府有多誠實，美元就有多可靠。

好幾百萬人曾因發行鈔票的政府破產而變得一無所有，這種事在歷史上層出不窮。

股票也一樣。若是發行股票的公司倒閉了的話，股票根本連一張紙的價值都沒有。

因此我要重述一次這個非常重要的概念：所有的虛假貨幣都有交易對手風險。

金和銀則沒有交易對手風險。要說金和銀有任何交易對手的話，那就是上帝了。

警告

不要買罕見的古董硬幣。大部分的硬幣買賣商都持有一些古董幣，而且會一直想將這些罕見但只適合收藏的硬幣賣給你，只因為他們可以任意喊價。

除非你是這些罕見硬幣的專家，不然還是買一般的金幣或銀幣就好，像是美國鷹揚幣、加拿大楓葉幣、中國熊貓幣、澳洲袋鼠幣以及南非克魯格幣等。

如果你是新手的話，別忘了 KISS 原則：讓一切超級簡單。

由易而難

正是菁英們將簡單的事物變複雜，他們添加了一層又一層的交易對手風險。他們將簡單的抵押貸款變成名為「房貸抵押證券」的衍生性金融商品，也就是一層又一層的交易對手。他們並未停止打造這些超級複雜的金融科學怪人。為什麼要停止呢？

再重述一次布里爾的話：

> （菁英們）創造出了奇異而充滿風險的金融工具，包括衍生性金融商品和信用違約交換等。這類商品雖然能在短期內創造出令人興奮不已的利益，風險和苦果卻是由別人來承擔。

提醒：巴菲特稱衍生性金融商品為「金融界大規模毀滅性的武器」。

當這些衍生性金融商品在二〇〇八年爆炸時，包括柯林頓、大小布希、歐巴馬、前聯準會主席葛林斯潘（Alan Greenspan）、柏南克、葉倫等許多政治菁英（以及某些菁英律師）紛紛為曼德列克金錢秀底下的金融菁英們紓困，因此他們仍然演著這場大戲，並且相信自己就是上帝。

比特幣威脅

上述內容就是網路貨幣這種屬於人民的貨幣會構成威脅的原因，許多加密貨幣的「礦工」和開發者都有強烈的欲望，他們充滿熱情（有時甚至是恨意），意圖推翻曼德列克的神奇金錢秀，以及被富勒稱為「強取豪奪的巨人」背後的主使者。

我喜愛單純，因此我喜歡真金和白銀。金和銀的交易對手只有上帝。

六、什麼才是真正的金錢？

真正的金錢：

1. 交易媒介：在金融交易上廣受接納的媒介。
2. 記帳單位：價值是可量化的。
3. 儲存價值。

上帝的貨幣：金幣和銀幣都滿足這三個條件。金和銀的價格有起有落，是因為政府法幣的價值也在起起落落。

政府法幣：法幣無法保值。法幣是虛假的貨幣，可以被印製出來，再加上部分準備金制度和曼德列克的神奇金錢秀，持有法幣的時間拉長之後，其價值也跟著降低，這也是為什麼存錢的人都變成了輸家。

人民的貨幣：網路貨幣的價值尚未有定論，但我很肯定網路貨幣和區塊鏈將成為未來的貨幣。

七、購買金幣和銀幣比買下金礦和銀礦簡單也便宜多了

過去有好幾年的時間，我都在為法蘭克工作，他的年紀約與我爸相仿，最擅長的工作是找出古老的金礦和銀礦場，並將這些礦場整治一番

後透過公開發行上市。如同我先前所說，在我們的礦場一上市之後，中國政府就將其拿走了。

雖然我對於與法蘭克共事的那些年充滿感激，同時也學到許多關於股市如何運作的知識，但我後來了解到跟有名望的供應商購買金幣和銀幣，實在比買下古老的金礦和銀礦場容易太多、便宜太多了。

八、黃金……上帝的眼淚

好幾年前，蘋果電腦有一個雜誌廣告以一群印度教的苦行僧為主角。該廣告的標題是「神聖代表」。領頭的「古魯」宗師是位白人而非任何亞洲人。這則廣告聚焦在蘋果最新的麥金塔電腦，以及該位宗師在夏威夷考艾島上的蜂蜜事業，是一則相當巧妙、有意義，讓人一看就記得的廣告。

幾年過後，我受邀參加一場研討會，主講的就是同一位宗師。到了提問時間時，大部分的人都在問有關頓悟、靈性、心靈平靜或快樂等問題。那位大師全身穿戴著許多金做的服飾：金邊眼鏡、大的金耳環、金手鐲和金項鍊。由於我自小就是衛理公會的教徒，而衛理公會的牧師幾乎不會穿戴任何金飾，於是我舉手問：「為什麼你穿戴這麼多金飾？」

這位親切的大師微微一笑後說：「因為神的眼淚是由金子做成的。」

「什麼？」我倒抽一口氣。在衛理公會的話，這番言論必定會被視為異端邪說，是惡魔的語言。

我靜靜地坐在那，內心因為大師的這番言論而天人交戰。

大師似乎感受到我因為這句「神的眼淚是由金子做成的」而內心掙扎不已，於是接著說：「黃金是神的眼淚，能夠帶來財富。」

我追問「黃金能帶來財富」是什麼意思時，大師答道：「假設你想要每個月吸引一千美元進到你的生命的話，就要持有等值的真金。」

「所以如果我想要每個月有一百萬美元的話，就要持有一百萬等值的黃金？」

這位大師感受到我的貪婪超越了我的靈性，於是又笑了一下之後說：「何不先從一千美元開始，看看我說的在你身上是否靈驗。黃金不是對每個人都有用的，神明的慷慨也有條件。」

這場研討會的時間是一九八六年，那時我和金兩人都賺得不多，要額外找出一千美元來買黃金不是件易事，但我和金還是辦到了。我們每個月都會買一些金和銀，從未間斷。

黃金真能帶來財富？

我無法證明黃金能帶來財富，只能告訴你我們做了什麼，以及這件事是如何運行的。

比方說，若我們希望收入可以從每月五千美元增加到一萬的話，我們就會買入一萬美元的金幣，之後就擺在那裡。幾個月後，就在我們不知不覺間，財富似乎真的有所增加。只要金價跌了，我們就會買更多的黃金，而且持續如此。現在，我們一定會把黃金存在民營金庫裡，而且全都位於遙遠的避險國家，但還沒多到需要私人噴射機和跑道來保護的程度……至少目前還沒。

每當有人問我跟金：「金子能為我帶來財富嗎？」我們總會以那位大師的話來回答：「何不自己試試，看看上帝的眼淚，也就是金子在你身上是否靈驗。上帝很慷慨，但祂的慷慨有其條件。」

關於黃金的靈性課程：雖說神明的眼淚是由黃金所構成的，但我們都需要自問，這是喜悅的眼淚還是悲傷的眼淚？

許多都是悲傷的眼淚。許多瑞士的銀行家都曾協助納粹存放黃金，而這些黃金經常是納粹從他們殺害的猶太人身上掠奪而來的。

我站在安地斯山脈裡看著古老的印加黃金礦場時，就會回想起在歷史課堂上讀到，當年西班牙人在皮澤洛的帶領下，殺害了成千的原住民只為了奪取黃金。這當中的許多黃金仍存放在西班牙。

靈性上的財富

大多數人的財富都被竊取了。

英國人藉由大型木造船隻、金屬製的劍、大炮、來福槍和火藥等技術攻擊各地的原住民和缺乏防衛能力的人，以此竊取他們的財富、掠奪世界。

西班牙人、荷蘭人、葡萄牙人和法國人都做了一樣的事。

早期的美國人也利用馬匹和來福槍等技術，從美洲原住民手中奪取土地。美國是世界強權中最晚將奴隸制入罪的國家，而所謂的奴隸制，就是在非洲奴隸的血淚和汗水之中增加己身財富的做法。

日本和義大利及德國聯手，試圖利用石油、內燃引擎、飛機、船艦、坦克、火炮、機關槍和飛彈等科技攻占世界。

冷戰是一場因為原子武器而帶來世界末日威脅的戰爭。而現在的菁英則是利用精細的教育、法律和衍生性金融商品竊取了當代世界的靈魂。

看不見的科技

所有這些歷史上的掠奪都是確實可見的。

原住民族在被歐洲人強暴、殺害、強迫為奴和竊取財富之前看得見船艦及攻擊他們的人。

美洲原住民在被殺害以及土地被強取豪奪之前，看得見攻擊他們的馬匹和來福槍。許多美洲原住民甚至也搶了馬匹和來福槍還擊。

二戰時，人們看得見發動攻擊的飛機、坦克車和利用石油與來自新世界的資源所推動的船艦。冷戰時期，高高升起的蕈狀雲景象深植在所有人的腦海裡。

看不見的金錢

一九七一年八月十五日，尼克森總統所做的不僅讓美元與金本位脫鉤，還讓錢隱形了。那一天，正當許多美國人在觀賞《牧野風雲》時，尼克森中斷了播放並宣布此事。很顯然的，多數人並不了解其中的意義，因為他們看不見尼克森所宣布的事。

自從一九七一年以來，我們的教育體系就一直處於盲人領著盲人前行的狀態。

尼克森宣布那天我沒有在看《牧野風雲》，有的話我會記得，因為我根本不在意「狡猾迪克」。一九五〇年代時，我和窮爸爸曾與尼克森會面過，當時他還是副總統，為了艾森豪總統的競選活動來到了夏威夷。

我確實記得自己一九七一年八月十五日那天人在哪裡。我當時人在加州的彭德爾頓營區裡一個高階武器的課堂上，為前往越南做準備。

一九七二年一月三日，我正在前往越南的路上。命運安排我前往越南，遇見一位真正的老師，也就是我在敵線後方遇到的那位賣黃金的瘦小女子。我接受的所有關於真貨幣（真正的黃金，也就是上帝的貨幣）的真實財務教育都是由此開始。

今天，沒有受過真正的財務教育的人就如同盲人一般，看不見財富的掠奪，也看不見自己付出的辛勞和人生是如何透過他們努力賺取的金錢被偷走。

千禧世代 vs. 嬰兒潮世代

最近我聽到一群千禧世代的人在抱怨自己如何與學貸奮戰，並責怪嬰兒潮世代對他們進行剝奪。但他們不知道的是，千禧世代和嬰兒潮世代的人其實同在一條船上。他們沒有受過真正的財務教育，怎麼會知道？他們怎麼會知道自己所珍視的教育，甚至不惜背上負債也要接受的教育，其實正在對他們進行掠奪？

上帝的眼淚

問題是，如今上帝悲傷的眼淚，是否正在為我們盜竊式的教育體系而落下？

定義：

盜竊（名詞），以不正當的方法取得他人的物品，並意圖占為己有的行為。

美國的教育體系是全世界最昂貴的教育體系，但卻相當腐敗，也許這就是為什麼已經花了大筆的金錢，卻還是無法改變美國教育體制的教學成果是西方世界中最差的事實。

布里爾在他的《尾旋墜落》一書中寫道：

全球最富有的國家（美國）一直是經濟合作與發展組織（OECD）三十五國當中貧窮比例第二高

的國家，僅次於墨西哥（墨西哥長踞倒數第二名，與以色列、智利和土耳其並列）。

在OECD的三十五國裡，美國孩童的數學能力表現排名第三十，科學第十九。

將近五分之一的美國孩童居住在政府定義的「糧食不安全」家庭裡，「沒有足夠的食物以維持有動力且健康的生活」。

一直到今天我都還清楚記得那位大師的話：「神的眼淚是由金子做成的。」累積黃金的同時，我也不時詢問自己，詢問自己的靈性「我的黃金是上帝悲傷的眼淚，還是喜悅的眼淚？」以及更重要的，「我正在實踐上帝的旨意嗎？」

以不義方式取得財富的故事時有所聞。

因此，此處關於靈性的課程可適用到所有事情上：真正重要的不是金錢、財富或權力本身，而是你如何獲取這些金錢、財富和權力。

虛假貨幣的衰敗

誰都說不準虛假的貨幣還能繼續竊取全球人民的財富多久。

但我不認為強取豪奪的巨人或曼德列克的神奇金錢秀還能再持續下去。

我相信這就是人民的貨幣（網路貨幣）誕生的原因。區塊鏈技術遠比曼德列克或是強取豪奪的巨人……甚或是我們的教育體系都還要可靠。

但無論未來發生什麼事，金和銀永遠都會是上帝的貨幣。

關於第二部分：虛假的教師

在第二部分，各位將會發現我們的教育體系如何剝削全球數十億的人口。在沒有受過真正的財務教育之下，能夠看見隱形金錢世界的人非常少。

在第二部分，各位將會了解我們的教育體系如何使得各位看不見身在隱形金錢世界裡的有錢人。

在第二部分，各位將會學到如何找到真正的老師，亦即能夠帶領你學會如何看見隱形的真實金錢世界，一個虛假的老師看不見的世界。

你發問……我回答

問：你說比特幣是印造虛假貨幣者的威脅，可不可以說明爲什麼虛假貨幣的體系仍在容忍比特幣？

儒普 P. —— 荷蘭

答：聯準會和比特幣的礦工有很多相似之處，兩者都在製造金錢。這就是為什麼加密虛擬貨幣會對央行壟斷的虛假貨幣帶來威脅。

問：有錢人會不會從沒有或只受過一點財務教育的員工身上獲取好處？

山謬 S. —— 澳洲

答：我不確定有沒有人會從教育程度不高的人身上取得好處。我們每個人都以某種形式為自己在財務上的無知或無能而付出代價。然而很不幸的是，通常是窮人付出最大的代價。

問：要是政府又像一九三〇年代一樣以法律禁止私人持有並沒收黃金，甚至是白銀的話，會發生什麼事？如此一來持有便宜的美國古摩根幣以及和平幣會是最好的選擇嗎？

理查 K. —— 美國

答：我不是財務顧問，我盡可能地接受教育，接著再分享自己所學以及我會做與不做的事。你必須自己決定哪一個才是對你最好的做法。

問：你不覺得如果加上虛假的政治人物更能說明爲什麼我們會有虛假的貨幣、老師，甚至資產嗎？

胡安 T. —— 西班牙

答：所有的政治人物不都是虛假的嗎？我們什麼時候曾經知道他們真正的意圖？我經常自問為什麼有人會想成為政治人物。

問：可不可以在不洩漏太多個資的情況下說明你在尋找存放貴金屬的地點時有哪些標準？

克里斯多福 R. —— 俄羅斯

答：我問了朋友誰把錢放在私人金庫裡。後來當我決定要將資產存放在海外時，我就要求我的律師要找到其他專精於將資產移至海外的律師……而且要合法地移轉。接著我就面試這些律師，再飛到國外去面試我屬意的金庫保管人。

從事銀行體系之外的財產管理相關行業者非常多。

因此我建議你要小心謹慎，花時間慢慢尋找有聲譽的從業人員和機構。

第二部分

虛假的老師

我在九歲時問過擔任夏威夷教育部長的窮爸爸，我什麼時候可以開始學習金錢相關的知識。

他回答：「學校裡不會教金錢的知識。」這也成了我尋找真正的老師的起點。

—— 羅勃特．T．清崎

是什麼讓「東方三賢者」成為賢者？

怎樣才算是真正的老師？

若學校沒有教老師和家長有關金錢的知識，他們又怎麼能教你這些？

——羅勃特．T．清崎

引言
虛假的老師

《富爸爸，窮爸爸》的故事其實是關於兩位老師——兩位真正的老師的故事。

我真正的爸爸和曾在哈佛就讀的富勒博士，以及畢業於耶魯的布里爾一樣，都是學術菁英。我的窮爸爸在高中時是資優生，還成為他們那一屆的畢業生致辭代表。他在夏威夷大學只花了兩年就完成了四年的大學課程，取得了學士學位，接著又前往史丹佛大學、芝加哥大學和西北大學攻讀學位，最終取得教育博士學位。

我的富爸爸卻連高中都沒畢業。富爸爸的爸爸在他十三歲時過世，於是他一肩扛起了家裡的事業。儘管他所受的正規教育不多，卻還是將家裡的生意發展成為全國規模的飯店和餐飲事業。

富爸爸在一九六〇年代時做了一個大膽的嘗試，買下威基基海灘邊的一間小旅館。以這間小旅館為基礎，富爸爸一步步買下旅館附近的濱海房產。

今日當我看著威基基海灘上的凱悅飯店時，我知道是富爸爸由一小塊地開始，一小塊一小塊地將濱海的土地買下，成就了如今凱悅飯店所座落的區域。

二〇一六年時，該地產以七億五千六百萬美元的價格售出。

富爸爸與窮爸爸的故事

《富爸爸，窮爸爸》的故事開始於一九五六年，那時我才九歲，正在讀小學四年級。我長大的夏威希洛鎮是以栽種甘蔗為主的小鎮，相當美麗卻遠離威基基海灘上明媚的陽光。我們全家在我七歲時由檀香山搬至希洛，我九歲時，全家又從希洛鎮的一頭搬到另一頭去。因此就在九歲那年，我進了一間全新的學校，面對新的同學。

我在新同學身上注意到的第一件事，就是他們都非常富有，當中有許多人都是「浩立」，這是夏威夷語中常用來指稱白人的字。其他人則是和我一樣的亞裔美國人。大多數的「白人」同學都是甘蔗園主人的孩子，或是汽車經銷商、肉品包裝公司、兩間最大型的雜貨店或銀行等公司老闆的二代。亞裔美國人則多為醫師和律師的小孩，我則是學校老師的孩子。

我的同學們都很棒，既友善又熱情。我知道他們都比我有錢，因為他們多數的人都有新的腳踏車，而且住在私人土地上的大豪宅裡；他們的父母都是遊艇俱樂部和鄉村俱樂部的會員，而且若不是在海灘附近有間濱海的別墅，就是在山間有自己的牧場。

我的腳踏車是爸爸花了五美元買回來的二手車，在認識他們以前也不知道遊艇俱樂部或鄉村俱樂部是什麼。越過橋到另一端「浩立」同學們居住的私人小島上，對我而言彷彿是橫越一座橋進到另個世界一般。我不敢相信房子竟然能這麼大，而當我受邀到他們的「第二個家」時，則是對於濱海別墅或牧場小屋的美麗感到不可置信。

我們家住在一間租來的中古屋裡，距離我的新學校只有兩個街口之遙的希洛圖書館旁。我們當年的舊址如今成了一座停車場。

在到新學校就讀並且認識這些富家子弟以前，我從來不覺得自己窮。

這也是為什麼我九歲時會在課堂上舉手問老師：「我們什麼時候可以學到有關金錢的知識？」

我的老師是位臨近退休的年長女性，被我突如其來這麼一問，她顯得有些慌張，在支支吾吾了一陣子後，終於回答：「我們不會在學校教有關金錢的事。」

她的回覆其實不僅止於文字，從她的語調到話語背後的氣勢，都將她的訊息傳遞了出來。那一瞬間，我以為自己回到了主日學校。我覺得那位老師真正要說的是：「你難道不知道『愛財是萬惡之源』以及『金錢是不義之財』嗎？」

我在主日學校學到不義之財是來自惡魔的金錢誘惑。

不滿足於這個答案，我又問了一次：「我們什麼時候可以學到有關金錢的知識？」

她還是有些慌張，接著說：「回去問你爸爸為什麼學校不教有關金錢的知識，畢竟他才是教育部長。」

窮爸爸的回答

當我告訴爸爸課堂上發生的這場爭執時，他只是輕輕笑著。他帶著微笑跟我說：「兒子，千萬別問老師答不出來的問題。老師一定要知道所有答案。老師所受的訓練不包括說出『我不知道』，你害她很難堪。」

「但是為什麼她對金錢的事一無所知？」我問。

「因為老師不用知道關於金錢的事呀！」

「為什麼？」

「因為老師們有工作保障，就算他們是不好的老師也不能被開除。老師們還有政府的退休金和健保，因此他們不需要知道有關金錢的事，而且最棒的是，國定假日跟暑假時老師們都能放假，還是有薪的。」

我還是很疑惑，於是又問：「爸爸，為什麼？我們不是都要用錢嗎？」在這兩個問題之後，我補充道：「我只是想知道為什麼我的同學都很有錢，而我們家沒有。」

這時爸爸稍微嚴肅了些，回答：「兒子，你喜歡棒球，對不對？」

「對，我很喜歡棒球。」

「那你會問老師有關棒球賽的事嗎？」

「不會，她對棒球一竅不通。」

「她也對金錢的事一竅不通。」

「但是，為什麼會這樣？」我堅持問下去。「為什麼我的同學都比我有錢？她不是應該教我關於金錢的知識，這樣我才能跟同學一樣有錢嗎？」

爸爸搖了搖頭，說：「你喜歡釣魚，對不對？」

「對。」

「你會問你的老師去哪邊才釣得到魚嗎？」

「不會。」我回答。

「她同樣也對金錢一無所知。」爸爸說：「如果你想要平安渡過學校時光，就別問老師他們不知道的科目或事情；在數學課問數學問題就好；在科學課問科學的問題就好。只要這麼做，你在學校就可以表現得很好，但要是你讓老師出醜的話，他們也會讓你看起來像傻子一樣。」

學校不教金錢相關知識的真正原因

我爸爸接著說：「學校不教有關金錢的事情，最主要的原因是老師只能教政府允許的事情。」

「你們只教政府要你們教的東西？」我不敢相信我所聽到的。

爸爸點了點頭，說：「即使身為教育部長，我對於學校能教什麼也幾乎無法控制。」

「那我要怎麼做才能學到跟錢有關的知識？」我問。

爸爸又輕輕地笑了。他停下來思考了一下，然後說：「你為什麼不去跟麥克的爸爸聊聊呢？」

麥克是我最要好的朋友。

「為什麼是麥克的爸爸？」我又問。

「因為他是位企業家。」

「什麼是企業家？」我問。

爸爸答：「擁有自己事業的人。企業家們沒有工作，他們的工作就是創造工作。」

「那你是什麼？你不也是企業家嗎？你底下有好幾百個老師在為你工作。」

「沒錯，但我並沒有創造出學校這個體系，我和其他所有老師一樣都是政府的員工，員工和企業家是兩種非常不同的人。」

「差別在哪裡？」我問。那時我才九歲，完全無法理解我爸爸所說的兩者之間的差別。那時的我雖然有聽過「員工」，卻完全沒聽過「企業家」這個字。

窮爸爸非常樂意解釋，他說：「我們的學校體系訓練大家成為員工，而員工不需要知道跟錢有關的事，因此學校才沒有財務教育。企業家則必須了解金錢，企業家若不了解金錢的話，不僅員工會失去他們的工作，企業家的生意也會失敗。」

這正是我想要的答案。我知道我可以成為員工，卻不確定自己能不能成為企業家。如果我想成為成功的企業家的話，就一定要了解金錢。

幾天過後，我騎著腳踏車到麥克家，麥克爸爸的辦公室就在他們家裡，於是我到那裡詢問他願不願意當我的老師。

這就是《富爸爸，窮爸爸》的故事為什麼會開始，以及什麼時候、在哪裡開始的。

教育重要嗎？

一九六〇年代，當我還是個孩子，在夏威夷希洛長大時，教育還沒有那麼重要。希洛是個以種植甘蔗為主的小鎮，那裡有許多高薪的工作，即使連高中都沒讀完的人也能找到工作。這些甘蔗園會付豐厚的薪水給大型甘蔗卡車的司機、大型農用起重機操作員和糖廠裡的重機具操作員。

最重要的是，這些甘蔗園一輩子都會付薪水給他們的員工，所以他們不需要退休計畫。有一輩子的薪水，誰還需要財務教育或是大學學位呢？況且許多甘蔗園的員工賺得錢比老師還多。

這些甘蔗園還會提供公司宿舍，有自己的醫院、醫療設施、醫生和護理師。這些甘蔗園不僅薪水給得高，也很照顧員工和他們的家人……因此教育沒有那麼重要。

但這一切在一九九四年時改變了。那一年，夏威夷最後一間甘蔗園也關閉了。甘蔗園的所有人將甘蔗種植外移到了低薪的南美洲和亞洲國家。

而甘蔗園的所有人，也就是我同學的雙親越來越有錢，工人們卻變窮了。

尊敬好的老師

二〇一八年二月時，我回到希洛參加小學五年級那一班的六十週年同學會。想像一下，一群十歲時認識的人直到現在都還定期舉辦同學會。

但我們舉辦同學會的原因並不是為了我們班或同學，而是為了五年級的導師哈洛．艾力（Harold Ely）。他是我們一生中最棒的老師。

正是艾力老師的鼓勵，讓我即使在高中時因為不會寫作而英文科被當了兩次，還能堅持追尋夢想。若不是艾力老師及早給我鼓勵，我可能就從高中輟學了。若不是艾力老師及早給我鼓勵，我永遠不可能錄取美國商船學院，還能航行到全世界去。就是在他所領導的五年級班上，我受到鼓舞去追隨歷史上最偉大的探險家們：哥倫布、麥哲倫、科爾特斯和庫克船長等，並踏上了一條最終帶我走向嚴格的美國商船學院之路。我的夢想是要航行到大溪地，而我確實也在一九六八年就讀商船學院時辦到了。

如今，我最廣為人知的身分是一位作家，同時也持續到世界各地旅行，追隨著偉大探險家們的腳步。這一切若沒有一位偉大的老師在我五年級時給我鼓勵，全都不可能發生。

艾力老師教給我們班最重要的一課，是在跌倒後再爬起來，因為跌倒再爬起來的過程會讓我們越來越強大。此外，他也教我們別讓任何人奪走我們的夢想。

電子福利

二〇一八年，當我回去出席同學會時，恰好有時間做一件我已經好幾年沒做的事：在希洛鎮上漫步。自從夏威夷的甘蔗園全都關閉後，我就再也沒有回到希洛。

我在鎮上所有的商店櫥窗裡都看到了「歡迎使用EBT」的標語。EBT是「電子福利轉帳」（Electronic Benefits Transfer）的縮寫，是一種政府福利系統，是用來取代紙本的食物券。EBT這項系統可以讓接受補助的人授權，將自己聯邦政府戶頭裡的錢轉帳給零售商好購買產品。EBT計畫從二〇〇四年開始適用於全美五十州，包括華府、波多黎各、維京群島和關島。

我走進一間小食品店，詢問商家有關EBT的事，他說「許多人要是沒有EBT的話就活不下去」，但是在大多數情況下，光靠EBT也「不足以讓一個家庭過一個月」。

他接著跟我說在每個月的第一天，EBT卡會在半夜以電子方式加值完成。接受補助的人在夜裡大排長龍，然後在午夜十二點零一分時衝進店裡購買食物和日用品，EBT在許多面向上都反映了現今的美國和世界。

試著將EBT與教育放在一起看，就會浮出幾個問題：回到學校能夠幫人們擺脫EBT嗎？回去上學能夠幫人們找回高薪的工作嗎？

一百萬美元的負債

以下的段落摘自二〇一八年五月二十五日出刊的《華爾街日報》：

> 猶他州德雷珀市訊：麥克・梅魯（Mike Meru）是一位專精於齒列矯正的牙醫。他投資了大量金錢在教育上，而到這個星期四為止，他的學貸還有$1,060,945.42。
>
> 梅魯先生每個月只償付$1,589.97，就連利息都不夠，因此他在南加大就讀的七年間的債務便以每天130美元的速度在增長。二十年後，他的學貸餘額將增加到兩百萬美元。
>
> 他和他的妻子梅莉莎（Melissa）已經對於這項負擔感到麻木，轉而專注在扶養他們的兩個女兒。梅魯太太說：「要是每天都想著學貸的事一定會崩潰。」

問題是，如果麥克・梅魯回去讀書且接受更多教育的話，就有辦法解決這個兩百萬的問題嗎？

以下是一些來自美國教育部的數據：

- 全美有一百零一人欠下一百萬美元以上的聯邦學生貸款。
- 積欠至少十萬美元的人數已增加至約兩百五十萬人左右。
- 二〇一八年時，美國政府最大的資產就是學生貸款，目前的總金額已超過一點五兆美元。

也就是說，有好幾百萬年輕人最大的負債就是學生貸款。

另一個值得思考的問題是：大學教育有沒有提供財務教育？

教育能不能使你變有錢？

以下則是摘自《紐約時報》的段落，同樣是二〇一八年五月二十五日，重點在我標記的粗體字：

一位在沃爾瑪工作、領取中位數年薪 19,177 美元的員工，要工作超過**一千年**才有辦法賺到 2,220 萬美元，這個數字是沃爾瑪的總裁麥克米倫（Doug McMillon）二〇一七年的收入。

在主辦演唱會和經營售票系統的 Live Nation 娛樂公司裡，領取中位數年薪 24,406 美元的員工，需要工作 **2893 年**，才有辦法賺到公司執行長拉平諾（Michael Rapino）去年的收入 7,060 萬美元。

在時代華納公司裡，薪水中位數來到 75,217 美元，已經算是相當豐厚，但領取這個薪水的員工仍需工作 **651 年**才有辦法賺到執行長畢奇斯（Jeffrey Bewkes）在十二個月內賺到的 4,900 萬美元。

布里爾在他的書中引用了一項研究的結果：

在二〇〇九到二〇一二年間，收入前 1％的人收入提高了約 31.4％，但餘下 99％的人卻只增加了幾乎難以注意到的 0.4％。

讓我們再次回顧下一頁的圖表……

更多的教育能夠解決這個問題嗎？

差距

平均家戶稅前薪資所得

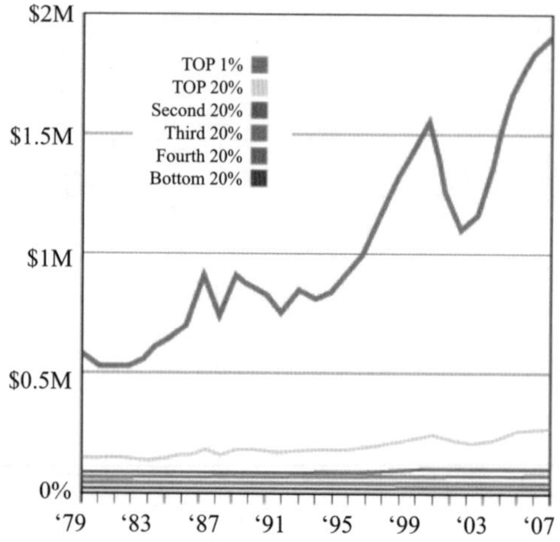

資料來源：美國國會預算辦公室

差距

一九七九年以來，稅後收入占比變化（經通膨調整）

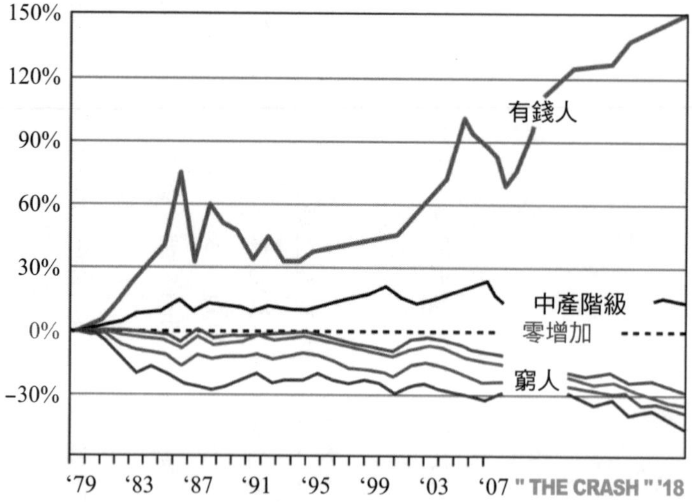

資料來源：美國國會預算辦公室

次級學貸

二〇〇八年，全球經濟因為次級房貸差點崩潰。同一年，聯邦家庭教育貸款（FFEL）因為次級房貸的崩潰而無力借款給學生。

二〇一〇年，歐巴馬總統取消了FFEL，同時要求所有新的學生貸款都必須是「直接貸款」。民間的借貸機構於是開始提供獨立於政府計畫之外的私人學貸。

二〇一二年，學貸總額和信用卡債務雙雙超過了一兆美元大關。到了二〇一八年，聯邦學生貸款已經成為了美國政府最大的資產。

就我來看，美國從提供窮人次級房貸，走向了提供窮學生次級學貸。次級學貸是差中之差的貸款。次級房貸至少能透過破產免除，但多數的次級學貸卻永遠無法免除。

學校有可能會教導真正的財務教育嗎？只要沒有真正的財務教育，學貸永遠都會是次級學貸。

通貨膨脹

我曾在前面提過通貨膨脹。沒有通膨的話，銀行體系，也就是曼德列克的神奇金錢秀和巨人的財富掠奪就無法繼續。

重點小整理：

- 沒有通膨的話，曼德列克就無法償付其所印造的貨幣。
- 有通膨的話，人們花錢的速度比較快，因為害怕價格上升。
- 有通縮的話，人們將停止消費，等待價格降低。
- 銀行體系一定要創造出通膨，不然經濟就會崩潰。

- 通膨偷走了中下階層的錢。
- 最無法承受通膨的人，卻要付出最大的代價：賠上自己的命。

以下是《紐約時報》在二〇一八年六月三十日刊出的文章：

舊金山居大不易：年收入六位數仍可能成為「低收入戶」

最新的跡象顯示，部分加州地區的生活費已經像天文數字一樣：在臨近灣區的三個郡裡，一個年收入達 117,400 美元的四口之家已正式被聯邦政府歸類為低收入戶。……取得「低收入戶」資格讓人們擁有可負擔的家居和各項政府補助的資格。……（舊金山地區）領取（房屋）補助的家庭，平均收入只有 18,000 美元，但此地的房價中位數已攀升至一百萬美元以上。……（低收入戶）的次高門檻位在檀香山。……在紐約地區，收入為 83,450 美元的四口之家為低收入戶，排名第九。

再問一次這個討人厭的問題：更多的教育能夠解決這個問題嗎？

更多《紐約時報》的文摘……

來自藍潮初選的一課？大家都在掙扎

這篇文章先從一位支持民主黨和左派的二十八歲調酒師柯提茲（Alexandria Ocasio-Cortez）的故事開始說起，這位調酒師在民主黨的初選中擊敗了長期連任的眾議員克勞利（Joseph Crowley）。

這篇文章主要在討論為什麼社會主義逐漸受到歡迎，並為《被壓榨的一代》打書，這本書也在探討推動社會主義議題的主因。

《被壓榨的一代：中產階級消失真相，是什麼讓我們陷入財務焦慮與生活困境？》檢視了中產階級財富惡化的現象，包括：要靠第二份工作，例如當 Uber 司機才有辦法過活的老師；靠著食物券度日的年輕兼任教授；五十歲失業幾乎沒有未來的人；離成為華爾街合夥人的道路還很遠的初階律師，不僅背著沉重的學貸，工作還逐漸被自動化。

這篇文章繼續寫道：

如果你住的地方無法因碩士學歷而使你的生活方式看起來有別於普通的辦公室職員，如果這代表現實生活裡你得窩居在一間你厭惡的小房間裡，當個月光族，每天吃著扁豆當晚餐，而這還是你從家裡帶來的便當，你就不太可能覺得自己是菁英的一員，即使以前人們都說你是。相反的，你更可能傾向於覺得自己較接近為數越來越多且明顯受到壓榨的人，並以此作為投票依據。

柯提茲的競選主軸聚焦在免費的醫療照護和公立大學及貿易學校免學費，並以此贏得初選。

還是同樣的問題：更多的教育能夠解決這個問題嗎？

以及，如果政府給所有符合資格的人一百萬美元，這筆錢真的有辦法使他們變有錢嗎？

如果幾百萬美元真能使人變有錢，為什麼60％的NBA球員都在退休後的五年內破產？為什麼大部分樂透得主都無法利用這筆意外之財來鞏固自身的財務安全？大家都聽過明明可以安享餘生的樂透得主，最後卻破產的故事。

讓我們將問題拉高一個層次。為什麼美國這個有史以來最富有的國家如今卻債台高築？

還有我最喜歡的問題：為什麼學校沒有財務教育？

原因有很多，答案和藉口也很多，也有很多解決之道……但沒有一個是容易的。人們繼續迴避和忽視（甚至可能不斷往後推遲）這個問題，而我們居然還不了解為什麼會有收入不均問題。

在第二部分，各位將會學到如何從虛假的老師中找到真正的老師。恰如我的窮爸爸所說的，大部分的老師都對金錢一無所知，他們又怎麼能教你有關金錢的知識？

但不只是學校老師對金錢一無所知，許多財經專家也所知甚少。他們當中大部分都未曾真正研讀過關於金錢的知識，他們大部分都不富有，卻靠著當財金老師來賺錢。許多財金專家都將金錢這個科目變得高深難解，他們不斷用行話和多數人根本聽不懂的字，因為這樣可以讓他們顯得很聰明，而你很笨拙。他們並非真正的老師，而是金融詐欺的藝術家。

讓隱形的事物現身

由於金錢在一九七一年後隱形了，因此我所能做的最重要的事，就是讓真正的財務教育變得清晰可見。

當你能夠「看見」隱形的金錢時，你就有能力自己決定哪些是真的財務教育，哪些又是虛假的。一如以往，我會盡力維持 KISS 原則：用最簡單的方式說明。但即使如此，真正的財務教育仍然不太容易。要是很容易的話，大家早就都很有錢了。

正如我的富爸爸說過：「給人一條魚總是比教會他釣魚要簡單許多。」

這就是社會主義在美國這個有史以來最富有的國家逐漸抬頭的主因。

許多人寧願拿到魚就好，因為這比學會釣魚簡單，也比為自己的財務未來擔起責任容易太多了。真正的學習和教育需要的遠遠不僅止於記住正確答案。那不是現實生活。事實上，在第二部分，各位將會了解為什麼去上學反而令人變窮，即使是像我爸爸那樣的學術菁英也依然如此。

如果你只想要拿到魚的話，這本書不適合你。但如果你想學會釣魚的話，就繼續讀下去吧。

第七章
是什麼讓「東方三賢者」成為賢者？

終生學習的價值

我在主日學校學到了人生非常重要的一課，那就是來自東方三賢者的啟發。

我的主日學老師是個很棒的老師，其中一個原因是她熱愛教導小孩，這點我很確定。某次課堂上，她問我們：「是什麼讓東方三賢者成為賢者？」

我很自然地說道：「他們有錢，帶著昂貴的禮物來，是又有錢又有智慧的人。」

想當然，這不是老師要的答案。在幾位學生也試著回答之後，她微笑著說：「讓他們成為賢者的，是他們終生不懈地在追尋好老師。」

她稍稍暫停了一會兒，好讓十二歲不到的孩子們在心裡琢磨一下這句話，又接著說：「他們之所以既有智慧又有錢，是因為他們不停地學習，不斷地尋求新知，而且是從好的老師身上所得來的知識。」

班上最聰明的女孩問：「所以他們一輩子都是學生囉？」

一個男孩說：「好噁！我討厭學校也討厭學習。」

這位年輕的老師一邊點頭，一邊聽她的主日學學生不同的回應，接著又笑著說：「大家在長大的過程中，要時時記得從東方三賢者身上學到的這一課，以及是什麼讓他們成為賢者的。」

這時我才明白窮爸爸的智慧，他真的是非常有智慧的人。他鼓勵我去找富爸爸當我的新老師，而富爸爸則是另一位充滿智慧的人。此外，窮爸爸也有足夠的智慧，了解我所尋找的老師不在學校體系裡。

預校教育：不公平的優勢

布里爾在《時代雜誌》上的文章〈我這一代如何毀了美國〉裡寫道：

一九六四年時，我還只是個在法洛克威長大的書呆子，而法洛克威是個位於皇后區的工人階級地段。某天我在甘迺迪的自傳裡讀到，他曾經上過一種叫預校的學校。在我就讀的198國中裡沒有任何一位老師知道那是什麼，但我很快就明白原來預校是一種像大學一樣的學校。人們會在這裡上課，還會住在學校裡，但要比大學提前四年開始，這些對我來說不是什麼問題。更棒的是，我發現部分預校還會提供助學金。

布里爾參觀了三所預校，最終選擇了麻州西邊的迪爾費德學院就讀。他在《尾旋墜落》一書中繼續說道：

雖然迪爾費德學院現在已有所改變，但在當時仍是一所幾乎只供多才多藝的富家子弟就讀的學校。（校長）不久前才剛決定要稍稍改變學生的組成，於是錄取了幾位獎助學金學生，當中包括幾位像我這樣的猶太裔學生，甚至還有幾位非裔學生。

當同宿舍一位家住公園大道的同學在第一週問我家住哪裡時，我就有所體悟了。我說我住在皇后區時，他還沒有會過意來，於是我解釋說如果他曾經去甘迺迪機場或拉瓜地亞機場搭過飛機的話，那邊就是皇后區了（班上有一位他的親戚知道皇后區在哪，因為這個人的家族是大都會隊的擁有人，他還曾在那打過球）。

你可能記得川普也是出身皇后區。他常常提到他在曼哈頓做生意時遇到了許多困難，只因為他出生皇后區而非公園大道。

我就讀的國王角美國海軍商船學院就在過了皇后區不久後的長島上，我跟室友彼德森會一起將牛奶盒上的折價券剪下來，這樣我們才買得起大都會棒球隊的比賽門票。

我的同學們到預校就讀

我在夏威夷的同學裡，有四位畢業後也到預校就讀。他們都是有錢人家的小孩，雙親有能力負擔預校的學費。十二歲時，我大部分的同學都到夏威夷的預備中學就讀，那是一間距離希洛約一小時車程，位於牧場裡的美麗寄宿學校。

我問爸爸能不能也到夏威夷預校就讀時，他說：「我沒什麼錢，負擔不起讓你去讀預校的費用。再說，教育部長的兒子卻跑去讀私立的預校也不太好看。」

美國前總統歐巴馬也是位聰明卻不富有的孩子，但他還是就讀檀香山地區專供有錢又聰明的孩子就讀的普納荷學校。

你可能已經知道，歐巴馬後來又進了哥倫比亞大學和哈佛法學院，有點像布里爾後來也讀了耶魯和耶魯法學院一樣……與其他準備成為今日的學術菁英和領導人的窮孩子一樣。

富勒與教育

富勒時常論及教育和教育不平等。他們家族四代都畢業於密爾頓學院以及哈佛大學，他卻從來沒有從哈佛大學畢業過（雖然他入學了兩次），不過卻讀了美國商船學院的姊妹校：美國海軍學院。

企業家與教育

富勒注意到許多美國的名校皆由企業家創校，這些企業家當中包含了如洛克斐勒、約翰．摩根、康內留斯．范德堡、詹姆士．杜克、利蘭．史丹佛等眾多強盜大亨。我曾聽富勒稱哈佛大學為「約翰．摩根的會計學院」，並將芝加哥大學稱為「洛克斐勒的經濟學院」。其他如杜克大學、史丹佛大學和范德堡大學等，皆是以這些著名的企業家命名。

這些企業家的慈善之舉，和他們對高等教育的興趣背後的宗旨和動機令富勒相當憂心。他說這些企業家的目的其實是要訓練員工來管理他們的帝國，而不是真的要提供教育給最頂尖聰明的人。

富勒雖然就讀哈佛大學卻從未畢業。他將家人給他用來上大學的錢全花在開派對和女人身上。當他連考試都沒有出席時，哈佛大學只好勒令他退學，兩次，都為了同一個問題。

布里爾同意

甘迺迪、布希、川普和羅姆尼都出身世代顯貴的家族，他們的家族負擔得起最好的教育，從預校、私人教師、標準考試準備（SAT Preparation）到家教等等，幫助他們進入最好的大學。

布里爾曾提及他還在預校時參與過的一場會面，那是和耶魯大學招生部主任英斯利．克拉克二世的會面。在簡短的面談後，克拉克向布里爾保證他能錄取耶魯大學，因此布里爾不需要再申請其他學校。他說：「……克拉克被暱稱為『英仔』，而那時的我完全不知道自己成了克拉克革命裡的一部分。我即將成為後來所謂的『英仔的男孩』，後來也開始有女性加入。」專門面試未來的學生，且皆為校友的審查人員還曾接到要求，要他們不要對於「錄取未來學術表現可能相對較差，個人特質卻相當良好的人，而不錄取未來的學業成就可能相當高，卻相對乏味的人」感到遲疑。

一位耶魯的校友反對這件事，並對於錄取非白人的窮人家小孩有這樣的見解。

讓我們回到根本，你們要錄取的是和我們習慣的階層完全不同的人。……你們現在討論的，是要讓猶太人以及公立學校的畢業生成為領導者。看一下坐在這張桌子的人，這些都是美國的領導者，但沒有一個是猶太人，也沒有一個是公立學校的畢業生。

這名校友最終敗陣了，於是耶魯和其他著名大學開始錄取來自公立學校的非白人小孩。而同樣這群來自中、下階層卻極為聰明的人，現在正在管理這個世界。他們就是今日的歐巴馬、柯林頓、希拉蕊和柏南克之類的人。

這些人是出身並不富裕的新菁英階級，需要很努力才能進入最好的學校並增加自己的財富。

這就是布里爾所擔憂的事：

許多才華洋溢且充滿動力的美國人，藉由令美國偉大的種種要素，包括第一修正案、正當程序、精巧的金融及法律制度、自由市場及自由貿易、菁英管理，甚至是民主本身等，來追尋他們的美國夢。他們確實追到了，但只為了他們自己。接著，他們能夠以前所未見的方式鞏固自己的勝場，運用策略打敗或吸收那些限制他們的力量，接著再將梯子收起來，以防更多人來共享他們的成功或挑戰他們的崇高地位。

翻譯：這些極度聰明、努力且充滿動力的中、下階層孩子贏得了他們的美國夢之後，就改變法律和金融體系，好讓其他人無法追隨他們成功的腳步。普通人要想得到和他們同等地位的唯一方式，就是成為他們的一份子，從讀對預校開始。

布里爾對於民主的終結有如下評論：

由於他們的精明能幹、動力和資源（還有一定程度的特權，因為這些努力的人雖然出身較差卻幾乎皆為白人男性），美國幾乎要放棄其最具野心也最令其國民引以為傲的理想：經濟環境的激烈競爭雖導致成就不均，卻也讓人充滿動力，且人們總是試圖從中與民主所允諾且令社群團結的平等之間，追尋一個永不完美且不斷辨論的平衡。一場約始於半個世紀前的戰役，最終由這些成績優秀的人獲勝。

翻譯：「誰還在乎民主，我已經拿到我的份了。」這就是為什麼社會主義正在美國抬頭；就是為什麼我會在希洛看到這麼多「歡迎使用EBT」標語；就是為什麼一位相對聰明的牙醫竟然負債一百二十萬美元，而不知道自己和妻子要如何賺到足夠的錢清償債務；就是為什麼學貸是美國政府最大的資產，不僅已達一點五兆，且還在持續增加；也是為什麼美國會成為債務國，印造越來越多的貨幣只為償還印鈔產生的債務。美國就像一個以卡養卡的人。這就是為什麼學校不教財務教育。人們在財務上的愚昧，對於知道如何印造虛假貨幣的人來說是非常有利可圖的。

好消息

我的窮爸爸負擔不起送我上私立預校是我的好運。正是因為了解到我並不富有（至少跟我的小學同學相比），我才會想要學習跟金錢有關的知識。窮爸爸的智慧就在於他懂得建議我跟隨東方三賢者的腳步，尋找我的老師。

學徒制：真正的老師

我在九歲時成了富爸爸的學徒。學徒制是真正的教育中最古老的形式。學徒制之所以管用，是因為大多數的學徒都是向真正的老師學習，而非虛假的老師。舉例來說，如果你想在中世紀時學著當個鐵匠，就必須跟著真正的鐵匠學習。

每週約兩三天的時間，我會在放學後去富爸爸的公司免費幫他工作。我和他的兒子麥克會一起做些像是撿垃圾、整理辦公室等九歲小孩應付得來的工作。過了約一小時後，富爸爸會拿出大富翁紙牌遊戲和我們一起玩。但富爸爸並不只是單純讓我們擲骰子然後移動棋子，相反的，他會教導與要求我們在做出行動前先思考，並解釋適合不同年齡層的財務策略給我們聽。

隨著我們逐漸長大，我們身為學徒的任務也變得和生意以及投資越來越相關，但不變的是一定會以大富翁紙牌遊戲來作結，並學習財務知識作為我們免費工作的報酬。

此外，富爸爸還會固定帶著我和他的兒子一起去看他的「綠房子」，就跟大富翁遊戲裡的一樣。我們一路從學徒開始，一邊玩大富翁一邊學習，慢慢開始做實事並從富爸爸真實的「綠色房子」中學習。一九六六年，我十九歲時還特別從紐約的學校回到希洛去看富爸爸的「紅色旅館」，是真的旅館，而且就在威基基海灘中間。

每當有人問我的工作是什麼，我都會說：「我在現實生活中玩大富翁遊戲。」

如今，我和內人總共擁有超過六千五百間「綠色房子」，也就是供出租的房子和好幾間「紅色旅館」，以及高爾夫球場和油井。

彷彿命中注定，我沒有和其他富同學一起去讀預校，而是聽從窮爸爸的建議去尋找真正的老師。要是我的窮爸爸有錢的話，我可能就會去讀私立預校，而永遠無法學會如何讓自己變富有。

你發問……我回答

問：你說金融體系受到操縱，我同意。但「普通人」或一般大眾究竟要如何也從中獲益？有辦法扭轉局面嗎？

格蘭 B. ——德國

答：人們經常問我：「你有什麼建議可以給一般投資人嗎？」我的回答是：「別當一般的投資人。」

問：我們要如何相信或是依靠銀行體系呢？無論是平時或危機時？

傑佛瑞 T. ——馬來西亞

答：相信（faith）和信任（trust）是兩個不同的概念。我相信銀行都很貪心，只專注個人利益；但我不信任銀行體系會照顧他們的客戶，無論有沒有危機都一樣。

問：你對美國的長期前景抱持樂觀看法嗎？你會建議去別的地方生活或投資嗎？

溫德爾 M. ——美國

答：美國是當代歷史上最偉大也最富有的國家。我很幸運能出生在美國，這也是我投入越戰為國家效力的原因。

問題在於這個世界正在改變，而很可惜的是我們的領導者、教育體系和大多數人卻跟不上改變的腳步。

因此我很感謝那些讀我的書、聆聽富爸爸電台，並出席我們辦的研討會的人。我並不是說我知道答案，或者我一定是對的，而是我們都需要知道更多並更加警醒，準備好面對改變。

問：你爲什麼覺得虛擬加密貨幣不像我們現在用的虛假貨幣一樣虛假？你應該知道目前流通的貨幣，有很大一部分是電子而非眞的鈔票，對吧？這樣的話難道是虛擬貨幣對上……虛擬貨幣？

羅勃塔 N. ── 墨西哥

答：我不是虛擬貨幣專家，但我很清楚區塊鏈技術是真正的技術，而區塊鏈技術比人類可信多了。貨幣藉著信任而生，因此比起人類我更信任區塊鏈技術。

問：我住在衣索比亞。請問這些虛假的事物會影響世界上每個經濟體嗎？我的國家雖然成長快速，卻有很多奇怪的金融系統。

曦蒙 T. ── 衣索比亞

答：衣索比亞和整個非洲大陸都是非常富有的，這也是歐洲人在幾世紀以前要殖民非洲的原因。問題在於歐洲人在那裡建立了品質低下的教育體系，結果就是一個富有的大陸上的富有國家裡的富有人民……卻為了經濟在掙扎。

問：爲什麼貨幣上面要寫「我們信賴上帝」？這是不是一種灌輸「黃金是上帝的貨幣」的概念，但卻放在虛假貨幣上，好欺騙我們呢？

班尼 J. ─ 印度

答：很高興看到有人也問了我曾經問過的問題。你認為答案是什麼？為什麼一個政府要說「我們信賴上帝」？而不是說「我們信賴政府」？

最重要的是，你相信誰，或相信什麼東西？

第八章
重回校園
與虛假的事物對抗

一九七三年一月三日，我們的飛機降落在加州的諾頓空軍基地。機上約有兩百名剛從越南回來的軍人，我是一名軍官，負責帶領十六位剛從航空母艦上返回的海軍陸戰隊員。

我們所有人注意到的第一件事，就是一大群反戰抗議人士在等著我們。我的十六位隊員都拿好行李後，我握了握他們的手並祝他們一切平安，接著就各自回家了。我們一起在越南服役了一年。

隨著剛返國的軍人們走近大門，抗議群眾的喧鬧聲也變得越來越大。在我們走向大門的同時，我可以感受到隊員們的恐懼，並清楚看見他們緊張的神色。面對美國反戰示威人士在很多層面上，其實都比在越南面對越共時更令人感到害怕。

我心裡明白自己必須在我們穿越這些抗議人士之前說些什麼，於是在大門前最後一次停了下來，我對眼前的年輕軍人們說：「記住，我們就是為了這些而奮戰的。我們是為了言論自由而戰，為了讓這些人能夠有權利叫我們嬰兒殺手、強暴犯和殺人犯。」這些男孩們點了點頭，接著我們輪番敬禮、走出大門，從不斷叫囂和吐口水的人群中推擠著往前走。之後我再也沒見過這些男孩了。

窮爸爸的建議

我很幸運被指派到位於夏威夷卡內歐黑的陸戰隊航空站，距離我爸爸在歐胡島上的住家只有不到一小時的距離。當時我跟陸戰隊簽的合約還有大約一年半左右才結束。

我的爸爸，也就是窮爸爸在迎接我回家後問我接下來有什麼打算。他想知道我打算將海軍陸戰隊作為我未來二十年的職業、當航空公司的機師，還是回到舊金山的標準石油公司，繼續在油輪上當三副。我跟他說我有一年半的時間可以思考我的未來。

身為一個教育家，他建議我取得碩士學位，甚至可能的話，跟他一樣取得博士學位。幾個月後，我錄取了夏威夷大學的夜間 MBA 學程。

富爸爸的建議

富爸爸見到我時看起來很高興。

我拿出金幣給他看，還跟他說了我飛越敵線後方只為了尋找黃金的事，但他聽完後只說：「你瘋了。」

我問他對於我的未來有什麼建議時，他說：「去學如何投資房地產。」

我問他為什麼，他說：「你得學著把負債當錢用。」

我跟富爸爸深談了一番，聊了許多關於尼克森總統的事，以及他將美元與黃金脫鉤的決定。富爸爸向我解釋，他寄到越南給我的那封信上寫著「當心點……世界要變了」究竟是什麼意思。

他推測美元將永遠變成百分之百的債了。尼克森或他背後操縱的勢力是不會讓美元重回金本位制度的。在還有黃金支持的時候，美元約為80％的債和20％的黃金。

「這是什麼意思？」我問。

富爸爸怎麼回答呢？「意思是貨幣會成為債務，而且只能透過增加債務的方式來增加貨幣。這也代表美國聯準銀行和財政部會鼓勵大家借貸，因為如果人民不借貸的話，經濟就會停滯。」

富爸爸非常擅於理財，在美元仍有黃金支持時便懂得利用債務。一九七三年時，他推測由於美元成為百分之百的債務，自己可能會變得更有錢。

同時他也非常擔心。我穿著陸戰隊的制服，和他一同坐在他威基基的辦公室裡，他突然問：「你有信用卡嗎？」

我說：「有，在基地時他們發了一張給我。」

富爸爸靜靜地點了點頭，說：「他們發了一張信用卡給你？」

「對，所有軍官都拿到了一張。基地的販賣部希望我們在買東西時能用信用卡。」

「有趣了。」富爸爸一邊微笑一邊說。

我問：「為什麼？」

「錢就是這樣被創造出來的。你的信用卡裡沒有錢，銀行裡也不需要有錢，但錢卻在你用信用卡賒購某個東西時，被憑空創造出來了。」

我沉默了好一陣子，所有的事情開始變得合理。我問他：「這就是為什麼你會寫說『當心點，世界要變了』嗎？」

富爸爸點了點頭之後說：「好幾百萬人的生活將會因為使用信用卡而澈底改變，好幾百萬人將會利用債務來買車買房，同時也會有好幾百萬人會更努力工作卻變得更窮，因為他們從未學會如何善用債務。」

我問富爸爸：「這就是你希望我去上房地產的課，學會如何將債務當做金錢來用的原因嗎？」

富爸爸停頓了一會兒，思考了一陣子之後才回我：「房地產永遠都會是財富的基礎，就像金和銀一樣。英文的不動產（real estate）裡有一個 real，這個字是從西班牙語來的。在西班牙語裡，這個字的意思是『皇室的』。無論在歷史上的什麼年代，皇室總是非常重視土地、黃金和白銀。」

他接著說：「如果你學會將債務當做金錢來使用，並且像我一樣用債務來買房地產的話，你將會成為既有錢又聰明的人。」接著他又補充：「如果你用債去買其他債務的話，你就會和其他數以百萬計的中、下階層一樣，窮其一生為擁有銀行的『皇室』工作，只為了賺取虛假的金錢以償還他們的債務。」

我靜靜地坐在那裡，思考著因為持有金幣而成為罪犯的事；接著又開始認真思考用債務購買房地產的事。

於是我問：「那如果我選擇都不要有債務呢？一輩子都不要負債？」

富爸爸微笑了一下然後說：「對大部分的人來說，那是個比較明智的選擇。如果你不想要學會如何將債務當做金錢使用的話，那就不要負債。債務是很危險的，就像一把上膛的槍，既能保護你也能殺了你。」

我知道富爸爸的話還沒說完，於是又問：「那如果我選擇去學習如何將債務當金錢使用的話呢？」

富爸爸微笑著說：「你看一下我們現在坐著的飯店，你覺得我有辦法光靠存款就買得起一棟一百多萬美元的飯店嗎？」

我只能搖搖頭，安靜地表示「不能」。

富爸爸問：「我實際只付出了不到一百萬美元就買下這間位於威基基海灘上的飯店。如果政府繼續印造鈔票的話，你覺得這棟飯店十年後會值多少錢？」我答：「我不知道」。

「如果你繼續努力工作、繳稅、存錢，你覺得你十年後買得起這間飯店嗎？」我實在啞口無言……或者說不知道該如何回答他的問題。

「你覺得你和你的陸戰隊同袍們，如果在航空公司裡謀得了個機師的職位，十年後買得起這間飯店嗎？」

我再一次被問得啞口無言。

富爸爸繼續說：「日本觀光客大量來這裡，他們有錢而且正在逐步買下威基基和夏威夷的其他地方，你想為日本人工作嗎？你覺得你能在十年內買得起威基基的房產嗎？能在十年內買得起一間面向海灘的家嗎？」

我逐漸理解富爸爸想教我的事了。我問：「你會教我如何投資房地產嗎？」

富爸爸搖了搖頭說：「我投資房地產，但我不教人投資房地產。再說，我永遠都是個學生，學習關於房地產的知識。」他告訴我：「你如果想成為專業的投資人，也必須成為學生，並且終身學習。將債務當做金錢來用是件相當危險而冒險的事，如果不打算終身學習的話，就不要用債務來購買房地產。」

我需要一點時間思考。我很不喜歡學校，當一輩子的學生聽起來實在不太吸引我。富爸爸感受到了我的抗拒，於是問：「你身為飛行員，不也是要一直上飛行課嗎？」

我點點頭，說：「一直都要。我已經飛了五年了，但還是一直要上更進階的飛行課和更難的課。」

富爸爸說：「投資房地產也是一樣。我一直在上課，永遠都是個學生。這就是為什麼我今天能夠擁有這棟位於威基基海灘的飯店。」接著又說：「就像玩大富翁一樣。你和麥克還小的時候，我只擁有小間的綠色房子。如今，我擁有紅色的飯店了。我如果不持續學習的話，今天是沒辦法坐在這棟位於威基基海灘的飯店裡的。」

在沉默了很長一陣子後，我說：「我會去報名房地產的課程。」富爸爸微微笑著，而我們那天的會面也告一段落了。

我的 MBA 學程

現在我有來自兩個爸爸的建議要聽從，窮爸爸建議我取得碩士和博士學位，富爸爸則建議我去上房地產課程。

報名 MBA 相當容易，海軍陸戰隊有一位專門負責高等教育的軍官。我只要去他的辦公室報名就好了。

陸戰隊沒有房地產投資相關的課程，因此我必須自己尋找。陸戰隊其實有開股票投資的課程，但就是沒有房地產的課程。我想要上房地產的課程，因為我想學會如何把債務當金錢使用。

不到兩個月的時間，我就註冊了夏威夷大學的 MBA 課程。每個星期有兩天晚上和星期六全天，我會在結束飛行訓練後回學校上課。

我從來就不喜歡傳統的學校，卻很喜歡飛行學校。在飛行學校裡，有真正的老師和真正的飛行員。我們上課，然後開飛機。飛行生的技術只要越來越好，就能接受更好的老師指導。我們很清楚這些老師都是真的會駕駛飛機的，因為我們都和他們一起飛。我們的飛行指導員就跟我五年級的導師艾力老師一樣，都是能夠引領學生學習並且變得越來越聰明的老師。

高階武器學校又更有趣了。駕駛裝載著武器的航空器實際上就如同在駕駛完全不同的飛機，所以戰鬥機駕駛戰術和策略也極為不同。我們的進階武器指導員都是剛從越南返國的軍人。

每當我們要從航空器上開火、擊發機關槍和發射飛彈時，指導員總會先發射一次給我們看，以便讓我們知道他們是真的做得到自己教導的內容。即使我們沒擊中目標，指導員也不會因此當掉我們，只會說：「加油門重飛，再做一次。」而我們也照做，一次又一次，直到我們能駕駛和發射得和我們的指導員一樣好為止。這就是我喜愛飛行學校的原因，因為我們的指導員都是真正的老師，讓我們為真正的戰爭做好準備。

回到教室的我不太喜歡MBA課程，我覺得自己好像又回到了高中。某天晚上，我的挫折感終於到了爆發點。

我問會計學的老師：「你當過會計師嗎？」

他回答：「有，我有會計學位。」

「我不是在問你這個，」我說得很乾脆，「我知道你有會計學位，但你真的……在現實生活中執業過嗎？」

沉默了好一陣子之後，這位老師承認：「沒有。我是碩班助理，有會計學的大學學位，正在讀碩班。」

我回他：「看得出來。」

這位老師問我：「你是會計師嗎？」

我回答：「不是。」

「那你為什麼問我是不是真的會計師？」

「因為我看得出來你根本不知道自己在說什麼。你只是在照本宣科，不是從你的經驗來教。」

學徒

我從當富爸爸的學徒開始，就在實際生活中有會計的經驗。我不是會計師，卻曾跟著富爸爸的會計師工作了好幾年。我看得出來我們的指導老師只是在教理論而非實務。

當時美國仍深陷在越戰的泥淖裡，陸戰隊員在大學校園裡可不太受歡迎。而我坐在教室裡給老師難堪，對於改善不受歡迎的狀況一點幫助也沒有。

這位指導老師問：「你打算成為會計師嗎？」

我回：「沒有，我打算成為企業家並僱用會計師，所以我需要有辦法問會計師聰明的問題。」

「那你想問我什麼問題？」

「我剛剛已經問了。你真的是會計師嗎？有沒有實際執業過？」

那位老師就這樣目瞪口呆的站在那，像一隻受到驚嚇的小鹿。接著時間到了，我們也下課了。

行銷課

在MBA的課程中，我非常期待能上行銷課，因為在課程手冊裡，這堂課主打一位備受敬重的行銷大師，所以我選了這門課，非常期待能跟這位專家學習。

但這門課再次成為了令我失望透頂的經驗。我又問了類似的問題：「你在業界有多少實戰經驗？」

這位大師相當自豪的告訴我們他擁有一間單車店，班上的人都能去那邊參觀，以便有「實作」經驗。

那間腳踏車店不到一千五百平方英尺，很小。我們全班花了兩個星期六在他的腳踏車店裡「學習」。

這位大師教得根本不是行銷，而是銷售規劃，像是如何擺放展示架上的腳踏車、商品架上的周邊用品以及衣服等。

我在當富爸爸的學徒時，也曾在他飯店裡的禮品部和餐廳工作，那時透過實作所學到的銷售規劃知識遠比這個多。

這位大師教得根本不是行銷，因為他只有一間店。他教的是廣告：如何在當地的報紙和雜誌投放廣告。

我在替富爸爸免費工作並學習如何幫他的連鎖飯店和餐廳做行銷時學到的東西更多。

我倒是買了一輛腳踏車。這位大師很懂得如何賣東西，這也是行銷過程的一部分。他給全班學生優惠，所以我們許多人都買了新的腳踏車。

當我把買了新腳踏車以及根本沒什麼能力的行銷老師的故事說給富爸爸聽時，他只是哈哈大笑並說：「你的行銷老師非常聰明。整間大學的行銷課都是他教的，在那裡他就是大師。他邀請學生和學校職員去參觀他的單車店，你猜怎麼了？你和你的同學紛紛都買了腳踏車。這傢伙是個非常聰明的行銷人啊。」

那是輛不錯的腳踏車，我幾乎每天都會騎著那輛車在陸戰隊航空基地裡沿著飛行線來回好幾趟。我的老師是位真正的行銷大師。

房地產研討會

某天晚上當我在看電視時，突然看到一個購物廣告，承諾會教學員如何在不投入現金的情況下購買房地產。

幾天後，我和其他將近三百人一起到了一間美麗的威基基海灘飯店裡的宴會廳，參加這個「免費研討會」。研討會裡主推的是房地產課程，要價不低，我總共付了三百八十五美元買了一個為期三天的週末課程。

大約兩個月後，指導老師從加州飛來這裡，三天的課程就此展開。這是我參加的第一場研討會，而不再只是學校或教室裡的學習。

我的窮爸爸相信學校，他從不參加研討課，認為這些都是詐騙的東西。不可否認，某些確實是，但某些學校又何嘗不是。

富爸爸只參加研討會。他說他喜歡討論課，因為「既簡短又主題明確。」他來上這些課的目的，就是為了要針對某些他有興趣的主題學習，既不是為了拿學位，也不是為了要取得更多高等學位的頭銜。許多公司和政府的職員與擁有執照的專業人士，都喜歡展示這些不同的頭銜，像是MS、PhD、JD、MD、CFP等等，彷彿那是他們的榮譽勳章似的。

巴菲特只有大學畢業，他從不隱瞞這件事，卻也不會在他的辦公室裡展示他的大學證書，但他卻很自豪的展示一張他從卡內基演說課程結業的證書。對他而言，學會如何在膝蓋不會發抖而且聲音也不會發顫的情況下發表演說，在他要向投資人募集數十億美元的資金時，是無價的。

一位真正的房地產老師

當天的學員大約三十人，都是當時參加了免費說明會的三百人中，後來又報名了三天課程的人。授課的講師令人印象非常深刻，他穿著隨性但相當名貴。他沒有打領帶，但他的運動外套、寬鬆的長褲和鞋子看起來都相當昂貴。對我而言，他看上去就像是一位真正的房地產投資人。

你可以去問看看曾經當過兵的人服裝儀容有多重要。大部分的軍職人員都以自己身穿的制服為豪。他們總是穿戴整齊且鞋子閃閃發亮。

MBA課程裡的老師們看起來就是老師樣，一點也沒有成功的樣子，他們的衣著看起來廉價、邋遢又過時，就像是穿得較為體面的嬉皮一樣，而他們當中有許多老師確實也是嬉皮。

我們真正的房地產指導老師一開始先放了幾張投影片給我們看，全是他投資的真實房地產以及每個財產的財務狀況。接著和我們分享他賺了多少錢、如何募資，以及克服了哪些困難等等。

此外，他也給我們看了幾個讓他賠錢的房地產，告訴我們他犯了什麼錯，又從中學到了什麼，以及他如何從錯誤中讓自己越來越聰明、越富有。

他是真正的老師。他不是為了賣房地產而來的，也不是在教我們如何賣腳踏車。他一切公開透明。他也給我們看經過會計師認證的個人財務報表，他不用透過教別人來支撐自己的說法，而且雖然他教課要收費，但他其實不缺這筆錢，他真的是來教學的。

課程就這樣開始了。在那三天裡，我們討論了實際的買賣、難題、挑戰，以及他作為真正的房產投資人的二十四年來曾經遇到過哪些騙子。

他教導我們去看大多數業餘房產投資人不會看的東西，也教我們如何跟賣家、銀行員和投資人談有關錢的事。

最後一天，他教我們如何談成「不花一毛錢」的買賣，一筆他連一毛錢都沒有拿出來的投資。

第三天要結束時，整個課堂的氣氛相當熱烈，大家都情緒高昂。我終於比較理解富爸爸常說的「你不需要錢來變有錢」是什麼意思。

最後的兩小時是讓我們複習和提問的時間，就在課程即將結束前，這位老師突然說：「課程現在才開始。」

所有的學生都相當困惑，想知道為什麼課程明明要結束了，他卻說現在才開始。

這位指導老師回答：「這門課要等大家真正進入現實世界才開始。你們的作業就是要在九十天內找到一百個有潛力的投資標地房產，為每一個房地產寫一頁的分析，然後決定這一百個當中哪個是最好的投資標的。你們不用買任何東西。當你發現一個絕佳的投資標的時，即使你沒錢也會充滿想要買下它的動力和熱情。」

於是我們又分成了三到五個比較小的小組，每一組都承諾要在九十天內完成這份作業。

你可能已經猜到了，現實生活阻擋了成為有錢人的道路。我猜那三十個學生裡只有大約三人完成了這項作業，這也讓我們對於人性有了更深一層的了解。想變有錢需要下功夫和自律。

在九十天快要到的時候，我已經知道了這一百個房地產中哪個是最佳的選擇，那是一間位於茂伊島海灘的一房一衛公寓。

開發商破產了，銀行打算要法拍這個資產，而這間公寓的開價是一萬八千美元。我只需要付10％的費用，其餘的會由銀行貸款。

因此我立刻拿出信用卡刷了一千八百美元。

這是「沒花到一毛錢」的買賣，百分之百由債務出資，每個月還能產生二十五美元正現金流。

這是筆「無限報酬」的投資，因為我沒有投注任何自己的錢在這筆投資裡，卻還能從這個百分之百由債務出資的投資裡賺入二十五美元的淨現金流。

幾天後，我就從MBA退學了。

「你不可能在這裡這麼做。」

如今，我到的每個地方都有人跟我說：「你不可能在這裡這麼做。」

他們說對了。他們可能無法做到無限報酬的買賣，但其他人可以。這些人做不到的原因在於他們都去上學，或是他們的父母都去上學。請看一下「高階老師圖」，你就會知道為什麼上學讓許多人變窮。

如何辨別虛假的老師和真正的老師

虛假的老師只會用演講和課本來教導學生。現實生活就是一間教室，真正的老師會從實際的生活經驗和個人錯誤來教學，並鼓勵學生這樣做。

個人練習：列出你人生中遇過的三位虛假的老師以及他們教的科目：

	老師的名字	**科目**
1.	________	________
2.	________	________
3.	________	________

列出你人生中遇過的三位真正的老師以及他們教的科目：

	老師的名字	**科目**
1.	________	________
2.	________	________
3.	________	________

真正的老師讓你學會什麼？

1. ________

2. ________

3. ________

你發問……我回答

問：如果要用一個字或一句話來說明你在海軍陸戰隊的經驗有什麼價值的話，會是什麼？

馬可C. —— 義大利

答：很棒的問題。讀高中時，我知道自己的麻煩大了。我那時很喜歡衝浪，而且幾乎快被學校退學了，一事無成又像個小丑。我一點都不想長大，更別提「上學然後找份工作」之類的事。高中時我只想要自由。

許多我的高中同學選擇過得自由，過著衝浪手的生活，最後不是坐牢、染上毒癮就是早逝。其中有一位自殺，一位因機車失事而過世，還有兩位因為酒駕而撞車身亡。

因此，雖然聽起來和直覺有些相反，但我決定去軍校並加入海軍陸戰隊以獲得自由。

主日學校教我們「道成肉身」，而對我來說，軍校和陸戰隊所實踐或成就的「道」是：任務、責任、榮譽、勇氣、尊重、紀律和規範。

對多數人，尤其是那些在業界的人來說，這些字只不過是詞藻，是口頭上的企業談話，是從來不會成真的名言佳句。若這些字無法被加以實踐的話，其他諸如工作保障、薪水和退休等字眼就變得比真正的自由更重要。

這是我很感激軍校和海軍陸戰隊的原因。那些字化為真實，有血有肉，成了我的一部分，使我的心靈強大。使心靈真正的強大是獲取財富真自由的關鍵，而且最重要的是，這也是個人真正自由的關鍵。

就如富爸爸經常說的：「擁有財富自由才有個人自由。」

問：你覺得你的富爸爸在經濟充滿不確定因素時，是如何預測未來的？

阿多尼斯K. —— 希臘

答：富爸爸教我和他的兒子：「企業家一定要注意未來，因為你的競爭對手就是未來。」另外，英特爾創辦人安迪．葛洛夫（Andy Grove）曾針對商業的未來說過一句話：「唯有偏執狂得以生存。」

第九章
如何抓到很多魚
看見隱形的事物

富爸爸常說：「水至清則無魚。」又說：「只有在泥濘的水裡才抓得到魚。」我在先前的章節裡曾寫道：「給人一條魚總是比教他釣魚簡單許多。」為什麼？因為學會釣魚很難。

所有真正的學習都不容易。我們以高爾夫球為例，理論上來說，高爾夫球是個極度簡單的運動，跟棒球不一樣，高爾夫球的球不會亂跑。但高爾夫球卻是極難打好的一種運動，真正的大師也少很多。若想成為老虎伍茲、麥克羅伊或米克森，需要非凡的專注投入和犧牲，光靠才華完全不夠。

金錢遊戲也一樣。

成功使很多人變得軟弱而懶惰，而且不只美國人如此，全世界都有這樣的例子。最明顯的例子就是在政府部門、商業界、體壇、政治界甚至宗教界裡，貪腐的情形都相當猖獗。現在就連小孩也能拿到獎盃，每個人都有頭銜，學生們需要安全的空間，讓他們不會接觸到可能會挑戰或威脅某些敏感信念的想法。此外，隨著有錢人和一般人的差距越拉越大，而且大家都想要致富，有許多人真的覺得自己有致富的權利。這是可以理解的，就像富爸爸說的：「金錢就像毒品，若沒有財務教育，人們就會對金錢上癮。金錢能使他們快樂，解決他們的難題，並治好傷痛。現在有好幾十億人都對這種金錢帶來的『快速解決』和『短暫快感』上癮了。問題在於當『快感』成為『低潮』後，這些上癮的人就需要回去工作好餵養他們的癮頭。癮君子願意為癮頭做任何事。」

當尼克森在一九七一年將美元與黃金脫勾後，金錢貪腐就像毒品一樣擴散至全世界。同時正如富爸爸所警告的：「腐敗的金錢會產生腐敗的人。」

貪腐天堂

政治是個骯髒的遊戲。我的窮爸爸是個誠實的人，在政府部門裡一層一層爬向成功讓他感到厭煩。當他終於爬到頂端，成為夏威夷州長的內閣成員時，他再也無法容忍貪腐之事。

爸爸決定不再容忍，於是辭職參選，並與他的民主黨州長上司在一九七〇年的州長選舉對打。

當他打給我說他打算以共和黨員身份參與副州長的競選時，我人正在佛州朋沙科拉的飛行學校。他說：「我懷疑自己能有多少機率勝選，但如果我不競選的話，我無法面對自己。」

接著他將話筒拿給我媽，我們討論了許多她的擔憂和害怕。她擔心我爸爸的工作保障和錢的問題，她說：「共和黨答應會幫你爸爸在加州找到一個工作，甚至可能在史丹佛大學當教授。」

當時，我爸五十出頭，我媽則是接近五十歲，人生還有很長的時間要過。我們的談話結束時，我祝他們身體健康強壯，因為他們即將踏入政治這個骯髒的世界。當時的州長是位前任警官，而眾所周知的是，他有一位同為前警官的好友，據說是夏威夷犯罪組織的頭頭。

當我的爸爸競選失利後，一如預期的，這位州長通知他再也不可能在夏威夷政府工作了。

我的雙親為此深受打擊，政治遊戲比他們想像的骯髒太多了，一些他們曾以為是朋友的人轉過頭來對付他們，在競選期間散布關於他們的謊言和不實謠言，並指控我爸爸貪腐。

選舉過後的兩個月，我的媽媽便因為心力交瘁而辭世，那年她才四十八歲。同樣不意外的是，共和黨原先答應要幫爸爸在加州找份工作的事也從來沒實現。爸爸提早退休並用退休存款投資了一間全國性的冰淇淋連鎖店，但不到一年就以失敗告終。爸爸不是商人的料，而他在一九九一年，參選後二十一年過世時身無分文。

真相浮出水面

二〇一五年，一位曾在地區性報紙《檀香山廣告商報》（Honolulu Advertiser）任職的調查記者杜力（James Dooley）出了《艷陽天下的陰暗人物：夏威夷州的警察、殺手和貪污》（Sunny Skies, Shady Characters: Cops, Killers, and Corruption in the Aloha State，暫譯）。

該書開頭先講述了歌手何大來（Don Ho）的故事，接著列出了一份夏威夷警察、殺手和貪污者的名單。名單當中包含了那位州長和卡米哈米哈學校理事，這間學校是全球數一數二富有的名校。杜力描寫了不同勢力間的關係，包括法院、政治領袖、勞工領袖，與《檀島警騎》（Hawaii Five-0）和《夏威夷之虎》（Magnum P.I.）等電視影集的關係，以及日本、夏威夷本地、中國和義大利黑幫間的糾葛等，甚至還列出了幾具遭人殺害的遺體。

杜力所寫的內容正是我爸爸所無法忍受的貪腐事件，當中甚至還提及我的幾位同學，以及我爸爸先前的友人。

我在夏威夷和杜力見了一面，感謝他寫了那本書，並跟他說但願我爸能夠活著看到這本書。當我問為什麼他點出這麼多人的名字後還能活下來時，他微笑著說：「今天的貪腐已經猖獗到成了生活的一部分，人們根本就不在乎了。」

歐巴馬是美國史上第一位也是唯一一位出身夏威夷的總統。

在此要特別提醒各位讀者，我並沒有特定的政治傾向或在乎的政治議題。我和兩個爸爸一樣厭惡貪腐、懶惰和坐享特權的心態。針對這個主題的另一種看法：《富比士》（Forbes）曾經稱夏威夷為「夏威夷人民共和國」。

不要改變世界……要改變你自己

「邪惡得勝只需要一個條件，即善者無所作為。」雖然這句話的實際出處仍有爭議，但甘迺迪總統曾說這句名言出自愛德蒙・伯克（Edmund Burke，1729－1797）。我想應該有許多人同意，如今善良的人採取的行動真的非常少。

在我向富勒學習的那三個夏天，他經常提及黑幫是美國政治無法分割的一部分。甘迺迪總統的胞弟羅伯特・甘迺迪在擔任美國司法部長期間，以大無畏的勇氣挑戰了吉米・霍法（Jimmy Hoffa）和全國卡車司機工會，指控他們與黑幫勾結。

羅伯特・甘迺迪（Robert Kennedy）後來在一九六八年贏得加州民主黨的黨內總統初選後遭到暗殺身亡，吉米・霍法則消失無蹤，至今下落不明。

讓我們團結吧

許多人會說：「讓我們團結起來改變世界。」這個說法聽起來很好聽，卻不切實際。現在有太多假新聞了。現在的新聞是用來煽動民眾，而不是教育民眾，目標是要分化人民，而不是讓人民團結。同樣的情形也發生在學校裡。

現代的世界分割得太細，充滿太多仇恨與敵意，以及太多赤裸裸的暴力。全世界有數百萬人移民，為的不是財富，而是要逃離犯罪、謀殺和強暴。和夏威夷一樣，貪腐已經成為我們生活中習以為常的一部分。全球的法律和秩序都在瓦解，美國的城市裡會有準軍事部隊坐在武裝的車輛裡巡邏，就像伊拉克和阿富汗的城市一樣。美國的城市難道也即將成為戰區了嗎？美利堅合眾國要滅亡了嗎？

與其想要改變世界，改變自己可能是最好的選擇。

我們的世界之所以會腐敗墮落，是因為我們的金錢也是腐敗的。因為學校沒有財務教育課程，所以人們看不見富勒所說的財富掠奪，也看不見自己的金錢與生活如何透過自己賺來的錢被偷走。

正如富爸爸所說的：「水至清則無魚，只有在泥濘的水裡才抓得到魚。」

有錢人與一般人的差距不斷擴大，正是因為沒有財務教育，魚群（一般人）都是在混水中游泳。這同時也是那些管理我們的法律體系、銀行和華爾街的學術菁英們為什麼以及如何抓到這麼多魚的方法。

《富爸爸，窮爸爸》在一九九七年出版，我在當中使用了一些插圖和圖表，這些都是富爸爸為了教導他的兒子和我看穿這池混濁的水而發展出來的，你若讀過《富爸爸，窮爸爸》，可能會對其中一些圖表還有印象。

如果你讀過我的第二本書《富爸爸，有錢有理》，可能還記得這個現金流象限。

由於富爸爸高中沒有畢業，因此他都使用簡明的圖表來教我們新的觀念，他相信「一張圖勝過千言萬語」。

以下介紹的圖表都是他為了教導我和他的兒子看穿混濁的池水而發展出來的。

名詞與動詞

富爸爸雖然是個沒有受過很多教育的普通人，但也知道名詞和動詞的差別。他教我和他的兒子，在金錢的世界裡，在沒有動詞的情況下是無法辨別一個名詞究竟是資產還是負債的。

舉例來說，一間房子既有可能是資產，也有可能是負債。想要知道一間房子究竟是資產還是負債，需要搭配一個動詞，例如「流」，這樣就可以檢視現金究竟是流入還是流出。

我和金之所以會把遊戲命名為現金流，就是希望能將「現金」和「流」這兩個字結合在一起。

富爸爸又說：「因為學者對於金錢所知甚少，所以即使名詞沒有動詞對他們也沒有太大差別。」對企業家而言，**現金流**就等於生命，就像**血流**對於身體的重要性一樣。你能夠想像一個醫生觀察到病人的血從傷口湧出，甚至流到手術室的地板上時，卻只說「沒錯，這就是血……」而不採取任何行動嗎？

然而，這就是學術菁英正在對我們的政府和人民做的事。我們的人民和國家正在出血，因為學術菁英正在透過教育體系不斷變得越來越有錢，卻放任人民和政府繼續流血。

何謂財務 IQ？

富爸爸說：「IQ 是在量測一個人解決問題的能力。」在學術世界裡，IQ 度量了一個人解決數學、寫作和科學問題的能力；在汽車動力學的世界裡，一個人的汽車 IQ 指的是他修理汽車的能力。

富爸爸說：「財務 IQ 是一個人處理金錢問題的能力，並以金錢來加以測量。」

我在上完三天的房地產課程後，就有能力在不花一毛錢的情況下解決一萬八千美元的問題，所以根據富爸爸的說法，我那時的財務IQ為一萬八千美元。

透過練習，一個人的財務IQ可以往上提升。我會說我現在的財務IQ約為一億美元左右。一個一億美元的問題將能進一步提升我的財務IQ。

令人警醒的數據

《華盛頓郵報》（The Washington Post）在二〇一六年五月二十五日做了以下報導：

聯準會調查了五千多位民眾，想要了解他們的個人狀況是否隨著經濟變好而改善，結果……（包括）這個相當有力的數據：約有46％的美國人表示他們沒有足夠的錢負擔四百美元的緊急支出。

翻譯：有46％的美國人財務IQ低於四百美元。

KISS：真正的財務教育很簡單

富爸爸總是讓事情保持簡單，也就是KISS原則。他說財務教育有六個最重要的基礎，分別是：

1. 收入
2. 支出
3. 資產
4. 負債
5. 現金
6. 流量

如果你讀過《富爸爸，窮爸爸》或玩過富爸爸現金流遊戲，可能會認出這些字就是財報上會出現的字：收入、支出、資產和負債。

收入和支出會記錄在損益表上，資產和負債則會列在資產負債表上。現金流量則是透過現金流量表來說明。

富爸爸常說：「我合作的銀行員從沒跟我要過我的成績單，也沒問過我讀哪間學校，更不會問我的GPA。」接著他加強了語氣，說：「我跟銀行員談話時，他們只想要看我的財報。我的財報就是我在現實世界的成績單。」

學術上的混淆

在字典裡面查資產和負債兩個詞的定義時，會看到如下解釋：

資產（名詞）：有用或有價值的物品、人或特性。

負債（名詞）：（尤其因法律關係）需要為某事負責的狀態。

以下是幾個重點：

- 現金流當中沒有「流」這個動詞的話，水就會變得混濁而令人疑惑。
- 二〇〇八年，全球有數百萬人失去了他們的房子，因為他們以為房子是資產。
- 因為學術菁英創造出名為房貸抵押證券（MBS）和信用違約交換（CDS）的虛假資產，數百萬人失去他們的房子。
- 只需要一些財務教育，就能保護數百萬人免受由學術菁英管理我們的法律、銀行、財務和教育機構所帶來的罪行。

- 如果一間房子有正現金流，意即錢會進到你的口袋的話，這間房子就是資產。
- 如果這間房子讓現金流出你的口袋的話，就是負債。
- 二〇〇八年，有數百萬人突然發現原來他們的房子是負債。

混濁的水

直到今天，我還能聽到學校老師跟學生說：「你們所受的教育是資產，以此取得高薪工作吧。」

直到今天，我還能聽到房屋仲介跟第一次買房的人說：「你的房子是資產。」

直到今天，我還能聽到財務規劃人員告訴客戶：「你的401(k)帳戶是資產。」

但如果你能將水澄清並看清楚現金究竟流向何處，你就會知道真相是什麼了。

跟著錢走

中產階級是政府、華爾街和銀行的資產。請看下圖及下一頁右圖，比較一下中產階級和有錢人的現金流。

注意到了嗎？現金一直流入有錢人的資產欄位裡。

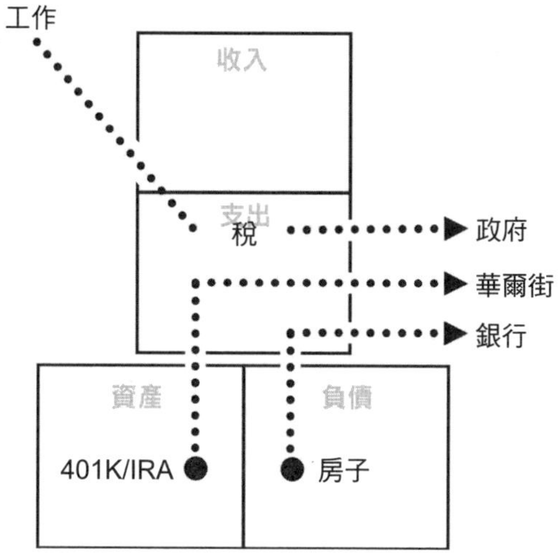

課程

- 真正的財務教育教導有錢人要讓現金一直流入資產欄位裡。
- 虛假的財務教育則讓現金一直從中、下階層的口袋裡流出，進到那些印造虛假貨幣的人，還有學術菁英的口袋裡。
- 虛假的財務教育讓水持續混濁。

如果你看不懂現金流圖的話，請找一兩位朋友一起討論這個現金流模式，討論是最佳的學習方式。

在為期三天的房地產課程裡，我學會了：

每個月二十五美元的現金流並不是一筆大錢，但卻大幅改變了我思考金錢的方式。從我學會以百分之百的債務賺取二十五美元的那一刻起，我就自由了。我知道只要我持續練習，我將不再需要金錢，我再也不會說「我付不起」了。

無限的報酬

利用百分之百的債務賺取二十五美元的收入是無限報酬的例子，這筆錢是不需要成本的錢，是由財務IQ創造出來的錢。

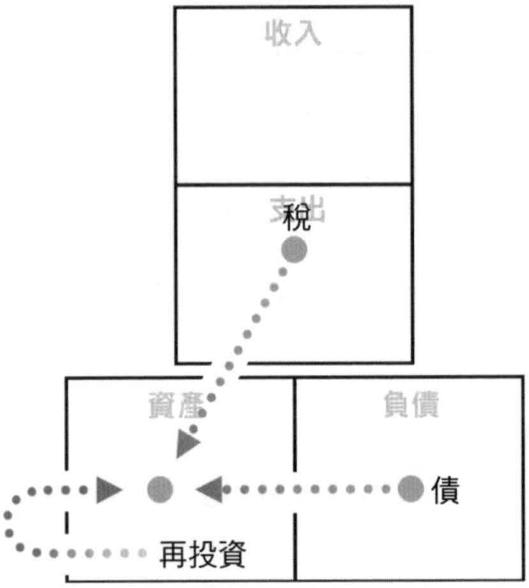

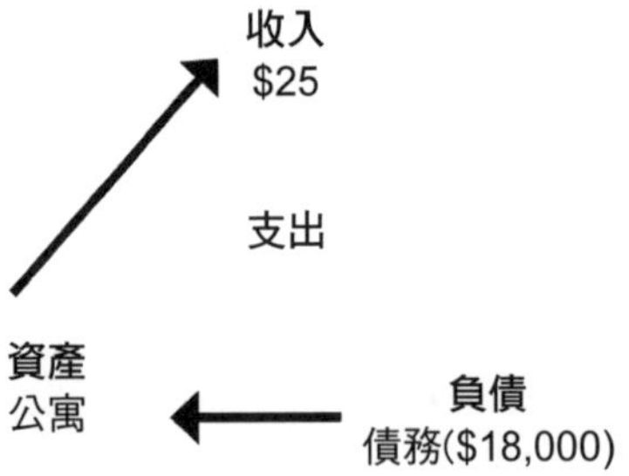

這就是在印鈔票。無限報酬能由各種方式達成，不一定要是房地產。

股票

假設我以每股一美元的價格買了某支股票一百股，所以我投資了一百美元。

接著股票價格漲到了每股十美元，我買的一百股現值就成了一千美元。

接著以十美元賣出十股，回收我原先投入的一百美元。只要我回收了原本投入的錢，剩下的九十張股票等於是免費的。

交易淨值（請看下方右圖）：剩下九十股所得的股利全都是收入，無限報酬就達成了。

書

我可能花了一整年的時間寫完一本書，接著花五萬美元進行編輯、印刷和出版等作業。

這本書還有可能授權到國外，由不同地區的書商發行。假設我收到來自三十國書商的詢問，且每筆授權為

收入
0
支出
0

資產	負債
90股	0

收入
$250,000 （授權） 權利金
支出
0

資產	負債
書	0

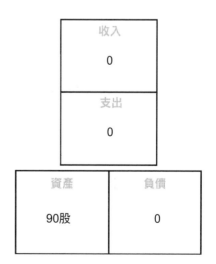

一萬美元，如此藉由賣出國際授權就會有三十萬美元的進帳，在收回五萬的支出後，就能因售出國際版權而獲得二十五萬美元的淨收入。另外還有在全世界賣出的每一本書所得到的權利金。

資產（書）透過權利金創造了收入，也成了無限報酬。

做生意：富爸爸公司

富爸爸公司於一九九七年，以向投資人募集的二十五萬美元創立。二〇〇一年時，我償還投資人七十五萬美元。這個時間點以後的所有收益都是無限報酬。

無限的可能性

一個人只要了解無限報酬的力量，幾乎所有東西都能成為資產，可能性是無窮的，水也是澄清的。

每當我以圖片來呈現財務教育時，總會有人問：「如果真的這麼簡單，為什麼不是每個人都變有錢了？」

首先，圖畫可以讓教學變簡單，要實際做到卻不簡單，不過透過練習，的確會變簡單。

大多數人不有錢的主因，在於他們去上學。

「任何硬幣都有三面」── 富爸爸

「驗證第一流才智的方法，是觀察其有沒有能力在腦中同時容納兩種相反的想法，而依然能夠正常生活。」──史考特·費茲羅傑，1936

為什麼人們沒有錢

1. 在學校，學生學到錯誤使人們變笨。

在現實生活裡，犯錯可以讓你變得富有。

上帝在設計人類時，就是要讓人類從錯誤中學習。

2. 作弊代表尋求協助。

在學校，學生必須靠自己考試，尋求協助就等於作弊。

在現實生活裡，做生意和投資都需要團隊合作。

有錢人都有團隊。

一般人則沒有團隊。一般人只會有一個財務顧問、股票經紀商或房地產仲介能給他們建議，而且大多數的時候這些所謂「建議」都只是推銷的話術，而非財務教育。

3. 好成績代表你很聰明。

但在現實生活裡，銀行員從來不會要求看你的成績單。

服務我的銀行員不會在意我讀過哪間學校或 GPA 多少。

在真實人生裡，銀行員想看的是我的財務報表。

第三種財報是現金流量表。富爸爸現金流遊戲是唯一一個教玩家如何控制自己的現金流，並增加財務 IQ 的遊戲。

可能大多數的高中甚至大學畢業生都不知道財務報表是什麼，更不用

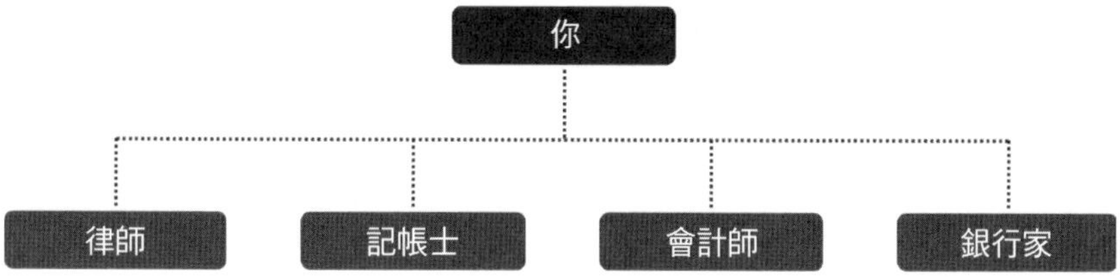

說用過了，因此大多數人不太容易取得貸款進行投資。

一九九六年時，我和金研發出富爸爸現金流遊戲，好讓人們學會金融方面的術語。

富爸爸現金流遊戲的力量在於人們不用去上學也能向彼此學習，取得知識。

現在全世界有好幾千個現金流社團。

4.

擺脫債務。

在現實生活裡，債務讓有錢人越來越有錢。

一九七一年開始，貨幣成了債務。

銀行家很喜歡借款人，因為借款人能讓銀行家更有錢。

世界前幾名的富豪都知道如何將負債當做金錢使用。

富爸爸現金流遊戲是唯一一個教玩家如何將債務當做金錢使用以變得富有的遊戲。

你在玩現金流時，就算在使用債務上犯了錯，也只是遊戲錢幣而已。

5.

繳稅是愛國。

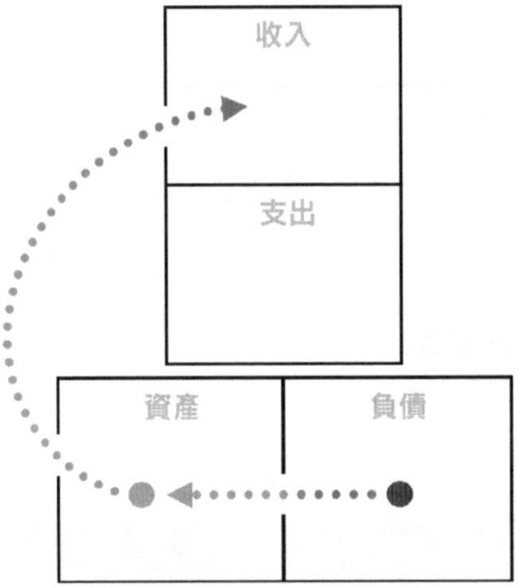

美國獨立革命起因是抗稅行動，亦即一七七三年的波士頓茶黨事件。

在現實生活裡，有錢人不納稅。

左邊的現金流象限能讓水保持澄清。

如果想對於稅務有進一步了解，請參閱富爸爸公司的顧問湯姆．惠萊特的書《免稅財富》（Tax-Free Wealth，暫譯）。

你會發現全球的稅法都很類似。有錢人都落在B和I這半邊的象限，能夠合法繳納較少稅。

正如惠萊特在書中所解釋的，稅法其實是政府給予的稅務優惠。只要你做到政府希望你做的事，政府就會減免你的稅。

每個象限的所得稅率

舉例來說，如果我租房子給自己住就無法減稅。但如果我出租房子給其他人，政府會給予我許多租稅優惠，因為我做了他們希望我做的事。如果我的工作落在E象限裡，那就不會有任何稅務減免。但如果我像亞馬遜一樣創造了好幾千個工作機會，市政府會提供大量的稅務減免，只求亞馬遜能將公司搬到他們的城市。

也就是說，在B和I象限的人做了政府希望他們做的事，因此享有稅務減免。而位在E和S象限的人，沒有做到政府希望的事，因此沒有稅務減免。

混濁的水

真正的財務教育不一定要很高深莫測，也可以是很簡單的，就連小孩都能理解。我就懂了。我還了解到「簡單」不代表「容易」。然而富爸爸這些簡單的圖表就是我的心理嚮導，如同夜空中指引方向的星辰。

因為學校不教真正的財務教育，數百萬人成了被菁英的謊話所困住的魚。因為沒有真正的財務教育，數百萬人上學、找工作、繳稅、存錢、買房，以及投資股票。

學校體系之所以不斷在學生犯錯時懲罰他們，或堅持學生要靠自己考試，就是為了將水弄混濁。這麼做也許是將學生訓練成E和S象限人的好方法，卻不是能教出在B和I象限裡運作的企業家的好方法。企業家都知道他們必須犯錯並從中學習，也知道做生意要團隊合作。

為了要在全球經濟競爭，每個國家都需要更多有遠見的企業家，像是賈伯斯、比爾．蓋茲、馬克．祖克伯、麥可．戴爾、理查．布蘭森、亨利．福特、迪士尼和愛迪生……等，聰明卻沒有完成學業的年輕人。

在下一章，各位將會學到誰才是你最好的老師。

你發問……我回答

問：強取豪奪的巨人如何在大眾不知情之下持續掠奪？

瑪莉J.——加拿大

答：這個問題太棒了。強取豪奪的巨人已經大到看不見，無所不在了。尋找強取豪奪的巨人就像要尋找空氣一樣，掠奪你的可以是你家巷口的銀行，你的財務規劃人員、教育、信用卡、稅、工作、房貸、政治家、警察、軍人、食物、醫療照護等等。

我們之所以看不見強取豪奪的巨人，因為掠奪是透過金錢，而金錢無所不在，每個東西都牽涉其中，而且是無形的。

本書的核心主題之一是「水至清則無魚」。

在真實的商業和投資世界裡，我們會把在髒水裡看清楚稱為「透明度」。在真實的金錢世界裡，透明度是非常重要的詞彙。

本書的財金小學堂就是要讓有智慧的人能夠透過文字，看見我們雙眼看不見的東西。財務教育的目的是讓我們有能力在混濁的水裡看得清楚，也就是要有「透明度」。最近這次的經濟危機會如此嚴重的其中一個重要原因就是不夠透明。

富爸爸公司一直致力於讓人們能在混濁的水裡看清楚，因為在學校不教真正的財務教育的情況下，學生離開學校時仍然是個財務文盲。

問：下一次經濟危機會有多大？

史帝芬B.——英國

答：我認為下一次經濟危機的規模，會讓二〇〇八年的危機顯得微不足道。二〇〇八年以後，銀行和衍生性金融商品的危機只是越滾越大，二〇〇八年時投注在衍生性金融商品的總額為七百兆美元；如今，資產負債表外的衍生性金融商品已達到一千兩百兆美元，「資產負債表外」的意思是「一般人看不到」，資產負債表外代表混濁的水，也代表缺乏透明度。

在第三部分，我會詳細討論「黑池交易」和「黑色金錢」。

問：你的意思是從二〇〇八年以來，水只是變得更髒嗎？

阿圖 N.——愛沙尼亞

答：沒錯……更深、更暗且更危險。你可以到富爸爸電台聽我跟諾美．普林斯（Nomi Prins）的訪談，內容有關黑色金錢以及新常態。你會了解全世界的央行（而非政治人物）如何掌控這個世界。聽完富爸爸電台這段普林斯的訪問，你將能「看見」一個很少人看得見、既黑暗又混濁的世界。

問：你認爲需要做什麼才能終結政府部門的腐敗？還有那些大到不能倒的銀行，以及各國的貨幣當局？眞的有可能終結這一切嗎？

賽門 J.——泰國

答：富爸爸經常說：「像個大人。」這個世界永遠都會充滿貪婪、腐敗和無能，因此接受真正的財務教育和擁有聰明的團隊，是保護自己免受真實世界傷害的最佳辦法。

富爸爸也說：「貪婪的人總比政府官員更聰明、更機靈。」這就是為什麼你需要保護自己免受聰明的壞蛋和無能官員的傷害。這也是為什麼財務教育是我們在財務世界生存下來的關鍵。

問：你認爲我們這一代有可能看到學校開始教授金錢這個科目嗎？

拉斐爾 R. ——祕魯

答：我很懷疑。很可惜的是，大多數的學者都與政府官員站在同一邊。等到學校開始教導財務教育時，那些聰明而貪婪的人早就又創造出新的金融商品，就跟他們在一九八〇年代發明了衍生性金融商品一樣。

我們都知道學術界的人和真實世界的金錢接觸甚少，這狀況永遠不會改變。

好消息則是，這會讓像你這種人的人生更容易些，因為你們願意在真實的金錢世界裡尋找真正的老師，並向其學習、閱讀他們的著作。

有一本書《反對教育的理由：為什麼教育體系浪費時間和金錢》（The Case against Education: Why the Education System Is a Waste of Time and Money，暫譯），作者是布萊恩·卡普蘭（Bryan Caplan），他以大學教授的觀點來寫此書。他主張教育的主要功用不該是強化學生的技能，而是為學生的智能、工作倫理，以及遵守指揮的能力做保證，也就是說，要顯示其擁有好員工的特質。

這是一本非常好的書，尤其對崇拜高等教育神壇的父母而言更是如此。

至少以目前來看，學生似乎還是會因為缺乏透明度，而在離開校園時仍然對財務一無所知、背著巨額負債，然後在混濁的水中尋找工作。

第十章
為什麼錯誤是最棒最真實的老師

錯誤讓你更明智

我希望能夠說致富很容易；能說我是「神童」、天生的企業家；能說我總是快樂又無憂無慮，能和大家打成一片。

我希望能夠說自己遇到的每個人，以及與我做生意的所有人都是非常聰明、慷慨、誠實、守法又正直的好公民，而且還注重倫理道德。但我沒辦法。

從貧窮到致富，以及從員工到企業家都是艱辛的旅程，既能到達極高的巔峰，也會摔落深谷。這趟旅程中會遇見各種好人或壞人，而且許多時候好人和壞人可能是同一個人：在某個情形下是很棒的人，在另一個卻又糟糕透頂。一個在你面前很誠實的人，可能轉過身就在你背後刺了一刀、搶你的錢、說謊騙你，並且在你剛簽下合約的當下立刻偷走你的錢。

但我也遇到過很棒的人，無論是逆境順境，無論我們賺或賠了多少錢，都始終善良。

我希望這也能適用到我身上。

人類終究是人類

這並不是說我是個完美的大好人，我不是能夠成為聖人的人。重點是，沒有人是神，我們都只是人類，我們終究充滿人性。我們都有自己的優缺點，有好的一面和黑暗面。我們不是神，並不完美，也沒辦法知道所有「對的」答案，我們不可能永遠是「對的」。

最重要的是，身而為人就會犯錯。

小嬰兒在不斷跌倒中學會走路，孩子們也是在不斷摔跤後才能學會騎腳踏車。但他們去上學後，學校卻教導他們「犯錯讓你變笨」，這太瘋狂了。

這個世界的問題

回顧人類的歷史和個人的成長經驗，我們不難發現這世界的許多問題，以及許多我們的困擾都源自希望自己是「對的」。戰爭、暴力、爭吵、殺人和仇恨的根源都與人類希望自己是「對的」這個欲望有關。

對於「正確」的痴狂

希望自己「正確」的反面就是害怕自己「錯了」。在我們的社會裡，承認自己犯錯是種軟弱的象徵。在我們的社會裡，犯錯代表了愚笨。在我們的社會裡，希望自己正確的欲望正在逼死我們，而對於犯錯和看來愚蠢的恐懼則放大了我們對於「正確」的痴狂。

要讓世界擁有和平的話，人類必須先退一步，深吸一口氣，重新思考對錯的虛妄和二元性。我使用「二元性」一詞是因為若不知何為「錯」，「對」就無法存在。對和錯密不可分。一個人說一件事是「對的」時，他同時也在說另一件事是「錯的」。

硬幣的三個面向

我習慣用硬幣的三個面向來比喻真正的智慧。我之所以用「真正的智慧」，是因為一旦我們透過「對與錯」的稜鏡看待生命時，我們就離智慧遠了一些。

富勒有一個在任何情況下皆適用、絕無例外的原則：「一必定是多元的，而且至少有二。」

也就是說「1」的概念並不存在，在地球的真實世界裡，2是最小的數字。舉例來說，向上這個概念沒有向下的話就無法存在；裡面沒有外面就無法存在；聰明沒有愚笨無法存在；左沒有右無法存在；富沒有貧無法存在；男沒有女也無法存在。

我時常引用費茲傑羅（1896—1940）的重要名言：「驗證第一流才智的方法，是觀察其有沒有能力在腦中同時容納兩種相反的想法，而依然能夠正常生活。」

翻譯：從你開始以「對」和「錯」的概念來看待事物的那一刻起，你的才智就減半了。這就是為什麼要讓硬幣立起來，看到兩面卻不選邊時，智慧才能得到提升。

「任何硬幣都有三面」── 富爸爸

「驗證第一流才智的方法，是觀察其有沒有能力在腦中同時容納兩種相反的想法，而依然能夠正常生活。」──史考特・費茲羅傑，1936

從錯誤中學習

我們這個世代最偉大的一位天才：巴克敏斯特．富勒曾在他的作品《犯錯的奧祕》（Mistake Mystique）中述說當代的教育和宗教行為，以及父母是怎麼讓學生遠離了學習。讓我換句話說……

富勒：人類只會從錯誤中學習。

翻譯：如果你不再犯錯，就停止了學習。

富勒：錯誤只有在人們不願承認時才會成為罪。

翻譯：上帝的設計就是要人類透過錯誤學習。當你忽略了上帝希望你從錯誤中學到的教訓，你就成了「罪人」。

富勒：許多人在看見他人犯錯之後，都會反射性地以後見之明說：「那個人為什麼會犯這麼蠢的錯？」

翻譯：今天的社會相信犯錯的人都很愚蠢。

富勒：不思考的人述說著關於人性的謊言，因為太過有效，他們現在竟宣稱：「我們一直都知道答案。」

翻譯：我們很聰明，知道所有的正確答案。你們不要犯錯，只要將我們給你的正確答案背起來就好，就能跟我們一樣聰明了。

富勒：這意謂著不要不加思索就做和他人一樣的行為，或屈服於從眾心態。

翻譯：要為自己思考。

富勒：父母出於愛子之心，擔心自己走後孩子無法照顧自己，因此訓練孩子不會犯錯，以免他們在社會中屈居劣勢。

翻譯：出於對孩子的愛和希望為他們的將來做好準備的心情，父母們總是教導學生不要犯錯好融入社會。

富勒：唯有當人們誠實面對自己、承認犯錯的剎那，才能夠接近掌管宇宙的全人之道。

翻譯：當一個人承認自己犯錯時，他們就能夠感知到上帝，上帝也就成了他們的老師。

富勒：上帝直接和我們每個人對話。上帝透過個人對於真理的認知，以及愛和憐憫等天生自然的情緒與我們對話。

翻譯：上帝不會因人犯錯而懲罰人，人才會。當我們犯錯時，上帝會以愛和憐憫與我們每個人對話。因此當你犯錯時，記得去尋找真相並寬容珍愛自己。當他人犯錯時，以上帝待他的方式待他，如此一來他們才能從錯誤中學會上帝要教給他們道理。

富勒在談論神時，並非指宗教的或人變成的神，他所說的神是「掌管宇宙的全人之道」。

你會失敗

我仍然清楚記得我自行創業，不再受雇於人的那一天，一切就像昨天才發生一樣。

就在那天，我無法再領到薪水，一切只能靠自己，再也沒有任何工作保障、福利、有薪假、醫療保險或任何退休金。

就在那天，我有了三個員工，他們需要工作保障、固定支薪、醫療和牙醫保險、有薪假和退休金計畫。他們賺得比我還多。

就在那天，我原本是在檀香山市中心的「全錄公司」工作。就在我要離開全錄的辦公室，越過檀香山市中心最熱鬧的主教大街到我的新辦公室前，全錄的櫃檯人員伊蓮微笑著對我說：「你會失敗，然後又跑回來的。」

伊蓮看過太多像我這樣志得意滿的推銷員，他們都離開全錄並如她所說的：失敗然後跑回全錄。

我笑著對伊蓮說：「我也許會失敗，但我絕不會回來。」

第一個大錯

富爸爸給我的一個重大忠告是：「你無法知道你不了解的事。」也就是說，你要非常清楚自己可能會犯哪些錯。

富爸爸還說：「憤怒是你不知道自己該了解什麼的第一個徵兆。」

我的第一個生意是賣尼龍和魔鬼氈做成的衝浪用錢包，生意還過得去，但就跟大多數的新創公司一樣，我們也有一直支出卻沒什麼進帳的問題，以及一個又一個的生產問題、法律問題、員工問題、金流問題。而我大部分的員工都不知道公司有這些問題。

募集資金

我去找富爸爸想向他借十萬美元，他卻把我趕出辦公室，還說我的合夥人都是「小丑」。

在說服窮爸爸相信我們的尼龍錢包生意準備要起飛之後，窮爸爸拿了他的房子去做二胎房貸，借了我們十萬美元。他說寧可在生前把這筆錢給我，也不要死後才給。那是他的一切。他自從選舉失利後，就一直失業。

我很高興自己又爭取到了一些時間，於是拿著支票去找我們的財務長史丹利，其實就是三個員工的其中一位。我還記得自己問他：「這十萬元能把問題解決嗎？」

史丹利笑著點點頭，結果三天後，史丹利的桌面一空，他帶著那十萬美元走了。

那十萬元確實把問題解決了……他個人的問題。他把自己借給公司的錢收回去了。

雖然我們之後發表了幾個成功的新產品，其中一個還是一九七八年的運動商品第一名，但這家公司最終還是倒了。我剩下的只有要還爸爸的十萬美元債務。

就像那位櫃檯人員伊蓮說的：「你會失敗然後又跑回來的。」

我確實失敗了，但我沒有回去全錄。十萬美元是我那時損失過最大筆的金額，我很希望我能說十萬美元也就是我犯過最大的錯了，但不是，接下來還有更大且金額更高的錯誤。

正如富勒所說：「犯錯是好的，犯的錯越多，人越能學聰明。」

後來發現史丹利其實是個小人，但他卻也幫我致富。

硬幣的三個面向

當我將硬幣立起來，看到的其中一面是史丹利和損失十萬美元，是個既痛苦、可怕又悽慘的教訓。我花了將近十年的時間才還完史丹利所偷的錢。

但在硬幣的另一面是上帝的道理，是上帝對我的祝福。由於拿去抵押的是爸爸的房子，所以我不能停下來，我不能宣布破產，害怕失去爸爸的房子是推動我往前的動力，是鼓舞我不要放棄的原因，我知道我需要繼續往前。

我的祝福是我的弟弟強恩，他在知道我的狀況有多糟之後，找了另一位合夥人，和我一起重建生意。我們在重建生意的過程中逐漸變成更聰明、更好也更有智慧的企業家。透過弟弟的愛與憐憫，上帝將我需要學習的事物教導給我。

錯誤是我的最佳良師。

如同我先前所說的，我希望自己能夠說致富很容易，能說自己是「神童」或天生的企業家，但我沒辦法。

個人獨有的錯誤

我常在想，如果出一本我的失敗大全的話，那本書將會是我寫過的書裡最好、最有用的書。那本書將會是一套分成好幾冊的大部頭。但我犯的錯是我的錯誤，你會犯的也是你的錯誤；也就是說，我的錯誤是專屬於我的，而你的錯誤也專屬於你。

我所能做的最重要的事，就是鼓勵大家犯下自己的錯誤並從中學習。

但可惜的是，我們的社會大多不喜歡別人犯錯。

我們的社會希望人人都能聽從「聰明人」的建議，記住他們的「正確答案」並且不要犯錯。如果你犯錯了，就會因此受罰。

但我發現，富勒所說的從錯誤中學習並非懲罰，而是要先從承認自己犯錯開始，接著以愛和憐憫去學習上帝專為你設計、專屬於你的課程。如此一來，錯誤將能使你更聰明。

重要的一課

在主日學校裡，我學到一句話叫「不叫我們遇見那誘惑」，在如今這個失能的社會裡，我們的誘惑是：

1. **假裝不曾犯錯**。人們喜歡假裝自己很完美，這些人對待錯誤的方式，就跟貓會把自己的排洩物用貓砂埋起來，假裝貓砂很乾淨一樣。
2. **謊言**。我還記得前總統柯林頓曾說：「我不曾和那個女性有染。」性行為不是罪。但在一九九八年十二月十九日，他因偽證罪遭到彈劾。
3. **找藉口**。藉口就像空氣芳香劑一樣：廁所的氣味也許變好了，但你還是可以嗅出不對勁。

4. **責怪（Blame）。**這個字其實是「沒有說服力的」（be lame）。習慣責怪別人的人，都是不願承擔責任和學習的懦夫。

5. **上法院。**控告那個抓到你說謊的人，讓謊言持續個好幾年。這在我身上發生過兩次。發現自己信任的人其實在騙我、說謊和偷我的錢之後，我就被告了。

6. **要就做筆大的。**許多人不想辦法減少自己的損失，反而還投入更多錢甚至孤注一擲，期望能夠一舉贏回所有的損失。這些人確實做了大事，但都落了一屁股債。

我猜許多龐氏騙局的起頭，都是因為發起人為了要掩飾自己的錯誤和損失，於是騙了彼得來付錢給保羅，再透過不斷說謊來籌錢。我猜這可能就是伯納德．馬多夫的狀況，他是美國史上最大龐氏騙局（總金額六百五十億美元）的發起人。他不願承認自己害投資人賠錢，於是一直不斷籌錢和吸引更多投資人，但又一直賠錢。伯納德．馬多夫應該要來管理美國政府的，畢竟美國政府是全球歷史上最大的龐氏騙局。

課程：不叫我們遇見那誘惑。

珍惜自己、對自己寬容並承認自己犯了錯，比起為了別人的錯而懲罰自己和他人要好。如此一來你才有可能學到上帝希望你學的教訓，即使你可能不喜歡這個教訓。

在現實人生裡，一個簡單的道歉勝過對簿公堂，也便宜多了。

要是能有更多人以憐愛和寬容的態度對待錯誤，我相信這個世界將會更平和、繁榮且充滿智慧。

錯誤是成功的關鍵

愛迪生犯錯之後才能改變世界。據說他成功發明電燈泡以前失敗了超過三千次。

亨利・福特在福特汽車成功以前也破產過。

貝佐斯亞馬遜旗下的 zShop 商店也以失敗告終。

賴瑞・艾利森在甲骨文公司成功以前，也慘澹經營了好幾年，他不只快要破產，還為貸款抵押了所有身家。

佛列德・史密斯在商學院時所提的商業計畫害他被當，卻成為了現在 FedEx 的雛形。桑德斯上校在肯德基成功以前，也經過無數次改良，還在六十五歲時破產。

更高階的老師

再看一次高階老師圖，你會發現真

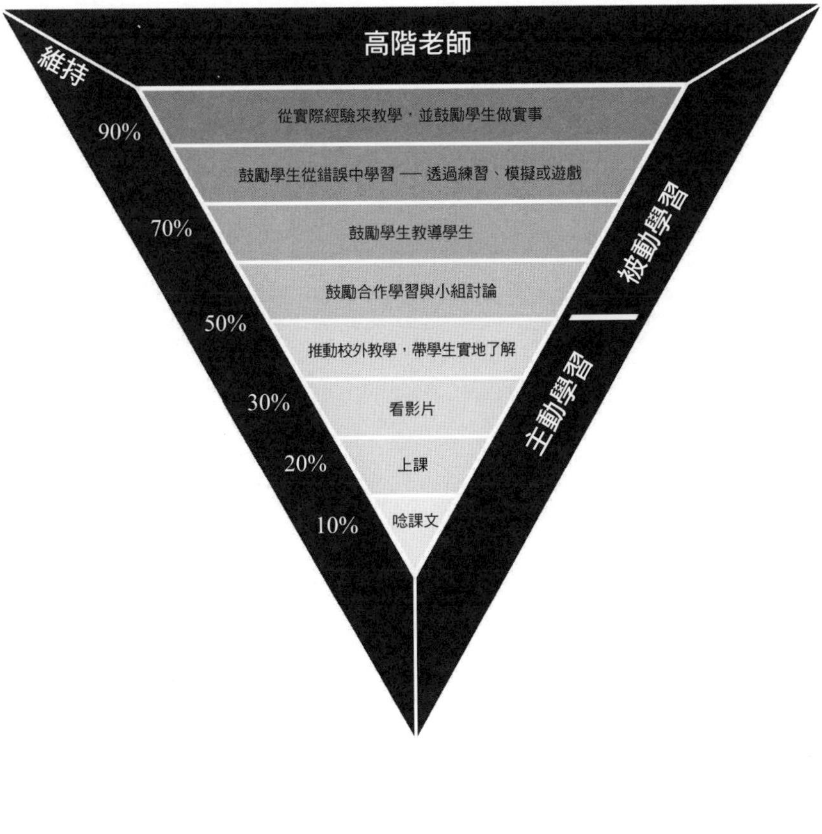

的和假的老師的區別。

虛假的老師由高階老師圖下方進行教學，真正的老師則是從上方。其中，最大的差別落在第二條線的「模擬真實生活經驗」。在現實生活裡，這叫做練習。

練習是讓一個人在實際做事前能先犯一些錯的方法。

富爸爸讓我和他的兒子「練習」的方式是玩大富翁紙牌遊戲。接著他會帶我們去看看屬於他的真實綠房子，而這些房子有天會成為紅色的大飯店。

我和金設計了現金流遊戲，好讓人們能夠只用玩具鈔票就從錯誤中學習。

如果是從現實生活中的證券經紀商、財務顧問或房地產仲介來學的話，那就是用真正的錢在做「真正的事」了，而且是你的錢。

練習的力量

老虎伍茲之所以能夠成為史上最偉大的球星，是透過不斷練習，犯了幾百萬個錯誤，打了幾百萬顆練習球才做到的。

影星喬治．克隆尼透過接演比較小的角色不斷練習、曝光和試鏡才能成為電影巨星。

麥爾坎．葛拉威爾在他的《異數：超凡與平凡的界線在哪裡》一書裡說，這世界上沒有樂團練習的認真程度能超越披頭四，也寫到光有才華還不足以保證成功，重點在於練習了多少個小時。他引用了一份針對柏林學院的小提琴學生所做的調查，發現能夠成為音樂老師的人，在職涯的過程中都累積了約莫四千小時的練習時間，傑出演奏家的時間是八千小時，而那些世界級的菁英演奏家，從開始學樂器算起，全都練習了超過一萬個小時。

一個人若每天練習四個小時，也需要花上將近七年的練習才有辦法成為世界級的演奏家。

披頭四在成功以前，連續好幾年每晚演奏八個小時以上。

醫生、律師和牙醫師不會稱自己的生意為「生意」，這些專業人士稱自己所做的事為「實踐」（practice）：在你身上「實踐」。

翻譯：真正的老師會實踐他們教的內容，假的老師則不會。

這就是為什麼我的第一位房地產老師要鼓勵我們在下手買房子前，先花九十天看一百個標的物。他是真正的老師。

我的會計學老師不是真正的會計師，他沒有實戰經驗。他要求我們聽他講課、背下他給的答案，回答他出的考題而且不能犯錯。他是假的老師。

「你被開除了！」

在現今世界裡，犯錯的人會被開除。

在富爸爸公司裡，每個人都要學會團隊合作，我也鼓勵他們擁有自己的生意以及犯錯。

富爸爸公司的員工唯有在犯錯時還說謊才會被開除。

如同富勒所言：「錯誤只有在人們不願承認時才會成為罪。」

人們教導人們

再說明一次，我和金設計了富爸爸現金流遊戲好讓人們能夠彼此互相教導。遊戲裡的許多交易都是真實的交易，是我和金處理的交易。當中有許多筆都失敗了。

每次聽到有人跟我說「我玩過一次你的遊戲，還滿好玩的」，我都會感到挫折。

要從這款遊戲獲得最大的價值的話，至少要玩十次以上，並且教導十個人。就像俗話說的，給予才能有所得。

更好的說法是教學相長。

全球有許多的現金流社團，他們會定期聚會一起玩現金流、開課、與真正的買賣和投資比較、相互合作並彼此教學相長。

這些社團都有規則，像是不能向成員推銷生意或不能跟成員約會等。你知道的，金錢和性會妨礙人們做正事。

只要人人都能遵守這些規則、道理、倫理和規範，學習可以既有趣又令人獲益良多。

現金流社團的美妙之處不在於你能因此賺多少錢，而是如葛拉威爾說的，在於你花了多少個小時練習。

若你加入了現金流社團，最重要的工作就是練習、學習並教導他人，且在他人學習時給予幫助。世事難料，但我猜想只要你投注心力在學習和教導之上，你所投注的努力將會有豐厚的回報。

真實的資產

一個人能擁有最重要的資產是「好人們」：誠實、守法、有道德、尊重倫理、慷慨，並且充滿知識、閱歷和智慧的人。這種人熱愛學習、練習、做真正的事情並從自身的錯誤中學習。

和葛拉威爾發現的一樣，真正的學習需要幾千個小時的練習。好消息是，如果一個人不要一整天只想著要早點變有錢，而是不斷學習、練習，並從自身和他人的錯誤中學習的話，未來將能獲得真正的財務成功。

課程：錯誤是真實成功的關鍵。

為什麼輸家一直輸

富爸爸常說：「害怕失去的恐懼造就了更多輸家。」

經濟學無法真的派上用場的原因之一，就在於這些身為學術菁英的經濟學家們相信「談到錢人們都是理性的」，所有人都知道這不是真的，人們只要一談到錢就不理性了。然而，像是前聯準會主席柏南克這樣的經濟學家們卻不明白這個道理，他們真的相信人們會努力工作、繳稅、量入為出、繳納帳單、存錢、不讓自己負債。

或許這就是為什麼柏南克這位全球最有權力的銀行家，在二〇一三年的收入只有199,700美元。他以為每個人都和他一樣，但是大多數的企業家才不願為了那一點錢工作，這也是員工和企業家非常不同的原因。

金錢是個瘋狂的主題，人們會為了錢做出瘋狂的事，甚至殺害深愛的人、販賣毒品、出賣自己的身體、為了錢結婚，或是做自己厭惡的工作。

風險

諾貝爾獎得主有幾個關於人和金錢的有趣發現，其中我覺得特別有趣的是和風險有關的事。他們發現：人們越是試圖避免財務風險，其所承受的風險反而越大。

規避風險的人分成四種截然不同的類型：

工作型：這種類型的人常常會做三份低薪工作。

這就是為什麼有這麼多人在全職工作之餘，還會開Uber，並且在週末兼另外一份工，試圖在E和S象限裡賺更多錢。這代表繳稅的級距不斷往上升，還要犧牲與家人或最愛的人相處的時間。

賭徒型：這種類型的人會玩樂透、賽馬或運動彩券等，或者會到拉斯維加斯去一擲千金。雖然人人都知道這些賭博都是由無數輸家堆成的，許多這類型的人仍幻想著自己會好運降臨。

學生型：美國政府最大的資產之所以會是學貸，在於人們對於教育有著近乎宗教一般的信仰，認為好的教育是艱苦且殘酷的世界裡唯一的救贖。

當我問大部分的人：「學校教了你有關金錢的什麼？」我得到回應都是一臉茫然，或者他們會說：「我學過經濟學。」

壞消息是，經濟學不是金錢。經濟學建立在一個基本假設上，就是人們對於金錢是理性的。此外，經濟學是一種軟科學，沒有經歷過真的科學嚴格檢驗，或受到政治操弄、貪婪和恐懼的影響。

犯罪型：許多誠實的人會犯些比較小的罪。他們只收現金報酬，因此不需繳稅。這類人可能會在暗地裡販賣一些娛樂性藥物、駭進資料庫竊取他人身份，或是透過網路進行性交易賺一些錢。

投資課程

每當我跟這幾種想規避風險的人說他們應該要上投資課程時，他們通常會回答：「投資的風險太高了。」

我曾聽過一個例子可以用來描述經濟學家丹尼爾・康納曼（Daniel Kahneman）和阿莫斯・特沃斯基（Amos Tversky）的發現：

有個人需要餵飽一家人，他面前有兩條道路能夠獵捕獵物。其中一條道路充滿了野生獵物，但也因此這條路上有一隻以這些獵物為生的獅子。第二條路上沒有任何獵物，全都跑走了。由於沒有任何獵物，所以也沒有獅子。想規避風險的人會選擇第二條路。

去上學

大部分的學生都是由選擇第二條路的老師所教導的。

讓我們複習一下富勒的話：

> 父母出於愛子之心，擔心自己走後孩子無法照顧自己，因此訓練孩子不會犯錯，以免他們在社會中屈居劣勢。

> 錯誤只有在人們不願承認時才會成為罪。

> （上帝）透過個人對於真理的認知，以及愛和及憐憫等天生自然的情緒與我們對話。

下次當你自己或其他人犯錯時，別懲罰他們，而是以上帝希望的方式對待自己和他人，也就是珍愛並憐憫自己與他人。

小嬰兒如果沒跌倒過，就永遠學不會走路；如果沒有數百位像萊特兄弟這樣的發明家願意承擔可能摔死的風險，人類也沒辦法飛到遙遠的星球去。

如果我聽從全錄的櫃檯人員伊蓮的話，在失敗後回到全錄，我現在也不會是有錢人。在失敗之後，我還做了更愚蠢的事，那就是向窮爸爸借了十萬美元後把錢拿給史丹利，而他則捲款潛逃。

要不是我犯了這麼多愚蠢的錯誤（而且許多錯誤的金額遠大於十萬美元）再從中學習的話，我現在也不會是有錢人。

學習的關鍵是要謙虛，而且願意說：「我搞砸了。」接著尋找更有智慧的人，向他們學習，這才是真正的學習。

學校的起源

教育（education）的英文來自拉丁文 educere，意思是取出。

但很可惜的是，我們的學校體系不會取出東西，而是把東西放進去。在許多時候，假的老師會給出假的答案，然後這些假的老師會因為學生沒有在假的才智測驗上重現假的答案而懲罰他們，接著再（用強制的或威脅的方式）將「錯誤令你愚笨」這種愚蠢的想法植入學生的心裡。

現在有數百萬學生背著大筆債務離開學校，尋找著快速消失中的高薪工作，對於金錢他們所知甚少，害怕犯錯且活在害怕失敗的恐懼中。

許多這種學生的爸媽和祖父母也都在同一艘船上。

對失敗的恐懼

對失敗的恐懼是一種強烈的人類情緒。對失敗的恐懼是有三個面向：正面、反面和邊緣的硬幣。

虛假的教育只使用了其中一面，真正的教育則需要我們將硬幣立起來，同時看到兩面。

硬幣的一面是……

對大多數人來說，對於財務失敗的恐懼使他們動彈不得，也讓他們自我貶低、感到貧窮和順從。他們常常從事殘害他們心靈的工作，每去工作一天，他們的精神就死去了一點。有一些人甚至為了生存鋌而走險或訴諸暴力。

虛假的教育導致人們害怕失敗。對於失敗的恐懼也讓許多人變得驕傲自大和貪婪。許多這樣的人認為自己比較優秀、比較聰明也比其他人富有。他們常常瞧不起那些他們覺得聰明才智或外貌比不上他們，或不如他們富有的人。

硬幣的另一面

對另一群人來說，對財務失敗的恐懼促使他們去學習、去成為真正的學生，並且去尋找真正的老師。

犯錯不等於失敗。對這樣的人來說，犯錯是真正學習的過程。他們所犯下的每個錯，即使痛苦卻讓他們學到謙虛，因為唯有透過真正的謙虛才有辦法學習。

虛假的教育使人們驕傲自滿且心態僵化，覺得「我是對的，我永遠不會犯錯」。但在硬幣的另一面，真正的教育卻能啟發人們去犯錯、學會謙虛並從自身的錯誤裡學習。對這樣的人而言，錯誤使他們變得更聰明、更富有也更慷慨，同時還更有人味。

真正的教育會促使人們分享、慷慨、慈愛並且能夠憐憫他人、地球和自身。真正的教育能夠讓人懂得慈愛和憐憫，因為真正的教育令人有所領悟。我們只不過是人類，而人類是會犯錯的。真正的老師自己也犯過許多錯，虛假的老師才不曾犯錯。

課程：錯誤是上帝派來的真老師。

你發問……我回答

問：買黃金和白銀時，要如何知道誰是可以信賴的？

卡麥隆 R. —— 美國

答：「買家自己多留心」原則在購買黃金時也適用。

最近有許多賣假黃金或「摻假」黃金的案例。所謂「摻假」指的是黃金裡含有其他雜質，例如在金條裡摻入鎳和錫等卑金屬。

這種作法和羅馬帝國即將覆滅時羅馬政府所用的技兩相同。

近年來中國拒絕了許多從美國運送至中國的金條，因為這些金條都有摻假、不純。壞消息是，這些摻假的金條現在仍在美國流竄。

我找到「有信譽的」賣家的方式，靠的是問一些無關緊要、閒聊般的問題，例如：

1. 你賣黃金和白銀多久了？
2. 為什麼會開始賣黃金和白銀？
3. 我能夠跟一兩個你的客人聊聊嗎？
4. 你推薦新手購買罕見金幣嗎？
5. 金幣要存放在什麼地方？
6. 999 黃金和 9999 黃金有什麼差別？

賣家針對這些問題的回答應該能夠讓你稍微了解這位賣家的智慧、經驗和心性如何。

但仍是那句話，無論買什麼東西，真正的答案都是：「買家自己多留心」。

問：尋找或選擇合作夥伴時，你覺得最重要的是什麼？在找員工、顧問或合作夥伴時，你主要找的是什麼？

馬歇爾 B. —— 阿根廷

答：非常重要的問題。尋找合作夥伴就跟找結婚伴侶一樣：找對人，生活就是天堂；找錯人，就跟活在地獄一樣。

好消息是，我遇到的壞夥伴最終都成為找到好夥伴的契機，比如說我認識的好顧問都是在我遇到壞顧問後才找到的。尋找合作夥伴時，有兩個非常重要的問題要問自己：

1.「我是個好的合作夥伴嗎？」

2.「我如何讓自己成為一個更好的合作夥伴？」

問：為什麼用淨資產而不是債來購買不動產是不好的作法？我知道銀行給的是債而非資產，但我想了解用資產購買的優缺點，就像你對於債務的說明一樣。

史丹利 P. —— 波蘭

答：很重要的問題，我的回答有下列五點：

1. 為了自我挑戰。

完全用現金購買房地產很容易，但完全用的債來購買房地產很困難。

2. 債務很危險。

使用現金的風險較低，使用債的風險很高。如果你想使用債務來進行投資，請去上一些真正的投資課程。

3. 一九七一年過後，美元就成了債務。

大部分的人努力工作賺錢（淨資產／現金）卻越來越窮，所以真正的挑戰在於如何利用債務致富、獲得資產、增加收入和減少納稅額。

4. 我希望生活在現金流象限的B和I象限，也就是企業家和投資者象限。

E（雇員）和S（專業人士）象限的人因為使用債務而變窮，B（企業家）和I（投資者）象限的人則用債來致富。

我在一九七二年時上了第一堂房地產投資課，學會了將債轉換成為資產。大部分的人因為沒有財務教育，所以只會將資產變成債。

5. 無限報酬。

B和I象限裡的目標，是要在每項投資裡都達到無限報酬。無限報酬指的是在完全沒用到自己的錢的情況下賺錢。

無限報酬也是一個人擁有高財務IQ的表現。

財務IQ的測量方式端看一個人能解決的財務問題規模有多大。

財務IQ是以錢來計算的。比方說，一份研究調查發現，一般的美國人連四百美元的財務問題都無法解決。也就是說，他們的財務IQ低於四百美元。

懂得如何將債轉換為資產的人有能力解決大型財務問題。相對的，總是把資產轉變成為債務的人則會引發大型財務問題。

第十一章 反對過時的體系

「你不可能在這裡這麼做。」

這句話我聽過不下數千次，無論我到哪裡去，每當我解釋富爸爸關於金錢、債務和稅的課程，以及我實際的工作時，總會有人說：「你不可能在這裡這麼做。」

那個人也沒說錯，他們做不到我做的事。但我可以，我也做了。而且我可以在幾乎世界的任何一個地方做到，這就是真正的教育的力量。

也就是說，真正的教育讓人擁有力量，使人有能力做到自己原本無法做的事，而且在很多時候，還能讓人們辦到原以為自己做不到的事。

虛假的教育則讓人一直貧困、自我貶低、設限、困在生活的微小面向，被自己充滿限制的想法所局限。

「我不行」

我們所說的話裡最具有破壞力的就是「我不行」，特別是當這幾個字跟金錢綁在一起，變成「我負擔不起」的時候。

是什麼導致貧窮？

要說是什麼讓人貧窮的話，就是「我負擔不起」這樣簡短的幾個字導致人們一直貧窮，並且覺得自己很渺小。

如果無法把這句話轉換成「我要如何負擔得起？」，無論賺了多少錢還是會一直活在貧窮之中。

我希望

不久前，有位朋友的妻子問我：「你今年要去哪？」

我說：「今年會去澳洲、日本、非洲和歐洲。」

就說：「真希望我也可以這樣，但我負擔不起。」

這句話又讓我開始思索本章開頭的概念，也就是無論我到哪裡去，每當我解釋富爸爸關於金錢、債務和稅的課程，以及我實際的工作時，總會有人說：「你不可能在這裡這麼做。」

大家都知道，當你一隻指頭向前指時，另外三隻都向後指著自己。這些說法、質疑、控訴……隨便你要怎麼稱呼，與其說是在說我，還不如說是在說他們自己。

這就是去上學的問題。因為沒有真正的財務教育，所以大部分的人終其一生只會說：「我付不起」「你不能那樣做」「真希望我也能這樣」之類的話。

教育造就窮爸爸

《富爸爸，窮爸爸》其實是在寫我的窮爸爸。窮爸爸就是當代教育的不足、過時和痴心妄想的隱喻，當代教育根本無力讓學生為真實世界做好準備。

我問了同樣的問題無數次，也問過好幾百萬人：「學校教會你什麼跟財富有關的事？」答案通常都是茫然地盯著我，或者「我主修經濟學」「我知道如何讓支票本平衡」等說法。

但很抱歉，經濟學和讓支票本平衡跟學到與金錢有關的事並不同。

每當我問某人在學校學到什麼有關金錢的事時，這都是一把無形的矛，直指當代教育的核心與靈魂。

我的民已滅亡

何西阿書4:6（新標點和合本）：「我的民因無知而滅亡；你棄掉知識；我也必棄掉你；使你不再給我做祭司；你既忘了你神的律法，我也必忘記你的兒女。」

我不是要推廣宗教，只是在引用古老的智慧而已。

主導我們現代教育體系的人真的需要自問一下：

我在拒絕什麼知識？我們沒有教什麼樣的科目？為什麼這麼多人厭惡學校？

為什麼這麼多人說上學是浪費時間？為什麼學校不教金錢有關的事？

為什麼老師的薪水如此低？為什麼有這麼多學生在離開校園時深陷債務？

以上這些問題全都能在我的窮爸爸身上顯現出來，他是一個很棒的人，一生奉獻給國民教育，但很不幸的，教育體系卻辜負了他。

「你不可能在這裡這麼做。」

幾個月前，我受邀到一間本地的教堂演講，我講了平常常講的債務、稅金和為什麼有錢人越來越有錢等主題。在結尾開放提問時，一位非常生氣的居民舉手說：「你不可能在這裡這麼做。」

我告訴他教堂離我家的距離不到五英里，所以我可以向他保證，我正在實行我剛剛所說的內容，就在這裡。接著我再次向所有聽眾強調，我「在這裡」實踐的事也是全世界的有錢人都在做的事。而這就是有錢人越來越有錢的原因。

提問的那個人站了起來說：「我是個醫生，有個很棒的財務顧問，所以我知道你不可能有辦法做到你說的事。」

我在世界各地早就遇過無數次這樣的問題，有過演練了，於是我問：「你投資什麼？」

「我自行開業，有個人退休帳戶，存款好幾百萬，有自己的房子和渡假別墅，完全沒有負債。」

「就這樣嗎？」我問。

他點了點頭，等著我回覆。

我回答：「你說得對，你不可能做到我說的事，但我可以。」

這位醫生顯然是學歷很高的人，他自己開業，因此他的工作落在S象限，亦即經營小生意、自雇者。他也從S象限中進行投資，以他在S象限的所得繳稅，通常這個象限裡的人要付最高的稅率。

他說得對，他確實做不到我做的事。

改變象限

一九七三年，我註冊了MBA課程、回到學校，準備找一份落在E象限的工作，意即當雇員。同樣在一九七三年，我報名了房地產課程，那是一個討論會，教我們如何成為專業的投資人，亦即轉換到I象限。

大多數人無法做到我做的事，是因為他們去上學，成為了在E或S象限裡的人，而且他們是被動投資人，不是專業投資人。

一位醫生跟我說我做不到我在做的事，就像是跟我說「你沒辦法開飛機，因為我也沒辦法」一樣荒謬。

我之所以會開飛機，是因為我上了五年的飛行學校，以飛行為職業，在越南執行飛行任務。我能夠做到這些財務上的事情，是因為我上了在B和I象限裡的學校。不同象限的教育也不同。

教育的力量

真正的教育應該要使人有能力去做自己想做的事。

若想成為醫生，就去讀醫學院；想當飛行員，就去上飛行學校。

那如果想致富該去哪裡？這就是真正的教育的力量。

問題在於，大部分的人在離開校園時卻失去了力量，許多人在離開教育體系時都痛恨學校。當他們遇到做不到的事情時，就會說：「我做不到。」這句話就跟「我負擔不起」或是「你不可能那樣做」等等自我設限的話一樣。這些人不肯尋找真正的教育和真正的老師，而是關上自己的心門，卻也關閉了自己的選擇權。

教育是否過時？

本書的**第二部分：虛假的老師**是本書最重要的部分，因為沒有什麼事比教育更重要。

如果我們的教育體系能夠好好運作的話，**第一部分：虛假的貨幣**也就根本不需要了。

如果我們的教育是真正的教育，也就不需要**第三部分：虛假的資產**了。

如果我們的教育體系有提供並教導真正的財務教育和精神教育，我們的領導者就不會印造了這麼多虛假的貨幣和賣了虛假的資產後還能全身而退了。

因此，第二部分是本書最重要的部分。

沒有什麼比真正的教育更重要，無論那是學術的、專業的、精神上的和還是財務方面的教育，在現代全都很重要。

令人失去力量的教育

人們之所以不斷質疑我，說「你不可能那樣做」是因為我們的教育體系就是設計來讓人變得無力的。

如先前所說，現在的頂尖大學大多數都是由強盜大亨所創立或資助的，這些人包括了洛克斐勒、康內留斯．范德堡、利蘭．史丹佛和羅德斯等。

他們對於教育的興趣主要源於他們需要找到最佳和最聰明的學生，以便教育和訓練這些學生成為聽令行事的雇員，並為他們工作，但企業家或改革創新的人則會和他們競爭。

如富勒所說，這些強盜大亨之所以設立了美國最好的大學，就是為了尋找最棒、最聰明的頭腦，再教導他們成為E（聽令行事的員工），或者S（律師或會計師等專業人員）象限的人，這些人都會為有錢人工作，而不會成為在B或I象限的有錢人。

這或許就是比爾．蓋茲、賈伯斯、邁克．戴爾和祖克伯等一流大企業家都從頂尖大學輟學的緣故。很顯然的，他們那時所受的教育並非他們所需要的：給B和I象限人的教育。

改變象限

現在，有數百萬人被困在他們厭惡或是低薪的工作（也可能兩者皆是），這些人知道自己必須改變，但問題在於他們害怕改變，同時也不知道如何改變。他們所受的或未受的教育都讓他們受限於其中，讓他們害怕失敗、害怕改變。

每當我解釋完四個象限的差異之後，都可以看到許多人想要改變。問題在於，要想改變象限，從E和S這一端改到B和I這一端的話，需要真正的精神教育和財務教育。

這就是大多數人動彈不得的原因，和我受過高等教育的窮爸爸一樣。在窮爸爸挑戰當時的夏威夷州長失利之後，他從此一蹶不振。那是他人生中第一次失敗，他所受的教育將他限制在E象限裡。他無法轉換象限，即使他已失業也仍是如此。他買下一間冰淇淋連鎖店，試圖進入S象限卻失敗了。他不是企業家。

他無法擺脫自己所受的E象限教育和E象限心態，他無法改變。

隱形貧窮

學校以隱形貧窮一詞教導人們變窮，並且利用下列方式強化了隱形貧窮：

1. 因為學生犯錯而懲罰他們。

2. 告訴學生犯錯使他們變笨。
3. 死背答案而不是從錯誤中學習。
4. 強制規定老師給的就是唯一正確答案。
5. 只說對錯二元，而不說硬幣的三個不同面向。
6. 缺乏真正的財務教育。
7. 將合作視為作弊。
8. 靠自己考試。
9. 讓尋找幫助變成不可接受的事。
10. 永遠不能說「我不知道」。
11. 不幫助他人。
12. 以鐘形曲線來區分等級，將人分成聰明和愚笨的人。

危機

富勒是一位真正的未來學家，他在一九八二年的著作《關鍵道路》（Critical Path，暫譯）開頭寫道：

全球權力結構的黎明

「人類正在深深陷入一個前所未見的危機當中。」

身為未來學者，富勒所說的當然不是一九八一年的危機，而是在對我們今日面臨的危機作預警，也就是一九八一年畢業的嬰兒潮世代人在二十一世紀會面臨的危機。

加速再加速

富勒提出的警告，是針對其稱為「加速再加速」的現象。這個現象會在人類由工業時代轉變至資訊時代時發生。

富勒於一九八三年逝世前曾預言在一九八〇年代末以前，將會有完全改變世界的新發明問世。十年前的一九六九年，網際網路的雛形 ARPANET 問世。

全名為「高級研究規劃局網路」的 ARPANET 原是美國國防部的一項武器，其初始目的是要將所有由五角大廈資助的研究機構裡的電腦，透過電話線連結在一起。

一九八九年，隨著提姆．伯納．李（Sir Tim Berners-Lee）發明了全球資訊網 WWW，這個世界也開始從工業時代轉型成為資訊時代，而加速再加速的現象也隨之開始。

然而，教育卻未因而改變。教育凍結在時間裡。

再次引述我在主日學校學到的內容。何西阿書 4：6（新標點和合本）：「我的民因無知而滅亡；你棄掉知識；我也必棄掉你，使你不再給我做祭司；你既忘了你神的律法，我也必忘記你的兒女。」

二十一世紀的現在，數十億人口正在因為無知而滅亡。

此外正如富勒在《關鍵道路》中的警告：「人類正在深深陷入一個前所未見的危機當中。」他在我們一九八一年的課堂上曾解釋過為什麼數十億人口都深陷麻煩之中。他說：「資訊時代的改變是看不見的，人們無法避開那些迎面而來，自己卻看不到的事物。」

富爸爸在一九七一年尼克森讓美元與黃金脫鉤時，說出「金錢變成隱形的了」這句話，其實和富勒所言類似。

富勒在《關鍵道路》裡還寫道：

> 我的驅動力出於我深信，若沒有人敢在這個時刻，而且從今以後只說實話，所有的實話，並從

現在開始身體力行的話，人類將面臨危急存亡之秋。

與父母對談

富勒過世後，我不斷警告各地的家長，告訴他們學校教育無法讓孩子準備好面對真實世界，也告訴他們教育強化了「隱形貧窮」。

我說學校：

1. 因為學生犯錯而懲罰他們。
2. 將合作視為作弊。
3. 要學生靠自己考試。
4. 不鼓勵學生尋求協助。
5. 不鼓勵學生幫助他人。
6. 以鐘形曲線來區分等級。

但這些家長幾乎總是會跟我說：「我知道整個教育出了大問題，但我家孩子讀的學校很好，老師做得很好。我的孩子都很快樂也玩得很開心，他們彼此合作而且都很喜歡老師。」

又或者：「我的孩子很聰明，一個讀很著名的法學院，另一個則在讀博士。兩個人將來都會有高薪又安穩的好工作。」

但就像富勒所警告的：「人們無法避開那些迎面而來，自己卻看不到的事物。」

《紐約時報書評》（New York Times Book Review）二〇一八年七月十五日，星期日

〈在美國載浮載沉〉

以下是前美國勞工部長（1993－1997年）羅伯．萊克（Robert Reich）的新書摘錄，萊克對於僱傭關係即將發生的改變感到憂心忡忡，因此寫道：

我在此所談論的並非聰明的機器人會接管我們這些愚蠢人類的文明，而是另一個更迫在眉睫的問題：機器人將取代我們的工作。

這其實正在發生。機器人和各種相關形式的AI正快速取代所剩不多的工廠工人、客服中心的接線生和庶務工作人員。亞馬遜和其他的線上平台不斷減少零售的員工，不用多久我們就可以和卡車司機、倉儲人員或任何一種專業能夠被複製的人說再見了，這當中也包括藥劑師、會計師、律師、診斷醫師、翻譯人員和財務顧問等。機器很快就會比醫生更能掃描到癌症腫瘤。

這當然不是像某些末日預言家所說的，未來將會沒有任何工作。但幾乎可以肯定的是，所有仍需人類做的工作都將因機器人而使薪水大幅降低（如：幼兒照護、長者照護、家庭照護、個人教練、銷售人員等等），這些工作無法被機器取代，因為機器終究不是人類。雖然現代科技已經取代了這麼多的工人，但我們有的其實不是工作危機，……而是好工作危機。……今日的一般美國工人平均年收入為44,500美元，經通膨調整後其實與一九七九年的一般工人收入相去不遠。將近80%的美國成人表示自己是月光族，而且很多人甚至不太清楚自己下一筆薪水倒底會有多少。

我常常向家長們提出警告：在資訊時代裡，因為改變和金錢都是不可見的，所以若沒有接受過真正的財務教育，家長們又如何知道學校究竟教了（以及沒有教）什麼給他們的孩子呢？

大部分的家長都只懂自己以前在學校裡的所學，而不知道自己的學習缺少哪一部分。這就是為什麼多數跟我談話的家長都會說：「我家小孩讀的學校很棒。」

若沒有真正的教育，有錢人與其他人的差距只會越來越大，即使孩子的在校表現好也無法改變。隨著貧富差距擴大，社會動盪甚至革命的可能性也會不斷增加。

人力資產與負債

隨著我和富爸爸的兒子不斷長大，富爸爸也開始讓我們學習何謂人力資產和負債，而不只是財務的資產與負債。富爸爸為我和他的兒子畫了底下的圖表。

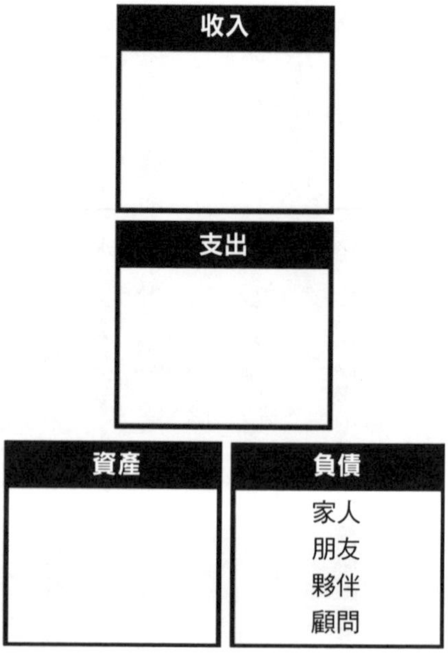

富爸爸接著說：「你們最重要的資產就是人，也因此人是你們最大的負債。」

每當有家長這樣跟我說：「我知道整個教育出了大問題，但我家孩子讀的學校很好」時，我就會畫出這幅人力資產與負債圖。

當我的課堂學生都知道財務報表如何運作之後，尤其是了解到「資產會將錢放進你的口袋裡，而負債則是把你口袋的錢拿走」的道理後，我就會把富爸爸的這份人力資產負債表畫給學員看。

我會要求學生仔細研究這份人力資產負債表，並且討論他們目前或未來的生活中，誰是資產而誰又是負債。

一開始討論都會有些尷尬，沒有人想將別人貼上負債的標籤。

然而，隨著討論的進行，有一些真相開始浮出水面。

隨著人們開始吐露心聲，我開始聽到這樣的內容：

「我兒子輟學，所以現在我得幫他還學貸，而他到現在還找不到工作。」

「我的女婿有毒癮，所以我的女兒帶著五個孩子離開他，她現在跟我們住在一起。雖然她有大學學歷，但因為她的小孩有三個還不到十二歲，所以她沒辦法工作。」

「我爸在他工作的公司倒閉之後就失去了他的經理工作，而且已經把401(k)的存款全部用完。他現在跟我們住在一起。雖然他想工作，卻找不到薪水好的工作。」

「我的財務顧問給的建議完全沒幫我賺到錢，我還差六年就要退休了，真不知道到時候要怎樣才能退休。」

「我的生意夥伴病了，現在我得同時照顧他和他的家庭。」

「我還有欠稅未繳，政府威脅要扣押我的薪水。我之所以會欠稅，就是因為我賺得不夠生活。我每個月的收入連基本開銷都不夠，每個月的超支狀況都越來越多。最重要的是，我付不起我跟內人的處方用藥。」

討論結束時，我會問：「各位現在還覺得教育能讓我們準備好面對真實世界嗎？」

這個警告值得一再重複：在資訊時代裡，因為改變和金錢都是看不見的，所以若沒有接受過真正的財務教育，家長們又如何知道學校究竟少教了什麼給他們的孩子呢？

富勒寫作《關鍵道路》的其中一個原因是：

我的驅動力出於我深信，若沒有人敢在這個時刻，而且從今以後只說實話，所有的實話，並從現在開始身體力行的話，人類將面臨危急存亡之秋。

翻譯：人類若想存活的話，每個人都必須開始說實話。當人們開始討論自己生活中的人力負債後，他們也會開始說出關於自己的孩子和教育的不足之處。

簡單來說就是現在的教育無法幫助人們準備好面對這個變化快速、加速再加速的世界，因為這樣的世界充滿無形的改變和金錢。

若沒有真正的精神教育，人們就會動彈不得，因為虛假的老師教他們不能犯錯也不能尋求幫助，因為尋求幫助等於作弊。

因為沒有真正的財務教育，所以人們看不見許多事物，因為人們看不見，學術菁英才能更輕易地透過人們工作得來的錢將他們的財富偷走。

沒有真正的精神和財務教育時，你就說對了：你做不到我做得到的事。

這不是現在才有的觀念，而是聖經中就有，經過時間淬煉的想法：「我的民因無知而滅亡。」

但也有好消息。在下一章，各位將會學到有關教育界企業家的事，他們是一群在陳舊的教育體制之外，做著該做的事的人。

你發問……我回答

問：大學教育除了學術研究之外，不也還有其他價值嗎？

蓋瑞 B. —— 新加坡

答：當然有。對許多人而言，大學可能是他們一生中首次能夠接觸到不同觀點的時刻。大學是學子準備展翅高飛、探索自我極限的時刻，同時也是體驗新事物、認識許多擁有不同背景、想法和意見的人的時刻。教育有很多種形式，大學時期的經歷也是其中一種。但每個人都應該要衡量的是投資報酬率：你投資在傳統的大學教育，還可能因此背負學貸所得的報酬率有多少。沒有一個放諸四海皆準的公式，所以每個人都應該要評估所有的優缺點，以及支出相對於個人的目標及遠景是否合理。

問：在大部分的傳統教育裡，最令你厭惡的是什麼？

亞當 C. —— 捷克

答：其實是有一些，而且這些事彼此相關。總結來說就是傳統教育無法幫助人們準備好面對真實世界，無論哪個年齡層都一樣。我們不是獨自存在或工作的，必須與他人互助合作。但學校卻把這稱為「作弊」。此外，依我之見，評量（或測試）智力的真正方式，應該是觀察學生是否有能力保持心胸開放，是否能夠評估和欣賞不同觀點與看待事物的不同方法。學校通常會有一個「正確答案」，但在真實世界裡，「正確答案」往往需要依各別條件和狀況而定。

問：你說「我沒辦法」或「我負擔不起」這些話關閉了人們的心靈，這是什麼意思？

塞西莉亞 J. —— 英國

答：我的意思是這些話會讓人無法敞開心胸接納可能性。這樣的思考格局是小的，但我們應該要把格局放大……或者至少要大一點。如果你能改問：「我如何才能負擔得起？」你就會開始動腦筋思考不同的點子、解決辦法和可能性。

問：先去就讀學費比較便宜的大學，再試著轉到比較好的大學，這樣做會比較好嗎？

阿吉姆 B. —— 愛沙尼亞

答：我們每個人都要自己決定什麼才是對自己最好的。無論是大學還是其他類型的學校，任何一種「學校」的價值都在於他們所教出來的學生。

問：到底什麼才是真正的教育？

比利 K. —— 南非

答：真正的教育應該要讓你有能力去做想做的事。真正的教育來自真正的老師，真的做過你想做的事的人。此外，在學習過程中，你也必須主動參與。

問：在「加速再加速」的時代裡，不僅資訊過量，所有事也都變化快速，要如何知道誰值得信賴？

亞力克斯 C. —— 土耳其

答：這真是個非常重要的問題，對吧？跟生命中的許多事物一樣，尋找答案必須從教育著手。你要先學著變得更聰明，如此才更有能力評估什麼是事實，什麼是謊言，然後才能在虛假的事物中判別出真實。

安琪拉S.——紐西蘭

問：怎麼做才能學會金錢的語言？

答：從增加你的金錢、金融和經濟詞彙量開始。文字具有力量。每天都學一個新的生字，不久後你就會發現你能從電視和收音機上聽到這些字，接著就會在報章雜誌或網路上看到這些字。花時間好好了解你聽到跟讀到的是什麼意思，有不懂的地方就找人解釋給你聽而且跟你一起討論。

賈斯丁J.——美國

問：我向來認爲教育有很大一部分是父母的責任，你的看法是什麼？

答：嗯……我把對我影響最深的人生導師稱為「富爸爸」，所以我想答案應該很明顯。父母是我們人生中第一個，往往也是最棒的老師。尤其當這個孩子天生充滿好奇心、樂意探索和體驗，也願意提出問題，願意思考單一「正確答案」以外的可能性時更是如此。最重要的是，父母對於孩子如何看待錯誤有著莫大的影響力。犯錯是學習的方法，我們所犯的每個錯都有一番道理在其中。錯誤是學習的良機，也是人生的學習曲線裡正向的經驗。

第十二章

教育領域的企業家

你看得見未來嗎？

二〇一八年七月，美國總統川普頒布了一項行政命令，宣告要更新和重塑給美國工人的教育和培訓。許多大公司都表態支持川普總統的這項教育計畫。

這是個假新聞的例子。川普總統的行政命令聽起來很棒，像是個好主意，也很明顯是刻意選在這個時間點吸引工人選票。

真實消息：事實上美國政府早就每年投注十億美元補助勞動力的教育和培訓。

真實消息：這個更新教育和培訓的計畫沒有成效。

為什麼更新教育的計畫沒有成效

想要更新勞工教育和培訓是個很崇高的想法，問題在於這些勞工教育計畫雖然存在卻沒有成效。這些計畫之所以無效的原因在於我們的教育方式是無效的。

只要看一下前面的高階老師圖就會發現，我們的教學方式顯然已經過時、無效又無趣。

如我先前提到有關教育的幾大罪狀裡，其中一個就是有許多年輕人在離開校園時都相當厭惡學校。有多少人是因為在畢業時討厭學校，而導致他們需要為錢掙扎？有多少人是因為厭惡學校，而導致他們鋃鐺入獄？有多少人是因為討厭學校，而導致他們被困在自己痛恨的工作裡？

確實，傳統教育對於25％的人而言相當有效，但卻為剩下的75％人帶來混亂，而這就是問題所在。我則是落在邊緣，只差一點就要因為討厭學校而輟學了。

我知道自己並不笨，我的性向測驗分數相當高。我只是討厭傳統的學校、傳統的老師，尤其是傳統教育的呆板過程。

我的一生中有八個使我不至於輟學的重要事件：

1. 成為富爸爸的學徒，並在真正的商業環境裡工作。
2. 富爸爸透過大富翁紙牌遊戲進行教學，讓學習變得更有趣。
3. 在五年級時遇到很棒的艾力．哈洛老師引導我學習，而不是單純背答案。
4. 讀軍事學院而非傳統大學。
5. 定期上研討課程，而不是回到傳統的學校攻讀更高學位。
6. 跟隨聖經上東方三賢者的作法，不斷在教育體系之外尋找良師。
7. 有兩個爸爸，並且學會理解所有硬幣都有三個面向。
8. 理解在現實生活中往往不會只有一個正確答案。

甘迺迪總統與教育

川普總統並不是第一個主張為失業工人提供就職教育和培訓的總統。

布里爾在其著作《尾旋墜落》裡寫到，一九六二年時，前總統甘迺迪提出要降低關稅和進口限制，以便擴張美國的國際貿易量。

由於當時正處於冷戰時期，民主、共和兩黨當時皆支持貿易自由化，只是共和黨較偏保護主義。甘迺迪很清楚，貿易量擴張將使美國工作機會減少，因此在一九六二年時，他又提出要創立貿易調整協助制度（TAA），這是一項提供就業培訓給失業勞工的聯邦計畫。

甘迺迪不希望為了上百萬美國人而讓一小群會因此失業的工人成為國家利益的犧牲品，他說：因國家政策考量而認為降低關稅可行的同時，那些因（國外）競爭而利益受損的人並沒有義務獨自承受衝擊。相反的，經濟調整所帶來的負擔應由聯邦政府部分承擔。

翻譯：降低關稅會讓美國及美國人民獲利，但有些人會因此失去工作。為失業勞工提供就業訓練應是聯邦政府的責任。

甘迺迪的TAA計畫最高可提供失業勞工個人平均週薪的65%，且持續五十二週（六十歲以上的勞工還可延長至六十五週），並且可報名教育或訓練計畫以便「培養不同且更高階的技能」。此外，若因為新工作而需要搬家的家庭，該計畫也提供安置基金。

強烈反彈

甘迺迪的這項計畫遭到共和黨強烈的反彈。其中一位反對最力的參議員是普萊史考特・布希（Prescott Bush），他就是後來的老布希和小布希總統的爸爸和爺爺。雖然反彈聲浪很大，甘迺迪還是成功讓TAA計畫通過了。

人們對TAA的評論不一。有報導稱雖然TAA計畫在通過時即宣稱有十億美元的經費，但在通過後的前六年內卻沒有任何一位工人收到來自政府的補助。TAA對大多數的失業工人而言，就只是失業保險的延伸而已，而非就業教育或培訓。

失業勞工之所以不參加就業教育或培訓計畫的其中一項原因在於TAA的學歷要求，也就是勞工接受教育協助的資格限制。

在 TAA 撥付款項供勞工接受就業訓練以前，該位勞工須至少完成等同高中的學歷，並在全日制的社區大學或職校登記入學。

這項規定相當不符合實際需求，因為多數的失業勞工都需要盡快再次擁有收入，因此不可能負擔得起重回校園然後才接受 TAA 的教育和培訓基金。

EBT vs. 教育

我曾在本書的前面提到，一九九四年時所有的甘蔗園全都退出了夏威夷希洛，導致許多原本很高薪的工人一夕之間失業。許多甘蔗園的工人連高中學歷都沒有，因為他們不需要高中教育也能找到高薪的工作。如今，許多人沒有再去接受就業教育和培訓，而是靠著 EBT 卡過活。

這些工人若接受就業教育，便能夠重回資本主義體系繳納稅金，然而他們沒有，而是走入社會主義，接受社會福利補助。這就是社會主義會在美國逐漸抬頭的原因。

布里爾在《尾旋墜落》一書裡有更進一步的研究：二〇〇一年時，美國政府問責署（GAO）進行了一連串的個案研究，其中一個則是針對維吉尼亞州的馬丁斯維爾郡和亨利郡。該研究發現，在短短不到十年間，兩地共六千個工作機會消失，但只有不到20％符合 TAA 資格的勞工報名了就職教育計畫。而在這20％報名的勞工裡，許多人都沒有完成學業，因為他們無法在收入補助到期之前就完成所有的補救課程和職業訓練課程。

另一項 GAO 的研究則發現，有四分之三符合 TAA 資格的勞工從未使用過該計畫。而另一項 TAA 計畫的研究則顯示，少部分確實完成計畫的人裡，最後找到的工作幾乎都和原先失去的工作完全不同。

這就是我們的教育……愚蠢

我們的教育，以及我們教育的內容、方式和負責教學的人是問題所在。

我要請各位再看一次高階老師圖。

1. 有多少次當你坐在教室裡，卻發現自己雖然人在教室裡，腦袋卻不在？
2. 有多少次你坐在教室裡，卻只是一直盯著時間，而沒有聽老師上課？
3. 有多少次你只是為了考試而死記硬背，而不是真的受到啟發想要學習？

跟富爸爸學習

我很喜歡這個高階老師圖，因為這個圖說明了富爸爸和窮爸爸的差異。我免費幫富爸爸工作，當他的學徒並且學會做實在的事。作為交換，富爸爸會帶著我們玩大富翁紙牌遊戲，並且在我們移動遊戲板上的棋子時，為我們解說一些課程道理。我們固定會去參觀富爸爸真實的綠房子，而這些綠房子最後確實也變成了巨大的紅色飯店。

真正的教育有趣又充滿挑戰，絕不會無聊。

我因為太晚回家而被家裡人責罵的次數已經多到數不清了，而我之所以會晚回家，則是因為我不想停止跟富爸爸學習，我總是還想學更多。

每當我晚到家時，我唯一會聽到的就是：「你的功課寫了沒？你要是沒有好成績的話，就找不到好工作了。」

成為教育領域的企業家

一九八三年，在富勒過世而我讀完《強取豪奪的巨人》之後，我清楚知道自己無法再繼續留在搖滾產業裡經營公司，靠著幫杜蘭．杜蘭、范．海倫、猶太祭司、喬治男孩、泰德納金特和警察樂隊等搖滾樂團製作授權產品來賺取大把鈔票了。

我的內心裡有某個東西在告訴我，是時候成為向教育界發展的企業家了。我不確定該如何做，只知道我無法繼續做自己在做的事了。

同一年，我遇見了金，而她當時也正在尋找人生的目的。一九八四年，我們在沒有想太多的情況下，攜手離開了美麗的夏威夷，前往加州。不久後我們的錢就用光了，但我們繼續堅持下去。在所有錢都用完之後，我們有一個星期的時間無家可歸。那時，我們就將我們的豐田 Celica 停在聖地牙哥的海濱公園裡，晚上就睡在車上，最後在朋友的接濟下，才住進他家的地下室。

這是對我們信念的考驗。

大衛對抗哥利亞

一九八三年，我和金了解到我們正在對抗充滿了強取豪奪的巨人的教育體系和學術菁英，就像是大衛在對抗巨人哥利亞一樣。讓我們能夠堅持下去的，是不斷鼓勵我們要堅持到底的家人朋友，當中還有許多人要提供金錢援助我們，但我們都沒有接受。我們有一個使命，是要看看到底有沒有上帝。因此我們知道，要是我們接受了這些錢，我們的信念就會被稀釋。

相反的，我們靠著富勒等人的智慧存活了下來，因為富勒也曾花上好幾年的時間經歷了對於信念的考驗，他從不為錢工作，只從事他認為上帝希望他做的事，並且時時自問：「我能做什麼？我只是一個小人物？」

我和金花了十年才達到財富自由。一九九四年，我和金達到財富自由並且退休了。那一年，金三十七歲，而我四十七歲。

一九九六年，我和金開發出了富爸爸現金流遊戲。一九九七年，我自費出版了《富爸爸，窮爸爸》，因為我們接觸過的每一位編輯都跟我說我不知道自己在說什麼。二〇〇〇年，歐普拉打給我，而剩下的故事你們都知道了。二〇〇二年，我在一場活動的後臺認識了川普，我們兩人一起為這場活動分別在美國和澳洲對著數千名熱情的粉絲演講。而在那之後，我們一起合作寫了兩本書，在真正的財務教育領域裡成為夥伴。

二〇〇八年，我在CNN上接受布利哲主播（Wolf Blitzer）的採訪，預測了雷曼兄弟的垮台與破產。六個月後，雷曼兄弟聲請破產，就此揭開了經濟大衰退的序幕。有錢人、中產階級和窮人的差距不斷擴大，恰與我和川普所預測及書中所寫相符。

再次引用富勒的著作《關鍵道路》的開頭語：

全球權力結構的黎明

「人類正在深深陷入一個前所未見的危機當中。」

翻譯：富勒在一九八二年就預警了資訊時代的來臨。掠奪的巨人將在資訊時代失去權力，危機將演變得更為棘手，因為巨人們會奮力作戰以維持權力。絕望無助的人會孤注一擲。

富勒也說資訊時代亦將迎來正直的時代，掠奪的巨人將被曝露在陽光下，危機會加速發展，因為巨人將盡一切所能維持自身權力。隨著央行不斷受到比特幣等人民的貨幣挑戰的同時，你可以感受到巨人正在拚命握住權力。

巨人握住權力的另一種方式是腐敗的教育體系，一個失去靈魂沒有真正教育的體系。

而這就是我和金要成為教育領域的企業家的原因。

富爸爸現金流遊戲就是為了繞過教育體系，將真正的教育重新還給世人，讓人們教導彼此。

人們教導彼此

我和金設計了現金流遊戲不是為了要給出讓人們背下來的答案，而是要讓玩家看到人生變富有的可能性，並進而啟發他們學習更多事物。每一次玩這款遊戲時，玩家都能在精神上有所收穫，看見自己和家人更光明的未來。

先前曾提過我對家長們的警語，此處值得再說一次：在現今這個科技和金錢都隱形的世界裡，教師、家長和學生無法得知真正的教育裡缺少了什麼。在資訊時代裡，人們從政府手中奪回教育的主控權已是刻不容緩。

柯林頓與中國

一九六二年，甘迺迪總統因為擔心全球化而制定了 TAA 制度。

一九七二年，尼克森總統對中國敞開了大門。

一九九九年，柯林頓總統努力推動讓中國加入世界貿易組織（WTO）。柯林頓向人民承諾，對中國開放貿易將能增加美國的就業機會並減少貿易赤字。他還說：「這是筆對美國百利而無一害的交易。」

二〇〇一年，中國加入 WTO。

大家都知道，柯林頓不太喜歡事實，這筆交易最後確實成了百利而無一害的交易：對中國有利。布里爾在《尾旋墜落》裡下了這樣的註解：

從二〇〇〇年到二〇〇九年，美國對中國的貿易赤字增加了近三倍，從八百三十億美元快速膨脹至兩千兩百七十億美元。……同一時期，美國損失了五百六十萬個製造業工作機會，其中包括六十二萬七千個在電腦、電子方面的工作機會。……到了二〇一六年，美國對中國的貿易赤字是三千四百七十億美元。

貿易赤字的副作用

嚴重傾斜的貿易赤字不只傷害失業工人而已，也傷害小家庭的存款、持有房子的人和投資人。貿易赤字也成了二〇〇八年金融危機的幫兇之一。

布里爾寫道：

中國積累了如此巨量的現金後需要有安全的標的投資，因而使得對美國國債的需求極速提升。此一現象使得美國國內的利率降至史上最低，市場上充滿現金，連要為風險極高的房貸融資也變得相當容易，進而催生了房貸抵押證券和相關的衍生性金融商品。

二〇〇八年，股票市場及房地產市場幾近崩潰，利率因而進一步重跌。

二〇一八年，危機不但沒有過去，還變得更嚴重。

如同富勒在一九八一年所寫：「人類正在深深陷入一個前所未見的危機當中。」

好消息是，許多企業家們紛紛投入救援。

教育領域的企業家

其中一個相當著名的企業是可汗學院，這間公司讓全世界數百萬的學子都能接受學術教育。學生們不用借學貸就能上可汗學院的課程。

布里爾在《尾旋墜落》裡特別提及了C4Q，也就是皇后區聯盟（Coalition for Queens），這是個由許居逵創立的教育組織。

許居逵是一位台灣出生的移民，畢業於哈佛，曾是陸軍上尉，參與過伊拉克戰爭。許居逵向布里爾說：「我遇到的許多士兵不僅聰明又勤奮努力，但卻連大學都沒有畢業。」C4Q就是要教導非科技背景的人成為科技人材，學會如何寫電腦程式。

雖然也有很多學校和課程在教同樣的內容，但C4Q的教學方式卻相當不同。這些差異包括：

1. 創辦人許居逵本身不是程式設計人員，沒有電腦科技背景或經驗。
2. 他請來了業界裡的真正的老師，而不是學院裡的假老師。
3. C4Q以軍校的方式運作，學習過程裡需要大量的團隊合作，師生相互合作而非相互競爭。
4. 二〇一三年，他第一門課的二十一位學生年薪約為18,000美元。大部分學生都在服務業工作，受的教育不高。52%的畢業生是女性，60%是非裔美國人，55%沒有大學學歷。
5. 於二〇一六年九月入學，二〇一七年六月畢業的八十八名新生，畢業後的平均年薪為85,000美元。他們工作的公司包括了Uber、Blue Apron、Pinterest、Google、BuzzFeed和摩根大通等。
6. 畢業生同意在畢業後的兩年內，將12%的薪水支付給該機構。
7. 這跟學貸不同，不會讓沒畢業或找到還不錯的工作的學生一輩子陷在可怕的債務裡。
8. 這12%能吸引慈善捐款人成為投資人，分享由成功學生所帶來的報酬，讓該機構不會只淪為另一個「熱門慈善機構」。在非營利的C4Q機構裡加入一些資本主義式的獲利成份，能為其帶來一項社會主義缺乏的財務要件：財務永續。

布里爾也特別提到了Year Up。這間公司成立於二〇〇〇年，也是一間私人非營利組織，提供種類更多元的工作教育和培訓。以下摘錄自《尾旋墜落》：

> Year Up目前在全美共有二十個據點，為超過一萬八千名學生提供與科技相關的工作訓練，包括硬體維修、服務台操作和溝通技能等，這些都是雇主在僱用剛就業的中等技能員工時期望員工擁有的能力。
>
> 每位學生都要簽署一份合約，表明願意遵守嚴格的行為和參與標準。學生在入學時會收到兩百點，一旦違反規則便會從中扣點，違反規則的行為包括遲到、不尊重他人或沒有準時完成作業等。一般而言，約有25％的人會失去全部的兩百點並從課程中退學。

跟軍事學校非常像，在Year Up光有頭腦和成績是不夠的。

和在美國商船學院非常相似的是，學生可能會因為未遵守行為守則，或者（以及）沒有表現出一個軍人或紳士該有的樣子而被記過，甚至被退學，即使成績很好的學生也一樣。

雖然Year Up的畢業生不像C4Q畢業的程式設計師一樣都能找到高薪工作，但Year Up確實幫助學生脫貧成為中產階級。

成功的小潛力

還有另一位像布里爾一樣的菁英也不再沉默了。這次是一位名叫艾科爾（Shawn Achor）的哈佛校友，他也在教育領域裡創業。在他二〇一八年出版的《共好與同贏》裡，這位演講家如此寫道：

> 三年前，我在研究成功與人類潛能之間的隱密關聯時，我的人生有了重大的進展：我當爸爸了。

當我兒子李歐來到人世，他可以說是完全無助的，他甚至無法自己翻身。但是他漸漸成長，開始變得更有能力。隨著他學會每項新的技能，我發現自己正如任何一個優秀的正向心理研究員一樣，會說這樣的話來讚美他：「李歐，都是你自己做到的哦！我真是以你為榮。」之後，李歐會用他細柔但驕傲的聲音重複我的話說：「都是我自己做到的。」

那時我才明白：我們從童年起到後來成年進入職場，一直受制於過度看重個人獨力完成的事。身為人父，我的讚美和引導若只停留在那裡，我兒子可能會把獨力獲得的成就當做個人才能的最終考驗。但在現實生活中並非如此；還有另外一個截然不同的層面。

那樣的循環是從小開始的。在學校，我們的孩子得到的訓練是要自己用功讀書，所以他們在考試時可以贏過同學。如果他們找別的學生幫忙做作業，他們就會被斥責是作弊。他們每天晚上要做好幾個小時的作業，被迫只能把做其他事情的時間拿來換成孤獨的自習。

破壞……然後獲勝

我的妻子金還記得自己在加州大學聖塔芭芭拉分校就讀時的情況，她說：「有些學生會故意破壞其他學生的專題，只為了取得更好的成績。」又說：「還有一些學生會去圖書館，把好幾本書裡其他學生需要讀的那幾頁給剪下來。」

金最後選擇在畢業之前離開了聖塔芭芭拉分校，轉而從夏威夷大學畢業，但也只是為了取得大學學歷好遠離學校而已。

我離開了，而且從來不想再重回校園取得更高學歷。

憂鬱症激增

艾科爾的《共好與同贏》是我們這個時代的鉅著。書中的幾大重點包括：

> 贏得遊戲有個簡單的規則：比所有人更好、更聰明、更有創意，那麼你就會成功。但這個規則並不正確。
>
> 成功不只在於你多有創意、多聰明或多有衝勁，而是在於你與人建立關係，為你的人際生態系統做出貢獻，並從中受益的能力。成功不只是你在大學或公司評比有多高，而是你是否能很好地融入學習與工作環境。成功不只是你贏得多少分，而是你補足團隊技能的能力有多好。
>
> 緊抓著舊有的成功規則不放，我們便放著更大的潛能不用。我在哈佛大學十二年裡親眼見證了這個事實：學生因極度競爭而崩潰，擱淺在自我懷疑和壓力的岸邊。……高達百分之八十的哈佛學生表示，他們在大學生活中曾經罹患憂鬱症。

艾科爾離開哈佛並在教育領域創業後，開始到全世界的學校和商業界分享他所發現的「合作的力量」：

> 因為我到全球各地進行這項研究，所以我知道這不是長春藤名校學生獨有的問題。在一九七八年，憂鬱症確診病患的平均年齡是二十九歲。到了二〇〇九年，平均年齡是十四歲半。

憂鬱症與暴力

學生在校園裡槍擊殺害學生的案子日漸增多，是否與憂鬱症、孤單和孤立有關？

為什麼美國國會議員斯卡利斯（Steve Scalise）會單純因為是共和黨員，就在練習棒球時遭到槍擊？為什麼另一位國會議員吉佛茲（Gabby Giffords）會單純因為是民主黨員，就在與選區選民打招呼時遭到槍擊？

為什麼大城市的槍擊暴力事件不斷攀升？

為什麼人們對於彼此越來越無禮，也越來越不懂得尊重他人？

為什麼霸凌成了校園中的嚴重問題，還每況愈下？恐怖主義與暴力是否肇始於學校？

良性循環

艾科爾提供了解決之道，他稱其為「良性循環」，並給了如下的定義：

在正向的回饋迴路下，你幫助別人變得更好可以為你帶來更多資源、能量和經驗，從而使你變得更好，進而再度激發這個循環。所以，幫助別人變得更好能讓你的成功升級。也就是說：

「小潛力」是你個人獨力獲致的有限成就。

「大潛能」是唯有在良性循環中與人合作才能獲致的成就。

學校藉由要學生競爭而非合作來推動小潛力。

艾科爾教導大家如何忘記學校所教，在學會與他人合作以及幫助他人變得更成功之後，也進一步擴展自己更大的潛能。

富爸爸的良性循環

富爸爸也會固定在每個月的某個週六進行他的良性循環。這就是他和他的朋友們能夠越來越富有、聰明，並且向彼此學習的方式。他們都是真正的老師，一起工作、協助彼此解決真正的問題，且無須重回校園。

在《富爸爸》系列的新書中，最受歡迎的一本是《比金錢更寶貴的資產》（More Important Than Money）。這本書的部分章節由富爸爸的顧問和真正的老師們撰寫，這些人都是在真實生活中做實事的人。這本書的主題是關於我們如何協助彼此變得更聰明、更富有以及更成功，且無須重回校園。在學校裡，合作與協助其他學生只會被視為作弊。

一張圖勝過千言萬語

這兩張圖片說明了民航機飛行學校和軍事飛行學校之間的差異。
頻繁的團隊合作需要強力的精神教育。

要成為軍機的駕駛員有什麼條件？強力的精神課程需要學員為了任務專心致志，對於自我和所有隊員有保有最高的尊重，同時還要遵守嚴格的心智、情緒、體力及精神上的紀律，才能接受訓練並出類拔萃。

每位飛行學生從踏入飛行學校的第一天起，就會被灌輸此種強烈的團隊合作精神。這樣強烈的團隊合作精神被帶入每一次的任務裡，也存在每位飛行員的心中，即使不是每位飛行員都能成為世界最頂尖的海軍藍天使特技飛行隊的一員，也不損其精神。

而這樣強烈的團隊精神正是教育領域的創業家們能夠為社會帶來影響的主因，反觀 TAA 這樣傳統的教育計畫，雖然花了數十億元卻不見成效。

民航機飛行學校

目標＝獨自飛行：小潛力

軍事飛行學校

目標＝小組飛行：大潛能

他們稱此為作弊

下一章，各位將會學到最棒的老師是誰。

你發問……我回答

問：你一直說「菁英」，但實際上到底是哪些人？

艾力克斯 P. —— 德國

答：大致上來說，菁英是指高收入且有大學學歷的人。大部分的菁英都不富有，當中有許多人是經理、專員或專業人士，也就是收入高於藍領階級的人。菁英和自以為是的人不同，這世界有太多自以為是的人，當中有太多既非菁英也不富有。

問：這些「菁英」在哪裡，人數有多少？

彼巴 M. —— 羅馬尼亞

答：菁英通常會聚集在相鄰的地區、類似的機構和酒吧裡。但有錢人、窮人和藍領階級也一樣。人們因為有相近的價值觀和興趣而聚集，且通常會因為有相近的教育和經濟狀況而成為一個群體。

問：所有的「菁英」都不好嗎？

保羅 G. —— 愛爾蘭

答：不是，當然不是。「菁英」不代表不好。大部分的菁英都有所成就也為社會貢獻不小。我所說的菁英比較像是一種社會、經濟和教育的分類，與工人階級相對。

少數族群透過高等教育晉升「菁英」，許多少數族裔的家庭，包括我自己的家庭，都因為這個理由而非常重視高等教育。四代之前，我的祖先來到夏威夷做工。上大學是他們脫離種植甘蔗，脫離勞工階級進入受過教育的菁英階級的門票。

如各位所知，我不想像窮爸爸一樣當個受過高等教育的公部門菁英。我想要變富有，所以我選擇像富爸爸一樣成為企業家。

詹姆士V. —— 南非

問：有時要判斷眞假並不容易，我們怎麼知道你到底是假的還是眞的？

答：你沒辦法知道，只有幫我服務的銀行員和會計師能知道我究竟是真是假。在現今這個虛假的社群媒體時代，我可以是任何東西。我曾多次被不同人說成是「假貨」，但我的數字，也就是我的財報，早已讓我不證自明了。

彼德C. —— 美國

問：有人說黃金早已過時，你的回應是什麼？

答：我會說：「二十年後再問一次相同的問題，屆時你就會有真正屬於自己的答案了。」直到那時為止，我都會說：「我信賴黃金。」

伊蓮K. —— 英國

問：你是否認爲網路、iPhone 和其他科技的到來，最終將會讓隱身的菁英和他們的所做所爲曝光，顯現在我們眼前？

答：根據《糟透了》（Zucked，暫譯）的作者麥克納米所說，人工智慧只會讓假新聞和不實訊息變得更有影響力且更真實，並為值得信任者的人生帶來更大的破壞。

簡單來說，人工智慧將會讓我們的生活變得更好，卻也更壞。

資訊時代才剛揭開序幕而已，真正的結果還未到來。

第十三章 上帝的學生

慎選你的老師

「救命！救命！救命！」「洋基探戈96！」「引擎失效！」「我們要掉進海裡了！」

當我們的武裝直升機引擎失效時，我們已在距離航空母艦約一英里處的一千五百英尺高空上，以橢圓形的軌道盤旋了好一陣子。我們一直在盤旋，等著大型的部隊運輸直升機起飛。我們所駕駛的這架單引擎小飛機非常重……非常、非常重，因為機上有五名組員、六挺機關槍、好幾罐的彈藥以及兩架載有十八發火箭的火箭發射器。

當有人問我「武裝直升機的引擎失靈要怎麼飛？」時，我的回答都是「像石頭一樣飛」。

由於多年來，我們每一天的飛行練習都會針對包括飛機失事在內的各種緊急狀況處理程序進行訓練，因此在引擎失靈的那一剎那，我立刻反射性的將機鼻朝下對著海面，但其實我身體裡的每一處都在大叫：帶頭！帶頭！帶頭！加油門！加油門！加油門！要是我真的將變距操縱桿（操縱桿）向後帶、加油門，並拉高總距操縱桿（油）的話，我們全都活不了。

直升機不像其他飛機一樣會滑翔，當直升機的引擎失效時，完全沒有滑翔的時間，因此沒有時間「思考」該怎麼做。此外，直升機上也沒有給組員的降落傘。一旦引擎失效，我們就是往下掉。因此我們每次飛行時，都會把動力關掉模擬引擎失效的情形。我可以向各位保證，練習引擎失效的情形真的非常嚇人，即使我們可以再把引擎打開也一樣。

每次練習引擎失效的狀況時，我們會關掉動力並推頭，接著就與死亡正面對決。直升機的駕駛總會一再重複一句口號：「把機頭往上帶（以避免死亡）的飛行員……會死；但推頭（面對死亡）的飛行員……會活下來。」

和高階老師圖所描繪的一樣，我們年復一年、一次又一次的「模擬」引擎失效的情形。就在這一天，我們畢業了，有了實際操作的經驗。

引擎失效的那一剎那，機上所有人，包括兩位射擊士和一位機工長也開始照著他們的訓練行事，投棄機槍和火箭，並將彈藥罐丟出機門外。我們全都經過許多預演訓練，現在則是實際運用。

我們沒有時間恐慌，由天空往下墜的過程進入了一種慢動作式的沉默，我們所有人忽然都平靜了下來，直升機外的所有吵雜和混亂都從我們的意識之中慢慢消退。

意識脫離

突然之間，就在我坐在機艙裡駕駛著一架引擎失效的直升機時，我突然進到了生命的另一種次元。我後來才知道這種現象叫做「意識脫離」，或者某些靈修的人會說是「成為旁觀者」。在緩慢得如同「永遠」的時間，在我們稱為「時間」的現實裡出現了一個缺口。這個缺口裡似乎沒有過去也沒有未來，只有現在這個「當下」。我正在從生命的另一個次元「旁觀」我自己和機上的組員，我可以「看」到我的頭盔背面、副駕駛員的頭盔背面，以及駕駛人員後方的其他組員，正有條不紊的照著緊急處理程序清單上的應做事項在行動著。我也可以看到航空母艦和遠方其他分遣隊的船隻，以及底下廣闊的大海。在那如同「永遠」一般的時間裡，我彷彿超脫在時間之外，我脫離了「時間」。但我不覺得害怕，反而在直升機靜靜朝著海面，又或者是朝著我們的死期，不斷旋轉下墜的同時，為自己和組員感到平靜、憐憫和慈愛。

總而言之，就是非常不真實，不像是存在於這個世界上的經驗。後來大家都說，我們失事的最後階段簡直可以被放上教科書了。既沒有慌張也沒有恐懼，只有專注在當下，超脫時間的平靜。就在我們的直升機即將撞擊到水面之前，我終於將機頭往上帶，讓機身能夠剛好在水面之上安靜的「滑翔」。隨著空速逐漸下降，機鼻朝著天空向上拉起，槳葉也吃到了空氣，失速之後的寂靜被大聲的渥、渥、渥……的聲音打破，接著我開始向前晃動機頭，向上抬升，於是就在機身要撞上水面之前，我終於拉了總距操縱桿（引導飛機向上或向下的油門操縱桿），槳葉留存的離心力開始運作，讓機身得以最後一次懸空飛行，因而武裝直升機能夠輕輕沉入海裡。

就在機身接觸到海面的那一剎那，直升機向右傾倒，槳葉因而與海面撞擊，引擎和傳動裝置被衝擊得支離破碎，還刺穿了駕駛艙，同時機身則開始慢慢沉入海裡，幾乎和我們從空中朝海面下墜的速度一樣快。

我們五人全數在四小時後由一艘海軍派遣的馬達艇救起。在鯊魚肆虐的海域裡游泳的四個小時，其實比從空中墜落的那兩分鐘還要更嚇人。在失事過後的任務詢問和調查期間，我沒有向組員或是調查人員提及我「意識脫離」的經驗。這個經驗超出了當時的我所能理解的現實，因此無法合理談論這項我從未有過的經驗。

因為不知道如何說明，因此我選擇不說。

我尋找老師的旅程

先前曾提到，我在一九七三年一月從越南回到夏威夷駐守，度過我當兵的最後一年。我在天空飛的日子即將畫上句點，於是我和東方三賢者一樣，開始尋找新的老師。

為了讓窮爸爸開心，我報名了傳統的教育，我在夏威夷大學註冊了MBA的課程，但我並不真的在乎這個MBA課程或教授們教的內容，於是在六個月後休學了。

另外我在富爸爸的建議之下，報名了一個三天的房地產投資課程。那時我想要學會如何使用債務，或是如何不投入自己的錢來賺錢。我很喜歡那門課和那位老師。

我在課程結束後的九十天內分析完了一百間房地產標的，之後在完全沒有花到自己錢的情況下，買了人生中第一個可帶來收益的財產，完全以借款買下，每月收益二十五美元，還不用繳稅，這不僅是個報酬無限大的投資，還是個改變一生的經驗。

> **頓悟：**在佛教指的是突然有所領悟的瞬間。雖然只是二十五美元，但憑空創造出二十五美元仍是個讓我頓悟的經驗。雖然只有二十五美元，但仍是個報酬無限大的投資。我沒有用到自己的錢就賺了錢，純然靠著財務教育就讓我有了每月二十五元的收入。在頓悟的瞬間，我了解到自己可以不用像其他人一樣，窮盡一生為了賺錢而工作，追著薪水跑並緊抓著工作保障，省吃儉用、存錢投資股票，祈禱能有個安穩的退休生活。

我撥了一通話給那位真正的房地產指導人向他道謝。從此以後，我幾乎每年都會上一到兩個投資課程，尋求更高階的財務啟蒙，而非工作保障。

此外，同樣在富爸爸的建議之下，我開始到提供銷售訓練的公司面試。富爸爸說：「一個企業家最重要的技能，就是將商品賣出去的能力。」還說：「有銷售就有收入。大部分的人之所以總在錢方面掙扎，就是因為他們不懂得如何賣東西。」

其中一間在廣告上說明自己提供專業銷售訓練的公司是紐約人壽，於是我撥了電話過去希望能面試。我穿著海軍陸戰隊的制服出現在檀香山市區，這麼做其實就各個層面而言風險都相當高。

負責面試的經理人非常好，大力讚揚紐約人壽的訓練課程非常棒，還說我能賺到大筆的錢。就在面試即將進入尾聲時，他問了一些我從不曾被問過的問題。他似乎更期望找到我在精神層面的志向，而沒那麼在乎我在金錢和專業方面的夢想。在發現我根本聽不懂他在說什麼之後，他伸手到桌子的抽屜裡並給了我一張某個課程的「免費」貴賓券。

正好課程的那天晚上我有空，於是我準時出現在威基基希爾頓飯店的珊瑚宴會廳裡，當然，這次不是穿陸戰隊的制服，但因為髮型的關係仍能一眼看出我正在服役。一踏進飯店，我很驚喜的發現有一整排看起來很開心且笑臉盈盈的人在迎接我，一路直到宴會廳前。沒有人吐我口水或瞪著我。就連女性也對我十分友善，這真的很令我驚訝，因為當時的女性通常會避開穿軍服的男性。我馬上開始懷疑，他們會不會是騙子、奇怪的嬉皮或邪教團體的成員。

會場裡約有三百名賓客，沒有提供酒精類飲料，但我實在很需要喝一杯。我坐在離講台最遠最靠近後門的座位。最後，所有開心微笑著的人突然在一位名叫瑪夏．瑪汀（Marcia Martin）的美麗女子出場時開始拍起手來。

這位女子穿著一身白色的禮服，站上舞台歡迎我們大家，接著介紹講者出場。講者名叫溫納．艾哈德（Werner Erhard），和剛剛那位女子一樣相貌出眾、身材修長而結實，同樣穿著白色的衣服，且口才比她更好。過程中沒有任何安排好的喝采或是刻意激勵人心的虛假話語。但雖然他講得既清晰又充滿說服力，我還是完全不懂他們在說什麼。

沒過多久我就準備要走了。我發現這有點類似「酷愛」飲料的邪教組織，但因為某些原因，我決定要留下來至少到第一次中場休息為止。即使在中場休息時，我還是完全不懂他們在說什麼。他們一直在說要「理解」，但我完全不知道應該要理解什麼。

休息時，全場緊迫盯人的戲碼開始上演。那些高興微笑著的人們開始全場走動，大力向賓客推銷。我看到了那位紐約人壽的經理，並避開了他。其他笑著的男子輕易就能推開，但我卻無法向面容皎好而開心的女子說不。

一位飛行員同事的女朋友也在場。她名叫琳達，也是微笑的美麗女子之一，因此我比較放心問她直接一點的問題。我的第一個問題是：「你們幫這個艾哈德賣東西能賺多少錢？」她回答：「我們是免費這麼做的。」

我的下個問題是：「你為什麼要做這個？」但她無法回答這個問題，至少無法給出一個以我的腦袋邏輯而言滿意的答案，於是我就走了。我準備要離開了。

正當我轉身離開這個說明會時，飛行員同事的女朋友又追了上來問我：「那你要報名我們的EST課程嗎？」

我說：「絕不會，無論這是什麼東西我都不需要。」

她又問了一次，於是我又說了一次：「我不需要這種東西。」

她終於受夠，忍不住說：「這房間裡的所有人當中，最需要這個訓練課程的就是你。你知道我很愛你的同事吉姆，他想要娶我，但我沒辦法嫁給他。他甚至連像你今晚這樣出席說明會，聽聽不同的、更新穎的教育方式都不肯。他跟你一樣都需要這個兩星期的課程。你們這些陸戰隊的全都被狗屁不通的男子氣概控制了你們的生活，你們全都在演而已，全都是好人，但都在裝，像機械或是機器人一樣。我只是希望你們至少有個人能夠有勇氣看一看，在你們超級棒的男子氣概和海軍陸戰隊員那些裝腔作勢的行為以外的事，並找到真實的自己。」

一方面，她其實惹毛我了；但另一方面，我終於有點了解那位紐約人壽的人、艾哈德和同事女友到底在說什麼，我終於開始「理解」了。

我也退讓了，於是繳了三十五美元的訂金報名接下來兩個週末的EST課程，也就是艾哈德訓練課程（Erhard Seminar Training），接著就離開會場了。

約莫一個月後，我走進了另一間威基基海灘上的飯店宴會廳，準備要上為期兩個週末的EST訓練課程。EST有很不錯的老師，我原以為海軍陸戰隊已經夠嚴苛了，但他們還更嚴苛，或至少是一樣嚴苛。其中一位講師蘭登卡特是哈佛的畢業生，一開頭就說：「你們的生活沒有意義。」

我不得不承認。從外人眼光看來，我的生活還不錯，但在內心深處，我知道自己的生活一團糟。在超過十一個鐘頭的時間裡，沒有人能去上廁所或休息。我們三百個學生就這樣坐在那，接受一個又一個課程，重新檢視我們沒有意義的生活。

在兩個週末的課程到了尾聲時，我有了很大的突破。我突然進入了不同的次元，同時也更加理解我在直升機失事、意識脫離、成為旁觀者的那天，同時也是我用無線電大喊「救命！救命！救命！」的那天，究竟進入了什麼狀態。

我們的腦袋就是問題所在

我之所以無法談論求救那天的事是因為我的腦袋。我的腦袋就是問題所在。

我無法理解紐約人壽招募人員說的話，也是因為我的腦袋。我的腦袋就是我的問題所在。我的腦袋阻擋我接收訊息。

我無法理解瑪汀或艾哈德所說的內容是因為我的腦袋阻礙了理解。吉姆和我無法理解琳達的原因，是因為吉姆和我的腦袋阻礙了理解。

唯有當她污辱到我的自尊、說我們兩人都是愛假裝有男子氣概的人時，我腦袋裡的武裝才有了短暫的裂縫，能夠聽見她急切想說給我們聽的事。

EST的教練們花了整整兩個週末，既漫長又痛苦的兩個週末才讓我的腦袋不再是阻礙，在我裝腔作勢的男子氣概上打開了裂縫，讓陽光得以進入。

在上完課之後的那個星期一，我回到中隊時，其他的飛行員都以為我加入了邪教組織、喝了酷愛飲料、成了抽大麻的嬉皮，或是出櫃了等，但其實全都不是。我只是更快樂而且更能坦然面對真實的自己，我已經超脫了陸戰隊飛行員的男子氣概偽裝了。我甚至更能為自己的偽裝感到開心，差別在於，我知道那只是偽裝而非真實的我。

課程迷

有了EST課程的經驗後，我成了所謂的課程迷。只要有任何新的「新時代」課程，我必定會到場，越新奇、越怪誕、越瘋狂的越好。

我單純想要擺脫那限制了自己的腦袋和自尊，並測試自己的真實性。影星莎莉・麥克琳到鎮上來演講，談自己的過往時，我也報名了。我保持著開放的心，盡力擴展自己對生命的理解認知。

其他的陸戰隊飛行員朋友知道我做了很多冒險的事，我從MBA課程休學，還用百分之百的債務，沒用任何一點自己的錢就買了房地產來賺取無限報酬。我也不像以前那麼大男人，而最重要的是，我更喜歡現在的自己，也開始跟一位我在課程裡認識的美麗而快樂的女子交往。每當有其他陸戰隊員說我是「新時代的嬉皮」或其他汙辱或攻擊性的言詞時，我只會微微一笑，並將我美麗快樂的女友介紹給他們認識，再問問他們在軍官俱樂部裡搭訕其他女生的成功率有多少。

我們的腦袋是我們的敵人

好幾世紀以來，人類一直以智力為本的教育為傲，直到現在也是如此，這也是這麼多人會崇拜教育這座神壇，以及為什麼這麼多家長會跟孩子說「你一定要去上學」的原因。又或者，身為成人的我們常會說「我要重回校園」，希望能藉此找到協助我們脫離生活中各種挑戰的財務救星。

人類理解正是我們頭腦的發展才使我們與動物有別。確實，人類的腦袋成就了許多神奇的事物，像是能到月球的火箭、能拯救性命的藥物、美好的藝術和高水準的生活等等。

畫面分割的腦袋

問題在於，人類的腦袋有雙重面向，常為個人自尊所驅使。我們的腦袋就像是畫面分割的電視，以對錯、好壞、上下、裡外以及美醜的二元稜鏡來觀看這個世界。這也是為什麼人類既有光明面也有陰暗面。

許多美好而神奇的人類經驗都衍生自我們畫面分割的腦袋，戰爭、爭執、吵架、離婚、犯罪、不悅、成癮、憂鬱、謀殺和自殺等，也都是來自同一個二元的腦袋。

我們的教育體系教導著所有畫面分割的心靈。這世上若不是同時有聰明人和笨蛋的話，學校便無法存在。

若沒有聖人與罪人的話，宗教便無法存在。為什麼有些宗教要鼓吹對其他宗教的聖戰或討伐？所有的運動賽事都是為了畫面分割的心靈而比的，所以才有贏家和輸家。若沒有贏家或輸家的話，價值幾百億美元的運動產業將不復存在。

若沒有敵人，無論是真的還是想像的敵人的話，價值好幾億美元的全球軍事工業複合體也將不復存在。

為什麼有這麼多學生會走進教室用槍殺害自己的同學？

為什麼當年輕人憂鬱症比例越來越高的同時，我們還一直廣告要讓外表看起來更美？

為什麼社群媒體這麼反社會？

沒有了共和黨員和民主黨員，或說沒有了自由派和保守派的分野，我們的政府就能好好運作了。

問題是我們要如何在自我毀滅之前將腦袋裡分割的畫面關掉，不再讓自尊驅使我們的心靈？

演化或滅絕

科技不斷進化，只要看看從世紀之交以來發生的事便可了解。幾年前 **iPhone** 還不存在，現在則已無處不在。

我們的智識已經在發展太空旅行和無人車或無人卡車了，美國耗費了數十億美元在製造武器，但駭客只要一台筆記型電腦，其所造成的內部系統損害就遠超過所有的軍事武器。

我還小的時候，家家戶戶都不會鎖門；如今，就連門上的鎖也阻擋不了罪犯、小偷或變態闖入家中。這些罪犯從全世界悄悄潛入。

我們現在有許多億萬富翁是一九八〇年代出身的千禧世代，但與此同時，包括美國在內的許多地方，青貧的比例卻節節攀升。

人類的腦袋是有缺陷的。

演化

問題在於，科技不斷演化但人類卻沒跟上腳步。近五百到一千年來，人類的改變並不多。縱觀歷史，人類一直使用最新的科技打擊其他族群。現在在社群媒體上也有許多反社會的霸凌行為。這些問題就是因為人類腦袋的畫面分割；二元性；由自尊驅使的對錯、上下、好壞二分總是沒有關上。我們都曾見過一邊走路一邊自言自語的人，但事實上，我們和那些人並無不同。我們總是在自說自話，對一切下評論、批評、貼標籤和好管閒事。有多少次當你在和別人說話時，對方是人在心不在？他們的心正在跟自己說話。而你又有多少次就是那個心不在焉的人？

人類要進化的話，下一階段的教育就需要將我們的腦袋關掉，不要再自說自話，要與上帝同調。再次強調，我說的並非宗教上的上帝，我支持宗教自由。我們都知道宗教有很多需要回答的問題，而且也有許多宗教狂熱份子在對錯的花園裡茁壯發展。

如果人類不學會如何關掉心中那台畫面分割、對錯二元的電視，我們將會被自己的理智創造出來的科技所毀滅。如果我們不學會如何關掉我們的腦袋，人類就完蛋了。

我們都是天使

其中一個我上過的新時代課程裡，主持人說了以下這個故事：

不久之前，我們全都是快樂的小天使，在天堂飄來飄去。

有一天，上帝（掌管一切的總管）宣布：「我需要幾個志願者到凡間，在地球上創造天堂。」

所有小天使立刻舉起手來，說：「選我，我要去，我想要拯救世界。」

選定了幾個招募來的人後，他們開始為出生的過程準備，也被指派了父母和國家之後，大家就祝他們「好運」。

在和上帝及其他天使說再見之前，其中一位即將變成人類的天使問：「這有什麼好難的呢？難道不是每個地球上的人類都跟我們一樣，希望有個在地球上的天堂嗎？」

上帝微笑著說：「沒錯，他們想要。要記得，他們也都是天使。」

「那為什麼我們的工作會很困難？為什麼在地球上打造一個天堂會很困難？」

「因為我給了每一個人類腦袋。」

「有腦袋有什麼不對嗎？」

「有了腦袋之後，腦袋就會掌控一切，讓你忘記天堂。你的父母會做的第一件事就是教育你，把你的腦袋塑造得和他們的想法一樣，讓你上教堂去學什麼是對的上帝和錯的上帝，接著又要你去上學，告訴你的腦袋說，這世界上有聰明的人也有愚笨的人。」

「所以，我們到地球之後的工作就是要記得超越自己的腦袋，記得我們都是天使，然後努力在地球上打造天堂？」

上帝說了「沒錯」後，微微一笑。「人類最常用的字就是『我』。『我』來自個人自尊和腦袋，『我』是一個虛象。『我』使人起了分別之心而不團結。從孩子學會『我』這個字的那一刻起，與天堂的所有連結就斷了。」

這些天使們全都聽著上帝對於「我」這個字的警告，最後，一位天使又問：「如果我們忘記了大家全都是天使，也無法成功在地球上打造天堂的話會怎麼樣？」

「你將會不斷的死亡再出生，一直輪迴，直到你終於記起自己其實是個小天使為止。」

所有的小天使們看了看彼此後又看向上帝。

上帝於是說：「現在將會是我最後一次直接與你們對話。再過不久，天堂會從你們的腦海中消除，而你們會得到自己的腦袋。」

一位小天使問：「但這樣我們要如何跟你你說話？」

「你們到達地球後，人們會教你們祈禱。祈禱的時候，是你們在說話，我不會。」

「那你如何跟我們說話？」

上帝笑著說：「你們將再也聽不到我的聲音。我以寧靜和你們溝通。」

「是沉默的意思嗎？」

上帝說：「不是。寧靜是超越沉默的平和。看著清晨的湖水在被風吹起漣漪之前，你能夠感受到寧靜。寧靜是你凝視著天堂時所感受到的平和。」

「我們如何知道是你在跟我們說話呢？」

「當你們的腦袋沉靜下來，整個人處於寧靜狀態時，就會知道我在你們的身邊。只要腦袋還在說話，你們就永遠無法聽見我的聲音。腦袋是非常傲慢的，它會相信自己能夠理解我甚至比我更聰明。腦袋極度的傲慢卻又無知。」

另一個天使問：「我們會知道什麼？」

「當你與美麗的日落、星空、或是一棵樹、一朵花、一條潺潺的溪流融為一體時，你們會知道我就在你們身邊。當你與周遭萬物融為一體時，就能感受到我在你們的身邊。當你們的腦袋沉靜下來，整個人處於寧靜狀態且內在的靈魂與花朵、溪流或是眼前的人融為一體時，你們就會知道在那個時刻，那個當下，我也在場。」

「當我們與周遭融為一體，就會與你同在？」一位天使問道。

「沒錯，在你們得到腦袋的那一刻起，你們就會一分為二。你們會與我所創造的一切包括生物在內分別開來。你們的腦袋會貼標籤、批評和評斷各種事物，假裝這樣就是上帝。」

「我們如何與你連結？」

「透過寧靜與我所創造的萬物連結，或者也可以冥想。當你在寧靜和冥想的過程中，將你的內在和外在之美連結在一起時，我就會與你同在。」

「當我們祈禱時，我們就能與你談話。但你要跟我們說話，我們就必須練習關上腦袋、進入寧靜並冥想，你才會與我們談話？」

「沒錯，但你聽不見我說的任何一句話。」

又有一位天使問：「我們練習了進入寧靜、冥想和專注在當下之後會發生什麼事？」

「你就會越能與我靠近。有一天，你將能學會從靈魂看一朵花，而不是用你的理智，你會說：『我的天啊』，那就是我透過花朵在與你對話。有一天，你將能打從靈魂深處感受到孩童的純真無邪，你會倒抽一口氣，說：『我的天啊』。那一刻，我就透過那個孩子與你對話。每當你的靈魂說出『我的天哪』時，我就在你身旁。」

這位天使又問：「那就代表你在跟我們說話嗎？」

上帝點了點頭。「現在去吧。你們將不再記得剛剛所說的一切，但當你們感到平靜，以及看到美景就能從靈魂深處發出『我的天啊』的時刻與日俱增時，你們就與我越來越靠近，因為你們正在回想起自己是個小天使，正在和我一起在地球上打造天堂。」

「有一天，我們的每一個當下都能成為『我的天啊』的幸福時刻嗎？」

上帝點了點頭。

另一位天使問道：「但我們在地球上不必當小天使，對吧？」

上帝笑著說：「沒錯。這就是為什麼你們會拿到一個有著分割畫面且以自尊驅使的腦袋。身為人類，你們永遠有自由選擇自己想要成為分割畫面中的哪一個。一定要記得，地球上的一切都是二位一體的。你們會有兩隻眼睛和一雙手，你們會以對錯和上下等概念來思考。你們身為人類的挑戰就是要重回『合一』的狀態，與萬物相通而不一分為二。」

是時候該走了。於是上帝給了每一位小天使一個包裝得很精美的禮物，說：「這就是你們的腦袋。每一個都是獨一無二的，這代表雖然你們都是人類，但每個人都將非常不同。學會與他人融為一體，以靈魂相通，即使有再多差異也要彼此相愛，這就是你們的挑戰。」

在所有小天使都收到了他們包裝精美的禮物後，上帝說：「現在去吧。」在每位天使收下包裝精美的腦袋後，他們關於天堂的記憶就被全部抹除了。

一九七二年，當我大喊「求救！求救！求救！」時，那不只是為了我自己，也是為了我們一班兄弟，那五個組員。即使在交戰狀態下，我們也都盡力在地球上打造天堂。戰爭與和平只是同一枚硬幣不同的兩面。

教堂女士

我媽媽是個教堂女士。每次我看到達納・卡維（Dana Carvey）在週六夜現場扮的教堂女士時，我都會忍不住大笑。我的媽媽沒有像卡維扮演的教堂女士那樣討人厭，但她的女性朋友裡就有那麼「教堂女士」的人。

我爸爸不常去教堂。他的教堂是在家的一杯咖啡配上週日報紙。

媽媽很堅持我們家四個小孩都要上主日學校和去教堂。最後我弟弟終於受不了反抗，拒絕再上教堂。我也就跟著不去。我的兩位姊姊則相當喜歡教堂，其中一位後來出家為尼，還是少數幾位由達賴喇嘛授戒的西方女性。

我和媽媽達成了和平協議：我必須上教堂直到十二歲為止，但可以自己選擇教堂。所以我不用再上媽媽去的那間教堂，因為我就是不喜歡那位牧師。他和愛與和平一點也沾不上邊，說的淨是地獄、罪行和天譴。

有兩年的時間，我都和同學一起到他們各自去的教堂。因為去了不同牧師所主持的禮拜，我學到很多。我最喜歡的教堂是五旬節教派的，而媽媽的教會朋友則會稱其為「聖滾者」的教堂。媽媽因為他的兒子居然是聖滾者而感到有些難為情，但在唱聖歌、拍手和搖著鈴鼓的時候，我確實能感到上帝就在身邊。

在我十二歲生日的那天，我就不上教堂改去衝浪了。

散兵坑裡沒有無神論者

我在越南時，每次要出任務的前一晚，我都會一個人走到航空母艦的船頭，靜靜地坐著。我會花大約一小時的時間平靜地坐著，聽著航母巨大的船頭畫破海浪的聲音。一個人靜靜坐著，感受船體與海浪一同起伏是個令人平靜的事。我會冥想，轉換成上帝的精神。結束前的幾分鐘則會祈禱。我不會祈禱能活下來或能殺敵，只是祈禱我能在飛行時充滿勇氣，不為了自己，而是為了組員。只要我能充滿勇氣的前行，死亦無憾。英文的「勇氣」（courage）一詞，來自古法語 corage，意思是「心」。我們以愛飛行，同心共濟。

有句俗話說「散兵坑裡沒有無神論者」，當我在出任務的前一晚，一個人坐在船頭時，我會想起媽媽總希望我能上教堂的事。我現在終於知道為什麼上教堂對她而言如此重要。

有一天，我們接到了一個緊急的醫療後送任務。一位年輕的陸戰隊員誤觸了地雷，我們要載他到戰地醫院去。他的一條腿沒了，且正在大量出血，在他的生命不斷消逝的過程中，一直呼喊著媽媽。就在我們抵達醫院之前，他也不再呼喊著媽媽了。當醫生將他失去生命的身體從飛機上搬走時，我們所有人都在哭。

我四處走了一下，想找一個無人的地方感謝媽媽。她在四十八歲時過世了，那時我還在佛州的飛行學校裡。每次出任務的前一晚，當我坐在航母的船頭時，我都會想念她並在祈禱裡提及她。隔天我便能在心中懷想著她的精神飛行。

大約一個月過後，我們停在一處偏遠的戰地時，我看到一群小男孩們正將一堆炸藥包放到我們的直升機上。我的理智立刻將他們貼上了越共的標籤，他們再也不是小男孩了，這一刻他們就是敵人。我立刻抓住其中一位男孩，用槍抵著他的頭，命令其他男孩從飛機上下來。我抓著的小男孩一直踢我、咬我並試著逃脫。我將槍的擊錘後拉，準備要射殺他。

突然之間，我聽到媽媽向我懇求，說：「拜託、拜託，不要殺他。我給了你生命不是為了讓你殺死別的媽媽的孩子。」

我頓了一下，明白我最好在做出任何會在我的靈魂上留下傷痕的事情之前，聽媽媽的勸告，於是我又將擊錘下壓。我仍然用一隻手抓著那個男孩，接著另一手撿起了一顆足球，並示意其他男孩跟我一起踢足球。雖然花了點時間，但不久之後我們又再度成為一體，所有的小男孩都一起踢起足球而非互相殘殺。

當晚在飛回航母的過程中，我知道自己的陸戰隊生涯已經結束了。

我成功的祕訣

常有人問我：「你成功的祕訣是什麼？」「你是怎麼寫出史上最暢銷的個人理財書的？」「你怎麼有辦法上歐普拉的節目？」「你怎麼有辦法和現任美國總統川普合著兩本書？」「你如何渡過生命中的起起伏伏，那些大錯、失敗、朋友和合作夥伴的背叛？如何損失了好幾百萬又賺回好幾百萬？」

其實沒有任何有邏輯的答案。我唯一能給本書讀者的回答就是，我成功的祕訣和我所受的正式教育或是學校所學一點關係都沒有。我成功的祕訣就是不斷尋找精神上的老師，像是我的媽媽、讓我放下自尊的琳達、新時代課程和由現在及過去的靈性大師所寫的靈性相關書籍，這些老師教導我要沉默、寧靜，成為上帝的學生，因為上帝就是總管一切的執行長。

嶄新的舊時代

一九五〇和六〇年代，古老的東方和亞洲智慧逐漸傳入美國。許多雲遊世界的嬉皮雖然是為了尋找藥物而去旅行，但卻帶回了一些古老的教誨，像是超覺靜坐（Transcendental Meditation）和溝通分析（Transactional Analysis）等。披頭四曾赴印度向當地的古魯求教，而不久之後，他們的音樂中就能聽見東方音樂的影響。

諸如靜坐冥想等古老的東方修行方式也依照西方文化被加以現代化，通常是將其速度和效能加快，並且重新包裝讓西方的腦袋更能接受。西方人沒時間也沒耐性花二十年每天打坐十六小時，只為了尋找某些啟發。西方人希望這些做法能更快更好，因而造就了EST、莎莉．麥克琳、提摩西．李雷和LSD、新時代課程等人事物，這當中還包括湯尼．羅賓斯教好幾百萬人走在火上等事。

現在則有內觀，而EST課程則變成了一種標誌。

好消息是有越來越多來在尋求協助，現在就連史上得過最多奧運獎牌的「飛魚」菲爾普斯都成了線上療法的代言人。哈利王子也承認他需要協助，因為他直到如今仍無法從失去母親黛安娜王妃的傷痛中走出來。

尋求協助是療癒人類痛苦的第一步。

區別很容易，團結很難

因為團結很困難而區別太容易，所以我的主要團隊成員都要練習跟我一樣的靈性課程。這樣做的目的是要讓我們成為更緊密、堅實而有生產力的團隊。我們全都跟著哈爾・埃爾羅德（Hal Elrod）在《上班前的關鍵1小時》裡說的步驟來做：

1. 利用同步共振音樂進行深入冥想，這種冥想結合了古代東方冥想方法、伊利亞普里高津發展出來的西式流程和洛扎諾夫關於「超學習」的研究。普里高津是一九七七年的諾貝爾化學獎得主，而洛扎諾夫則專門研究包括冥想在內各種提高人類學習能力的方式。
2. 每一年我們會聚會兩次，進行為期三天的讀書會。其中一次的讀書會讀的是商業書籍，另一次則是靈性方面的書。我們曾讀過的靈性書籍包括：伊森・霍克（Ethan Hawke）的《騎士守則》、戴邁樂神父（Anthony de Mello）的《覺知》（Awareness）、麥克・辛格（Michael Singer）的《覺醒的你》、艾克哈特・托勒（Eckhart Tolle）的《當下的力量》。

我也要謝謝這些作者，他們的洞見促成了我的小天使寓言。每年兩次一起讀書並且每天進行同樣的靈修練習，讓我們得以在這總是在進行分化的世界和教育體制裡團結在一起。

猶大的故事

國中時，一位友人的爸爸曾到班上和我們分享一枚硬幣，他聲稱這枚硬幣是猶大背叛耶穌時收到的三十枚銀幣之一。這枚硬幣和猶大背叛耶穌的故事令我深深著迷。

一九七二年，在我被派到越南的一個作戰小隊以前，我先被派遣到沖繩島上進行「謀劃」。我們在沖繩的指揮官是我此生最敬佩的指揮官。他是一名「行伍軍官」，意思是他原是一名被徵召的陸戰隊士兵，在二戰時期擔任步兵。

韓戰期間，他晉升為軍官並駕駛A—1天襲者攻擊機，這是一款螺旋槳推進的A—1攻擊機，又被暱稱為「飛行的砂石車」，因其能夠載運大量軍械且在戰術位置時間非常長。

越戰時，這位指揮官被拔擢為少校，負責訓練像我這樣新來乍到的飛行員，在將我們送到戰場之前再一次強化我們的戰力。

某天早上的飛行員晨會裡，這位指揮官突然說：「你們之中有猶大。」

接著就跟耶穌基督與十二門徒的最後的晚餐故事一樣，在場的八位飛行員開始問：「是我嗎？」「我是猶大嗎？」

指揮官靜靜的站在那兒大約五分鐘的時間，看著局促不安的我們不斷自問自己是不是成了猶大。最後終於有一位中尉舉手問：「你為什麼如此肯定我們當中有人是猶大？」

我們的指揮官微微一笑，很高興終於有人質疑他，問他為什麼如此肯定有人是猶大。

在微笑了大概一分鐘後，少校說：「因為我們每個人心中都有一個猶大。」

我們八個新進的飛行員靜靜的坐著，仔細咀嚼著他的答案。

指揮官接著慢慢說道：「你們到了自己的實戰部隊後，不要期待會有人歡迎你們或是善待你們。沒有人會相信你們，因為大家都不認識你們。他們也不會想要跟你變得太親近，因為新的武裝直升機飛行員通常在三十天內就會陣亡。他們不知道開飛機的會是什麼人：是陸戰隊的飛行員還是一個猶大。在你們通過考驗之前，他們不會知道你們是否值得信賴。在你們通過考驗以前，你們都只是該死的菜鳥，一個可能會背叛自己和同袍的潛在猶大。」

在我和我的組員被從海面上救起以後，我也從該死的菜鳥晉升成為真正的飛行員。

靈性的力量

我現在做的事裡，最重要的就是跟著《上班前的關鍵1小時》裡的步驟練習。冥想和靈修是我生命中的魔法，我因此更能控制內心的猶大。

全球最富有也最成功的對沖基金，橋水基金創辦人達里歐曾對《Maxim》雜誌的賈斯汀・羅里希（Justin Rohrlich）提到冥想：

達里歐就和所有稱職的對沖基金經理人一樣，不願透露他的投資策略祕訣，但他卻說超覺靜坐是他今日之所以能夠成功的最重要原因。達里歐大學時聽到披頭四開始學習超覺靜坐後，便也開始探索這種冥想方法。

他曾捐贈好幾百萬美元給推廣此種冥想法的大衛林區基金會（馬丁・史柯西斯和傑瑞・史菲德也曾捐款給此基金會），而且只要橋水基金裡有人想要學習此種冥想法，學費都可由公司出。

在此，我將寫下我對於冥想、靈修和猶大的想法。

猶大是個虛假的老師，那些讓自己內心裡的猶大在背後刺別人一刀的人，或是刺自己一刀的人，都覺得自己在扮演上帝而不再是上帝的學生。

冥想和靈修的真正目的是要提醒我們內心裡的猶大：「我們都是小天使。」

仍在尋找充滿智慧的人

富爸爸電台節目

我在主日學校學到了一個生命裡很重要的祕密：東方三賢者之所以為賢者，是因為他們不斷追尋好老師。我九歲時開始尋找我的老師，這位老師就是我的富爸爸。而我對於好老師的追尋直到今天仍在持續。

現代人對自己吃下肚的食物總是非常小心，但有多少人對自己放進腦袋裡的資訊也同樣小心？就像有人和企業在販賣垃圾食物一樣，也有許多人和企業在販賣垃圾訊息。

又有多少人懂得慎選自己在金錢方面的老師？有多少人會多讀書或去上課，以便尋找金錢方面的智者？很多人都說自己很想這麼做，但「沒有時間」。富爸爸電台就是為這些人而創立的。

我的工作有三個面向是我很喜歡的，分別是：

1. 我去工作並從我生意夥伴和顧問身上學習新知。每一天都是真實人生的教育，而不只是理論或教科書式的學習。
2. 我受邀到世界各地的課程和會議裡擔任講者，但只有課程和會議裡有我感興趣且能從他們身上學習的講師時，我才會出席。

3. 我能夠在富爸爸電台上訪問真正的老師：真正充滿智慧的人。我時常邀請我在其他課程上認識的好老師來上富爸爸電台的節目。

我大部分的時間都在工作並向充滿智慧的人學習。

我誠摯邀請各位讀者每週一起在富爸爸電台上與我和金相會。我們每週會用一個小時的時間，和當代全球最著名的思想家和意見領袖討論各種議題。在這一個小時裡，你能學到的絕對超過你一週工作中的所學。富爸爸電台是個全球都能收聽的播客，提供一個機會讓聽眾能夠聽到真老師的意見並向其學習。

所有富爸爸電台的節目都有存檔，你可以照著自己的腳步收聽所有集數。如果我們的節目裡有任何一集對你的朋友、家人或同事而言很重要的話，你可以邀請他們一同收聽並且一起討論彼此學到了什麼。我相信你會發現自己學到和理解的內容大幅提升。只要一個小時，你體內的財務天賦就會被喚醒。

跟上世界快速的腳步

各位都知道金錢的世界瞬息萬變。雖然全球經濟正在放緩，但金錢世界的腳步卻在加快。富勒曾預測人類將會進入「加速再加速」的時代，但很不幸的是，因為過時的教育體系，數以百萬人都為了錢在掙扎，且越來越跟不上世界的腳步。

以下列出幾個富爸爸電台上的訪問，這些受訪來賓都來自真正的金錢世界。想要在現代這個瞬息萬變的世界裡跟上腳步，甚至超前且一直領先他人的人，我推薦你們聽聽以下這幾個訪談：

愛德華・葛萊芬（G. Edward Griffin）

愛德華・葛萊芬讓全球各地的人有機會一窺世界上最神祕也最有權力的銀行：聯準會的內部運作機制。愛德華是名研究人員，他不斷挖掘真正的真相。只要有機會能夠聽到愛德華的演說，我絕不會錯過。

李察・鄧肯（Richard Duncan）

李察・鄧肯是國際貨幣組織和世界銀行的經濟學家，身為業內人士的他，擁有來自世界最大銀行的獨到見解。目前定居於泰國的他擔任許多有錢人和私人投資基金的顧問。

每當我想了解整體金錢世界的最新消息時，我都會打給鄧肯。他的「宏觀視野」是一項可訂閱的服務。「宏觀視野」裡最棒的部分就是鄧肯製作的圖表，他將數字轉化為容易理解的圖片，讓人能夠輕易了解當前世界脈動的大局。

諾美・普林斯

諾美・普林斯是華爾街的業內人士，非常資深，且曾擔任過高盛公司和貝爾斯登的總經理。二〇〇八年金融海嘯過後，普林斯到

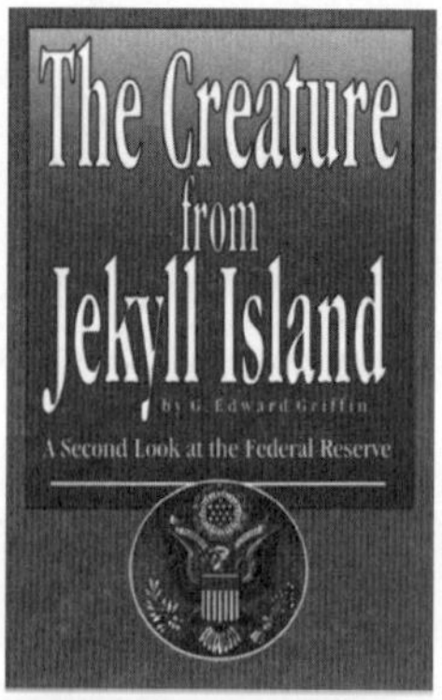

世界各地了解金融海嘯過後各地的第一手真實情況。

不久前她將自己的發現寫成了《共謀：央行人員如何操縱世界》（Collusion: How Central Bankers Rigged The World，暫譯）一書。

伯特．多曼（Bert Dohmen）

若你投資了許多錢在股票市場的話，你可以考慮訂閱《來自威靈頓的信》（The Wellington Letter）。多曼預測股市和解釋股票的各種起伏和迂迴曲折的能力簡直到了天才的地步。他總能讓人們提前進出股市，還能解釋其中奧妙。多曼擁有神奇能力，能夠看見股市內部真正的情況。

我雖然沒有投資股票，卻也總是非常期待能夠收到《來自威靈頓的信》。多曼運用他四十多年來的經驗，不厭其煩的教導、提醒和解釋為什麼全球市場會發生這些事。他是位真正的老師、好友，同時也是富爸爸電台的常客。

詹姆斯．瑞卡茲

瑞卡茲是位律師兼投資銀行家，來自對沖基金業界，並曾在由獲得諾貝爾獎的經濟學家所創立的大型對沖基金公司：長期資本管理公司（LTCM）工作。俄羅斯盧布在一九九八年崩盤時，LTCM 差一點要讓全球經濟也跟著崩盤。

LTCM 的事件讓瑞卡茲對於全球經濟究竟有多脆弱有了深入的見解，並且在其後成為美國國防部及中央情報局（CIA）顧問時也謹記在心。他的著作、演說和他在富爸爸電台上的受訪片段都令人

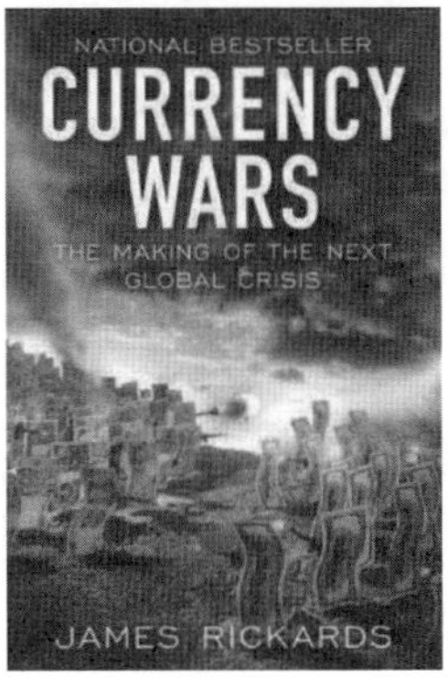

相當震撼。

以下列出幾位讀者們能在富爸爸電台裡找到的其他名人：

- 唐納．川普（Donald Trump）：他在富爸爸電台受訪時宣布自己正在考慮角逐美國總統大位。
- 大衛．史塔克曼（David Stockman）：史塔克曼是雷根總統時期的行政管理和預算局局長。
- 肯．郎格尼（Ken Langone）：家得寶（Home Depot）創辦人。
- 伊爾艾朗（Mohamed El-Erian）：債券巨頭（PIMCO）的前執行長。

富爸爸電台是由富爸爸公司免費製播的節目，沒有任何廣告，也不會推銷任何東西。我們只會邀請真正的老師，為聽眾提供教育。欲知詳情，請上RichDad.com。

你發問……我回答

問：現在在你身邊工作的團隊成員個性是否與你在越南服役時的隊員相似？

亞歷杭德羅 B. —— 哥倫比亞

答：對也不對。陸戰隊員和一般商業人士最大的差別在於，陸戰隊員擁有會讓大家團結在一起的經歷，也就是大部分平民知道的新兵訓練中心、海豹部隊訓練或是空降訓練學校的經歷。我和組員一起出飛行任務時，我們先是陸戰隊員，然後才是一同飛行的組員。

擁有這種令我們團結在一起的經驗使我們成為一支更強勁的隊伍。我們來自同一個「文化」、「家庭」或「族群」。

我們爬進直升機時，每個人各有其不同的職責，受過的訓練也不同。舉例來說，有兩個人接受的是飛行員訓練，另外兩個則是受武器專業訓練，而最後一個人則是飛機技師。雖然我們的職責各不相同，但我們最重要的身份都是陸戰隊員。

在平民的世界裡，擁有不同經歷、文化和來自不同族群的人聚在一起。這些人沒有共通的經驗令他們團結在一起。

在從軍校畢業再從陸戰隊退伍之後，我加入了全錄公司。全錄公司花了許多時間和金錢試圖讓所有員工團結在一起，並建立「團隊精神」和「企業文化」。全錄會出錢辦許多團隊建立活動、員工旅遊和頒獎晚宴等，希望能夠打造出如同軍隊一般的「兄弟連隊」文化。

雖然我覺得這些公司舉辦的團隊建立活動相當有趣也很有用，但卻很難與軍隊建立的那種極度團結文化相比。以一到十分來說的話，全錄的團結力是一，而陸戰隊的是一百。

還有一個東西是公司的團隊建立活動永遠也打造不出來的。當我和隊員爬進飛機的那一刻，我們彼此都有個沒說出口的規範，那就是我們不是為了上帝、國家或陸戰隊而戰，而是我們願意為彼此犧牲生命，為我們的「兄弟連隊」（那時還沒有女性在戰場上駕駛直升機）赴湯蹈火。有一天，我們的機工長收到家裡來信，說他成為爸爸了。但同一天，我們正要出任務加入戰局。身為飛行員，我的職責是要確保全體組員都準備好要戰鬥，甚至在必要時犧牲。

我清楚記得自己問那位機工長：「你的兒子成長過程中沒有爸爸你能接受嗎？」那位機工長毫不遲疑的點點頭笑著說：「沒問題，長官。」好消息是，這位機工長六個月後平安返家，見到了他的第一個孩子。

陸戰隊的隊訓是：

「Semper fidelis」意思是「永遠忠誠」。

「Death before dishonor（不名譽，毋寧死）」，這個不需要多作解釋了。

簡單來說，陸戰隊員願意犧牲生命以保全隊員的性命。我從未在平民世界看過這種程度的精神。

布萊恩 R. —— 美國

問：有關你提到的「意識脫離」經驗，你是否覺得這與愛因斯坦的相對論非常相近，因爲根據狀況的不同，時間對「旁觀者」而言也很不一樣？

答：我不知道。這個問題你可能要問愛因斯坦。

就我個人而言，意識脫離沒有這麼複雜，只是單純意識到你的意識跑到身體之外了。舉例來說，我昨天在一間服飾店裡聽到我的腦袋在跟我嘮叨，說：「你穿這件夾克一定很好看。你穿這件夾克去俱樂部的話，大家一定會覺得你看起來很酷。」

我買了我不需要的夾克嗎？我買了。這是一個活生生的例子，顯示我的腦袋、自尊，而非我的靈性掌控了我的生活。

我提及自己「意識脫離」現象的真正重點在於，我要點出學校的目的是開發我們的腦袋，而非靈性。軍校和陸戰隊開發的是我的靈性，而非腦袋。這就是為什麼任務、榮譽、紀律、規範和尊重等詞彙，是軍隊裡最重要的字眼。

我從大部分人口中聽到的都是：「我有什麼好處？」這是貪心的人最在乎的字眼。

想要獲得真正的健康、財富和幸福的關鍵在於，不要讓我們的腦袋和自尊掌控了我們的生活。腦袋想要知道「我能賺多少錢？」靈性則想知道「我能幫助多少人？」當你問自己第二個問題時，就有可能會有「意識脫離」的經驗。

問：你如何區別「好的」課程和那種只想騙你錢的詐騙集團開的課？

馬克K.——美國

答：我盡可能不用好或壞這樣的字眼。

我越是脫離腦袋而用心來生活，就越能在壞裡面看見好，或在好裡面看見壞。

二〇一八年十二月，在我說了「希望股票能崩盤」後，引發了一些批評。真正的投資人能夠在崩垮的股市裡看見好與壞，假的投資人則活在幻想的國度裡，真的相信（或相信自己相信）股市崩盤是不好的。

在真實世界裡，買入任何一種投資的最佳時機就是在崩盤之後。在虛假的投資世界裡，市場只會上揚，永遠不會崩盤。那只是妄想而已。

富爸爸跟我和他的兒子說：「好與壞都是同一枚硬幣的兩面。」

費茲傑羅說：「驗證第一流才智的方法，是觀其是否有能力在腦中同時容納兩種相反的想法，而依然能夠正常生活。」

在我的班級裡，我會說：「如果我們希望在生活中找到更多的平靜和繁榮的話，就要訓練我們的大腦看見硬幣的兩面。」

問：你認爲網路、iPhone 和其他科技的到來，最終會讓隱身的菁英和他們所做的事曝光，現身在我們眼前嗎？

洛昂 B. —— 巴西

答：這是個非常有趣的問題。我的答案是會也不會。

富勒曾預言人類正要進入正直的時代。新科技讓我們更容易「看見」以往看不到的事物，將強取豪奪的巨人中的缺陷暴露出來。

問題是，正直的時代也會帶來更多的混亂和破壞，因為隨著科技不斷將無知、腐敗、懶惰和無效率的人事物消除，而這些人或組織相繼曝光時，他們也會想盡辦法存活下來。

每當我開始感到驕傲與自滿時，我就會提醒自己想想柯達公司。柯達曾是全球業界的霸主，但一轉眼，數位攝影就讓一間大公司倒閉了。

也就是說，在科技加速再加速的時代裡，沒有任何人是安全或有保障的。

正如英特爾創辦人安迪．葛洛夫所說：「唯有偏執狂得以生存。」

這就是我推薦靈性教育的原因。你的腦袋是偏執的，但靈性比腦袋更有力量。

第三部分

虛假的資產

我的銀行家朋友總說：「房子是資產。」
但究竟是誰的資產呢？

—— 羅勃特 · T · 清崎

為什麼窮人和中產階級會越來越窮？

因為他們投資虛假的資產，卻還以為那是真正的資產。

——羅勃特．T．清崎

引言
虛假的資產

「富人不為錢工作」「存錢的人是輸家」「房子不是資產」。

這幾句話是一九九七年出版的《富爸爸，窮爸爸》裡的話。

這些話在一九九七年時還太過爭議，因此我們接觸的每位出版商都拒絕出版這本書。有一些出版商說：「你不知道自己在說什麼。」

那是大約二十年前的事了。

二〇一八年，許多受過高等教育的菁英還是一直說我不知道自己在說什麼。「房子不是資產」和「存錢的人是輸家」之類的話語違反了他們受過高等教育的菁英大腦裡的所有細胞。他們想要相信自己的房子是資產，存錢也是件明智的事。

問題是房子是虛假的資產。存款也是，無論是現金還是退休存款都一樣。

在本書的第三部分各位將會了解，大部分的人都在投資虛假的資產，或是打算靠著虛假的資產讓自己在退休後還能有一輩子的薪水。

在第三部分，你們將會了解其實大部分的人都在投資真負債而非真資產。

好消息是在第三部分，你們也會了解為什麼大部分的人都在投資假的資產，以及如何投資真的資產。

第十四章

為什麼要年輕退休？

下一個大危機

一九七四年六月，我簽完了退伍的文件後駕著車離開了夏威夷的陸戰隊航空站。向陸戰隊的門衛最後一次回禮之後，我就以自由之身駕著車回到我在威基基的新家。我從一九六五年八月進入位於紐約的國王角美國海軍商船學院就讀以來就一直在軍中。

我的新家是間位於伊麗凱飯店的一房一衛公寓，伊麗凱飯店是威基基海灘上的著名豪華飯店。我之所以選擇伊麗凱是因為這間飯店有幾間公寓套房是能夠出租的，也就是說，能夠將我家這個負債轉為有收益的資產。最主要的賣點在於我可以使用所有的飯店設施，包括泳池、健身房、餐廳、俱樂部和客房服務等。此外，價格也很合理，只要花三萬兩千美元就能買下一間六百平方英尺的飯店小套房。身為一位二十七歲的單身男性，在威基基夜生活中心地帶的六百平方英尺小房間完全符合需求。

接下來的那個週一，我就開始在檀香山市中心的全錄公司工作了。我沒有先休息一陣子，因為我需要付房貸。

在二十年後退休

窮爸爸不希望我離開陸戰隊，他希望我能在陸戰隊裡待個二十年然後退休。

無論是對我媽還是我爸的家族而言，退休後的福利似乎遠比實際的工作本身重要。

在我媽媽這一邊，我有兩位舅舅是夏威夷州的消防隊員。他們在工作二十年後就能退休，領政府的退休金和各種福利。這兩位舅舅因為有這個夏威夷的退休福利，所以不用工作到超過四十歲。他們的下半輩子都在悠閒的釣魚和打高爾夫球。每一年，他們會到拉斯維加斯去旅遊，作為他們在美國本土的朝聖之旅。他們的退休生活非常棒。

而在我爸爸這一邊情形也差不多。好幾位親戚其實同時享有兩個（有一位甚至有三個）政府的退休金加上各種社會安全和醫療福利。享有三份退休金的那位叔叔，先是在工作二十年後從陸軍退休，接著又在工作了五年後從政府部門退休，同時正在為了第三份退休金而在夏威夷州政府裡工作。我爸爸相當羨慕他，因此希望我能繼續留在陸戰隊裡服役二十年。

401(k) 計畫

一九七一年，尼克森總統讓美元與金本位脫鉤，這同時也代表著工人的財富開始大量移轉到學術和金融菁英的口袋裡。這些菁英就是布里爾在《尾旋墜落》一書裡所談的菁英。

在本書的前半段，我引用了布里爾的解釋，說明我國頂尖學校畢業的菁英如何創造出像是 CDO 和 MBS 等有毒的金融商品和衍生性金融商品。這類金融商品帶來的經濟價值非常少，同時還搶走了勞動階級的錢，但卻讓學術和金融菁英變得極度富有。

一九七四年是我離開陸戰隊的那一年，同年員工退休所得安全法開始施行，這項法案保障了員工在公司裡的退休金。四年過後，另一種經過財務操縱的退休計畫：401(k) 開始施行。

這件事有個問題。突然之間，原本不是投資人，也沒有受過任何財務教育的男男女女被迫要成為投資人。這就是「大到不能倒」的銀行、美國政府和華爾街進行大規模財富掠奪的起點。

一九七一年和一九七四年成為了歷史的轉捩點。五十年或者一百年過後，未來的學者回頭檢視一九七一和一九七四年時，會知道這兩個年份是美國學術和金融菁英犯下大規模財富掠奪，竊取了數百萬名嬰兒潮世代人的財富的年份，而這些嬰兒潮世代的人還天真的參與了由政府批准且金額高達好幾兆美元的財富掠奪：退休金計畫。

順道一提，一九七二年是尼克森向中國敞開大門的那一年。

即將到來的退休災難

當代世界面臨了許多日益嚴重的災難，像是有毒的環境、大規模的全球債務和網路恐怖主義等。

另一個目前正在成形卻少有人注意到的災難，和窮爸爸在一九七〇年代面對的災難相同：即將退休卻沒有任何退休金。

退休基金破產

請看以下報導。

二〇一八年四月十六日

《投資人財經日報》（Investor's Business Daily）

退休金危機：在各家媒體窮追猛打聯邦政府節節高升的債務同時，一份新的報告指出各州也各自面臨了正在倒數的財務炸彈：花錢如流水的州面對了即將爆炸的債務危機，地方政府則有公職人員退休金危機。改革並不容易，但別無他法。

二〇一八年六月二十二日

《主權人》（Sovereign Man）塞蒙・布雷克（Simon Black）報導

聖地牙哥市有六十二點五億美元的資金缺口，將無法履行其對現職和退休職員的義務。紐澤西州則有高達九百億美元的無資金準備退休金債務。

令人毫不意外的是，救濟金和醫療福利的無資金準備債務累計達好幾十兆美元。

歐洲的情況也相去不遠。

西班牙的救濟準備金多年來被大量投資在政府的債券裡，但這些債券的平均殖利率是負的0.19％。你沒看錯。無庸多言，西班牙的退休基金幾乎要完全見底了。

英國的無資金準備公共退休金已累積到數兆英鎊，就連保守的瑞士，有資金準備的公共退休金也只占了69％，但以今日如此悲慘的標準看來，似乎算是表現相當良好了。

瑞士政府在去年提出了一項拯救退休金的計畫，要求女性的退休年齡延後一年（從六十四歲改為和男性一樣的六十五歲），同時將增值稅調高0.3％。

但這項提案卻在全國公投中被瑞士選民否決了，這是二十年來退休金改革計畫第三次闖關失敗。而這其實才是真正的關鍵議題：幾乎全球的退休金計畫都即將完蛋。

多數的時候，政客們都刻意忽視這個問題，試圖把這個爛攤子留給下一任政府。

但偶爾也會試著做些什麼來加以改變。

但每當政客要做的時候，選民就會否決這項計畫。又或者工會會提出告訴。或者發生了其他事，導致我們亟需的改革無法通過。

這種情況無疑地加快了無法避免的事情到來：退休金計畫將會破產。

二〇一八年三月四日

《阿姆斯壯經濟學》（Armstrong Economics）馬丁．阿姆斯壯（Martin Armstrong）撰文

全美最大的公共退休基金是加州公務人員退休基金（CalPERS），但加州卻有嚴重的無清償能力問題。強烈建議我們的客戶在來不及以前趕緊脫手。我一直在警告大家，CalPERS已瀕臨無力償還的邊緣，也警告過大家，他們一直祕密的在遊說國會，要扣押所有401(k)私人退休金並將這些錢交給他們管理。將私人的錢和公家的錢混在一起，能夠讓他們的無償債能力稍微再遲一些發生。但想當然，如果CalPERS連他們現有的錢都管理不好的話，怎麼可能會有人期待他們用了私人的錢就會有不一樣的表現？他們確實就是單純想從老百姓身上搶錢，以便支付退休金給州政府的職員和政客。

CalPERS為了政治正確，一直在投資環境相關的標的物，而非以經濟表現決定標的。接著，由於CalPERS急著要**遮掩各種事實真相**，所以不願對民眾公開透明。接著，由於他們覺得去年的股市價格過高，所以就在債券泡沫時**改買債券**。很明顯的，加州的經濟**一如預期的在此達到了頂峰**，而在那之後加州的人口便不斷外流。

二〇一八年七月三十日

《華爾街日報》莎菈．克勞斯（Sarah Krause）報導

據穆迪（Moody's）估算，各州政府和地方政府的退休基金共有約四兆美元的無資金準備債務，該數字與全球第四大經濟體德國的經濟總值約略相等。

二〇一八年十月十一日

法新社（AFP）報導

「國際貨幣基金組織表示：數兆美元的美國淨資產易受衰退影響」

美國最大的風險來自於各州政府和地方政府的退休基金，一旦華爾街大跌，這些基金也將損失大筆金錢，如此一來資金缺口便需由地方政府的預算補足。

城市和州政府需要減少其他地方的支出的話，勢必將拖累經濟發展。而就全國層面來看，該類退休基金的資金也短少了近美國 GDP 的8％。

繼續讀下去，還有更多驚人而令人警醒的事實。

辛巴威

二〇〇〇年，辛巴威幣成了全球的笑柄，因為當時的辛巴威總統羅伯．穆加比（Robert Mugabe）決定開始大量印造數以千兆的虛假貨幣，以便支付公職人員的退休金和戰爭債。

但現在許多富裕西方國家也開始追隨辛巴威的財政政策：大印鈔。

尼加拉瓜

因政府無力支付公職人員的退休金，尼加拉瓜在二〇一八年幾乎要爆發革命。

富裕城市

二〇一八年的現在，許多像是紐約、舊金山、西雅圖和檀香山這樣的富裕大城市裡，卻有數百萬家庭流落街頭。

義大利

二〇一八年十月十三日《經濟學人》報導：「尤其是義大利，更是個正在倒數計時的定時炸彈……要爆發新一輪的危機其實不太困難，但要控制便不容易了。義大利內部的恐慌很有可能進一步擴散至金融市場，導致全球的投資及成長冷卻。」

二〇一八年七月十九日

《華爾街日報》

有錢州

州政府公職人員退休金資金最充裕的前三名：

1. 南達科塔州　100%到位
2. 威斯康辛州　99.9%到位
3. 華盛頓州　98.7%到位

窮困州

而退休金資金最短缺的倒數三名是：

1. 康乃狄克州　51.9%到位
2. 肯塔基州　48.9%到位
3. 伊利諾州　47.1%到位

二〇一八年七月二十七日

《路透社》（Reuters）馬克・米勒（Mark Miller）報導

「俄亥俄州勞工退休基金的困境亦顯現全國的難題」

羅勃塔・戴爾以生產棒棒糖為業已四十六年，她熱愛自己的工作，但相當擔憂自己的退休生活恐怕無法如她正在裝袋的敦敦棒棒糖一樣甜美。

戴爾工作的斯潘格勒糖果工廠位於俄亥俄州布萊恩市，是一間家族企業，共有五百五十名員工，生產多種傳統糖果。斯潘格勒在一九五〇年由全國卡車司機工會（IBT）設立，並於一九七二年加入美國中部多雇主聯合年金方案。

但戴爾的退休金卻有著極不確定的未來，中部州退休基金曾說其可能於十年內破產。該基金包含了四十萬名已退休和現職勞工的退休金，其所面臨的困境恰恰代表了多雇主聯合年金方案這類由各家雇主聯合出資的傳統確定給付制年金，究竟在哪方面出了問題。參與這類年金方案的公司通常是中小企業，產業多為建築、貨車運輸、採礦和食品零售等，通常這類公司不會有自己出資的公司年金方案。

戴爾在一項訪談中表示：「我向來以為到了要退休的時候，退休金就會在那兒等著我。我一直把退休金當做我的存款方案。」

戴爾在本月初以斯潘格勒工會總代表的身份，在國會特別委員會於俄亥俄州哥倫布市舉辦的聽證會上作證，該聽證會便是為了替像戴爾這樣的勞工尋求可能的解決方案。

全國約一千四百個多雇主聯合年金方案，涵蓋超過一千萬名退休人員。但當中有約兩百個方案的資金嚴重短缺，主因是二〇〇一年和二〇〇八、〇九年間的股市崩盤，以及產業沒落導致沒有任何財務重整且就業人口下滑。

這些問題不只威脅到勞工個人的退休金，也導致為這些退休金方案提供保險的退休金給付擔保公司（PBGC）可能將在十年內破產。PBGC是美國聯邦政府透過為數百萬美國勞工退休金提供保險，以便協助這些問題纏身的年金方案的官方機構。（註：美國勞工幾乎沒人聽過PBGC，但他們可能會在PBGC破產而退休金縮水時聽到。）

……戴爾現年六十五歲，丈夫已去世。其丈夫在二〇一五年過世之前也同為斯潘格勒的員工。她預期在退休之前還要再工作個幾年，也期待她每個月退休金能有一千兩百美元。救濟金還會再另外撥給一千四百美元。然而就目前的狀況看來，退休金福利恐怕將於二〇二五年開始縮減。

窮爸爸的困境

數百萬勞工在二〇一八年面對的處境和我的窮爸爸在一九七四年時面對的相同：沒有退休金的退休生活。如果，或說當下一次的經濟危機發生，而嬰兒潮世代的退休存款也跟著PBGC一起葬送時，他們的快樂退休生活美夢可能也會跟著破滅。

投資虛假的資產

這就是當人們投資虛假的資產，或是將自己的退休存款交付給假的基金管理人，任其投資股票、債券、共同基金、ETF、保險和貨幣等虛假資產時會發生的狀況。

差距

以下的圖表說明了美國陷入貧窮的過程。

此外，一項紐約新學院大學史瓦茲經濟政策分析中心在二〇一八年公布的研究總結，約

差距

一九七九年以來，稅後收入占比變化（經通膨調整）

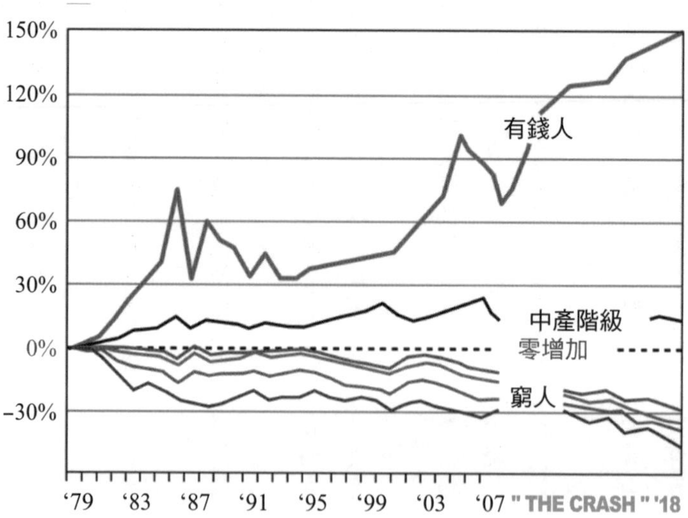

資料來源：美國國會預算辦公室

有40％的美國中產階級將於退休時陷入貧窮。

明天的窮人其實今天還有工作，但明天已沒有退休生活了。

年輕退休

我在一九七四年就發誓自己要年輕退休，不是因為我想退休，而是因為我想挑戰自己達成目標。如果我失敗了，我還有好幾年的時間可以繼續努力達成年輕退休的目標。我不想要在六十五歲時才發現自己的退休生活因為市場崩盤而一夕破滅，也不想要沒有足夠的錢度過退休生活。

我在先前的章節裡曾說過，我一生中失敗過很多次。一直要到四十七歲，我才終於找到自己的方程式，好讓我能夠在沒有工作或退休金的情況下退休。我願意失敗並從中學習的目的在於，失敗並從錯誤中學習是我學習成為一個企業家，且最終成為不需要靠工作、穩定薪水和退休金也能退休的方式。

我花了二十年的時間才退休，如果我照著窮爸爸的期望，在陸戰隊裡繼續服役二十年的話，經過了二十年我既不會變得更有智慧也不會更富有。

富裕退休

我願意失敗並從中學習的原因，在於我希望能夠不只年輕退休，還要能富裕退休。在一九七〇年代時，想要有不錯的退休生活大約每個月五百美元就夠了。但現在一個月五百美元的退休生活則是活在貧窮之中。

一九七四年時，我對於被動收入的目標是每年十二萬美元，如此一來我就能「年輕退休」。

我和金在一九九四年時達成了這個目標，那一年，金三十七歲而我四十七歲。

再提醒一次，我花了二十年，而金花了十年。

在我們達成了一年十二萬美元的目標後，下一個目標就是一年一百二十萬美元。一旦一百二十萬美元達成，下一個目標就是一年一千兩百萬美元。

這是我們對於自己的挑戰。首先要年輕退休，接著要富裕退休。此處的計算並不複雜，首先是一個月一萬美元，接著是十萬美元，再接下來是一百萬美元。

如果我當時留在陸戰隊裡服役二十年的話，我可能一個月只能賺五千美元。我記得在一九九〇年時，曾有一位女性跟我和金說：「你們一年只賺十二萬美元？」但她不知道的是，我們不用工作一年就能有十二萬的家庭收入。她的先生是一位律師，年收入約為五十萬，卻沒有辦法停止工作。

現在我和金兩週之內不工作所賺的錢就比她先生當律師一年賺的錢還要多了。

回饋

我和金有個目標是要在退休之後，每年捐一億美元或更多給慈善機構。我們的計畫是先努力賺錢然後回饋社會。

在我和金找到了我們的退休方程式後，我們就年輕退休了。接著，我們變得富有。

最重要的關鍵在於我們投資自己所愛，而不是某些財務規劃師要我們投資的標的。

你可能會想：多少才叫夠？我們關於財富自由和富有的目標和計畫，跟「夠」一點關係都沒有。我在很久以前就不管夠不夠了。

我為什麼需要賺這麼多錢？其實不需要。在B和I象限這一端賺錢對我而言不過是個比賽。有些人窮盡一生在高爾夫球道上追著一顆小白球，希望自己能夠打出低於標準桿；有些人窮盡一生在唱歌，希望能被發掘或成為電視明星、球壇巨星等。那是他們的比賽。

真正重要的問題是：你對自己的比賽有足夠的熱情嗎？

這是個有點沉重的問題。擁有熱情的人只做他們想做的事，熱情通常是自私的。相對的，擁有熱情好過做自己痛恨的事。最新的研究顯示，有七成的美國人痛恨自己的工作，幾年前這個數字才62％而已。

常有人問我，致富是我的人生目標嗎？不是。許多人工作都有個目的：求得三餐溫飽、供孩子上學或者做自己覺得有意義的工作等。

我在一九八三年上富勒博士的課時，他說：「我踐行上帝的旨意。」於是我問自己：「上帝的旨意是什麼？」我也鼓勵大家問自己這個問題。

一九八三年時，我在搖滾樂產業工作，過得相當愉快。我很酷，交的朋友許多都是當時最傑出的樂團，像是警察樂隊和范海倫樂隊等。但我沒有辦法很坦然的說，生產搖滾樂團的相關產品就是上帝的旨意，即使我當時收入不低。

因此我要問這個問題：「你覺得上帝的旨意是什麼？」

雖然我不敢說我真的知道，但我猜想上帝不會想要人們生活在貧窮裡。因此，我開始把富爸爸教給我有關金錢的知識教給別人，而上帝似乎也很支持，因此我就繼續教下去了。同時，沒錯，我也賺了很多錢。但如果我在教別人如何變富有的同時，自己卻很貧窮的話，我就成了虛假的老師了。

現在，讓我問你們幾個問題。

你覺得上帝的旨意是什麼，而且是你也想做的？你是否願意踐行上帝的旨意？

如果你能治療癌症的話，你會做嗎？

如果你能消除世界上的貧窮的話，你會做嗎？

如果你能解決全球暖化的問題，你會做嗎？

還是你只想讓自己賺到足夠的錢？

一九七四年時，我已經擁有兩種足以令我擁有高薪的專業能力，一是當標準石油公司的油輪船副，另一個則是當航空公司的機師。這兩種職業都是在E象限的高收入職員，但我想要知道自己是否有能力進到B和I象限裡。

行過地獄

邱吉爾曾說：「如果你身陷地獄，那就繼續走下去。」

轉換到B和I象限是非常艱難的旅程。正如我在上一章所說，若非我有靈性上的學習和靈性的老師，我也無法達成。

行過地獄讓金和我都變得更有智慧也更堅強，也更有能力踐行上帝的旨意。

富爸爸曾說：「通往財務天堂的門有很多扇，但通往財務地獄的更多。」

你們都知道，大部分的企業家都要先身陷地獄之後才有辦法在B和I象限裡成功。著名的例子有賈伯斯從自己的蘋果公司被趕走；比爾．蓋茲也曾因微軟獨占市場而被人控告；馬克．祖克柏曾被溫克佛斯（Winklevoss twins）兄弟控告，因為他們兩人宣稱 Facebook 是他們的點子。就連貝佐斯在設立亞馬遜的時候也有不少挫敗。

富爸爸曾警告：「許多人走進通往財務地獄的門後就再也沒有回來了。」

你們也知道，許多人為了致富不惜出賣自己的靈魂。許多人盜竊了好幾百萬人的錢，在這當中有許多人仍然在最高階的銀行，尤其是像高盛、聯準會和美國財政部這樣的高層裡掌權。其中幾個比較有名的罪犯包括了比爾．柯林頓、羅伯特．魯賓（Robert Rubin）、桑莫斯（Larry Summers）、葛林斯潘、路傑克（Jack Lew）、蓋特納（Tim Geithner）、亨利・鮑爾森、柏南克、巴菲特和菲爾・葛拉姆（Phil Gramm）。他們宣稱自己拯救了經濟，但其實他們只是拯救了有錢人。極為糟糕的風氣。

如果再發生一次金融危機的話，數百萬無辜而勤奮的人將因為這些沒有靈魂的領導者，而陷入財務的地獄裡。這就是為什麼我一直批判不提供任何財務教育給學生的教育體系，這個體系因為學生犯錯而懲罰他們並視合作為作弊。

我們的教育體系是個沒有靈魂的體系。每個人都會用錢，每天都要，那為什麼不在學校教授金錢相關的知識？

學著成為企業家

我在一九七四年時開始在全錄公司裡工作，學習如何銷售商品。我不是個天生的業務人才，經歷很多挫折。我討厭不斷敲門並面對一次又一次的拒絕。我會在大家下班之後，自己坐在辦公室裡寫著為各種潛在客戶準備的銷售提案。如果我沒有賣出商品的話，我就沒飯吃也沒錢繳房貸。如果我沒有學會如何銷售商品的話，我就永遠沒辦法成為在B和I象限裡的企業家。在我成為全錄檀香山辦公室的第一名銷售員之前，有整整兩年的時間表現得不太好。

在一九七四到一九七六年間，我上了財務規劃師（CFP）的課程。課程內容很棒，但也很困難。雖然累得半死，但我學到很多專業的財務規劃知識。

CFP和現在只花幾個星期就能拿到證照的三十天速成財務規劃師有很大的差別。一位按摩師要能拿到證照需要花上大約兩年的時間。

現在的三十天速成財務規劃師大部分對投資的知識都少到幾乎沒有。他們只是為了通過第七級證照考試而讀書。

三十天速成財務規劃師和CFP的差別就跟會計師和簿記員的差別很類似，三十天速成財務規劃師在拿到證照後就開始到街上找客戶。他們大部分都在找對自己現有的財務規劃師不滿意的人，接著這個新的財務規劃師會說服這位不滿意的客戶將他們在401(k)或是IRA裡的「資產」轉給他，而他會負責施展魔法。

大多數的時候，魔法都不會出現。怎麼可能會有魔法呢？所有的財務規劃師賣的基本上都是相同的產品：股票、債券、共同基金、ETF、存款方案和保險等。

遊戲名稱

魔法不會出現，是因為大部分的財務規劃公司在玩的遊戲不是叫做「讓顧客變有錢」，而是「資產管理」（AUM）。在看像是CNBC這類的金融節目或是《金錢》（Money）之類的財金雜誌上的廣告時，一定會看到有人在廣告：大魔術基金，管理的資產達一千億美元。對一般人來說，管理的資產達一千億美元聽起來似乎相當厲害，但對一般的投資人而言卻沒有太大的意義。三十天速成財務規劃師最主要的工作就是增加他們公司管理的資產總額，而非讓客戶的未來更有保障。稍後再細講資產管理。

我去上財務規劃師的主要目的並非想要成為CPA，而是要找到能夠盡早退休的方法。我學到了很多，以下略舉幾個例子：

1. 財務規劃師有兩種：一種是以小時計費，另一種則是靠賣資產給客戶抽佣。
2. 大部分的財務規劃師只懂紙本資產，像是股票、債券、共同基金、ETF、存款方案和保險等。財務規劃師對於如何成為企業家、房地產或黃金原油投資都所知甚少；最重要的是，大部分的財務規劃師都不知道如何利用債務和稅金來提升財富。

3. 大部分的三十天速成財務規劃師和 CFP 都不是專業投資人，他們大多是雇員或是自僱工作者，賺取薪水、顧問費、紅利和佣金。
4. 讀完 CFP 課程後，我既沒有學到如何年輕退休，也沒學到如何富裕退休。
5. 但我確實學到了保險的相關知識，而大部分的 CFP 都專門在賣保險，因為佣金相當豐厚。

富爸爸的計畫

富爸爸跟我和他的兒子說，基本資產有四大類，分別是：

1. 企業
2. 房地產
3. 紙本資產（股票、債券、共同基金、ETF 和存款方案等）
4. 原物料（黃金、銀、石油、食品、水……）

大部分的財務規劃師和 CFP 都只為了賺取佣金而販售紙本資產和保險。

投資自己所愛

大部分的人都曾學過：「做你所愛」，但富爸爸教我跟他的兒子的則是：「投資你所愛。」

在上完 CFP 的課程後，我就知道自己要投資什麼了。

1. 我知道我最愛的是學習如何成為企業家，創立並打造在B象限，而非在S象限的公司。建立一間在B象限的公司，擁有五百名或以上的員工，是我對自己的挑戰。
2. 我已經知道自己愛的是房地產。在學會不用自己的錢就能每月賺到二十五美元後，我就上癮了，而且我還能合法不用繳稅。我對無限報酬深深著迷，這是一種不用錢就能賺錢的藝術。

3. 我對紙本資產沒有興趣，尤其在上了CFP的課之後更加確定。我知道紙本資產是虛假的資產，也知道紙本資產最適合一般人，也就是在E跟S象限，沒有受過真正的財務教育的人。

4. 我一直都很喜歡原物料。我喜歡黃金，也於一九七三年時在香港買了我的第一塊真金。我也對石油有興趣，因為在軍校時曾受過油輪船副的訓練。

再說一次，紙本資產對一般人而言是最佳的投資，也就是在E跟S象限裡，沒有受過真正財務教育的人。

流動資產

紙本資產之所以對一般投資人而言是最好的投資，最主要的原因在於紙本資產是「流動的」，亦即可以快速地買賣。如果犯了錯，幾乎可以立刻賣掉。

金幣和銀幣也是如此，其流動性幾乎和紙本資產一樣。

但紙本資產的優點卻也是缺點所在。因為是流動的，所以只要有經濟危機或恐慌發生，大量賣出就能在幾分鐘之內讓一般投資人的投資組合消失無蹤。

現在因為有了高頻率交易（HFT），紙本資產更能在一秒鐘內買賣一萬次。

一般投資人的長期投資，有可能在一頓午餐的時間就不見了。

黑池交易

我曾在本書的前半段說過，當今世界大部分的貨幣都是隱形的，因為現在的貨幣都在網路上，而非紙本。紙本資產的情形也相同。「黑池」（dark pool）是銀行和對沖基金等大型的機構投資人，以及像是巴菲特等專業投資大戶祕密交易的地方。據估計，如今約有40％的紙本資產交易都是在黑池中完成的。一般投資人根本不知道發生了什麼事。

一旦發生新一波的經濟危機，一般投資人的退休存款便可能在轉眼間就消失。

當葛林斯潘被問到二〇〇八年的金融危機時，他說「沒人能預見這會發生」之類的話。這句話到底是真是假呢？

葛林斯潘是在I象限的專業經濟學家，「I」同時也代表了「業內人士」。葛林斯潘是業內人士，我是我的投資的「業內人士」，但跟隨著財務規劃師的建議在做投資的一般投資人都是「局外人」。

二〇〇八年初，在雷曼兄弟破產的前六個月，我在CNN上跟主播布利哲（Wolf Blitzer）說我預測市場將會大跌。如果連我都能預見危機，葛林斯潘一定也知道。位在I象限的局內人知道什麼東西會大跌。

預測危機

如果想要看我在CNN上預測雷曼兄弟破產和二〇〇八年的經濟危機片段的話，請上https://vimeo.com/183740821。

問：你如何預見危機的到來？

答：因為我是業內人士，是位於「I」象限的投資人。在危機發生的好幾年前，我就曾在電視和電台上警告即將發生不動產市場的危機。

問：你還知道什麼其他人不知道的事？

答：我看得見趨勢。二〇〇五年到〇八年之間，我們的公寓越來越難找到房客。許多房客根本連每月五百美元的房租都快繳不起了，卻搬出我們的公寓去買三十到五十萬的房子。

問：他們怎麼負擔得起這些房子？

答：他們申請了沒收入也沒工作者的貸款（NINJA）。他們申請到的是次級房貸，因為他們是次級借款人。

問：你怎麼知道巴菲特也知道？

答：因為巴菲特的波克夏海瑟威公司（Berkshire Hathaway）也持有穆迪公司的股份，而穆迪公司就是將這些次級房貸評為Prime級的公司。只要這些房貸被評為prime級，就能以房貸抵押證券及債務抵押債券（衍生性金融商品）的形式賣給退休基金、政府基金、對沖基金、私募股權基金和全球其他的大型投資人。

汽油是原油的衍生性金融商品，噴射機燃油則是汽油的衍生性金融商品。衍生性金融商品離原始商品（這裡是指原油）越遠，變動就越大。

二〇〇八年時，這些「衍生性金融商品」因為次級房貸的借款人無法償還貸款而爆炸了，整個世界也近乎崩潰。

數百萬人喪失了工作、房子和退休金，但沒有任何一個「大人物」遭到起訴。只有一間位於紐約唐人街的小型社區銀行，一間由華裔美國人持有的銀行接受了審判，但最後也判無罪。

PBS製作了一部關於這家銀行的紀錄片。片名叫《國寶銀行：小到可以進監獄》（Abacus: Small Enough to Jail）。政府挑了一家小型銀行，而非真正的罪犯來開刀。

幾乎所有人都知道，是那些「大到不能倒」的銀行，像是高盛、富國和花旗等導致了金融危機，但這些銀行沒有一家被起訴，還賺了好幾十億。從這些虛假資產裡賺了好幾十億元的銀行家們，還在危機過後收到了好幾十億元的獎勵。對我來說，這就是犯罪。

所以，如果我知道次級房貸是犯罪且危機即將發生的話，我猜巴菲特也知道。我猜他清楚知道穆迪公司將次級房貸評為Prime級是在詐欺，畢竟，將衍生性金融商品稱為「金融界大規模毀滅性的武器」的人就是巴菲特。

這就是身為位在I象限，有受過真正的財務教育的「圈內投資人」所享有的好處。

當二〇〇八年的股票市場崩跌時，我和金賺了好幾百萬美元。

這就是我不投資股票、債券、共同基金、ETF和存款等紙本資產的原因。我不喜歡當局外人。

此外，所有的紙本資產都是一種衍生性金融商品，不是真正的資產，而是虛假的資產。

然而，紙本資產對於沒有受過財務教育的一般投資人而言卻是最適合的，因為其流動性高。紙本資產容易買進也容易賣出。

企業和房地產

企業和房地產的問題在於流動性不足。若犯了錯，你就成了鐵達尼號的船長了。我懂。身為一個企業家，我曾當過好幾次鐵達尼號的船長。

我從不曾在房地產裡有過任何損失，因此我才會推薦各位在投資房地產前先上房地產課程，接著從小的標的開始，順著高階老師圖練習、練習再練習。

要記得，企業和房地產的流動性不足，代表你必須比一般投資人再聰明一些，因為當你成為擁有企業或房地產的企業家時，你就成了業內人士了。

我的方程式

當問到我的方程式時，我有兩個答案。

一、我會說我的財務教育始於和富爸爸跟他的兒子一起玩大富翁桌上遊戲。現在，我和金在現實人生裡玩大富翁。我們都喜歡房地產，而不是資產的衍生性金融商品。我和金都喜歡當業內人士而不是局外人。

二、我和金都追隨麥當勞的賺錢方程式。我在《富爸爸，窮爸爸》一書裡引用了麥當勞創辦人雷・克羅克為德州大學MBA學生演講的內容。在課堂上，雷・克羅克問：「麥當勞是做什麼生意的？」一位學生說了顯而易見的答案：「賣漢堡」。

但克羅克回答：「不對，麥當勞是做房地產生意的。」

我跟隨麥當勞的方程式。我的公司是做房地產生意的。

麥當勞的方程式如下圖，後面會再詳細解釋這個方程式。

言語的力量

每當有人問我致富的祕訣是什麼的時候，我都會說：「『祕訣』有很多，其中一個就是言語的力量。一個人如果想要變有錢，就一定要學會控制自己想的和說的話。許多人想的和說的都會導致他們變窮或一直窮下去。」

我在主日學校學到：「道成了肉身，住在我們中間。」（約翰福音1：14，新標點和合本）。

富爸爸教我：

窮人會說：「我付不起。」有錢人則會問：「我如何才能付得起？」

窮人說：「我對錢沒興趣。」有錢人則說：「如果你對錢沒興趣，錢也會對你沒興趣。」

窮人說：「我永遠也不可能變有錢。」有錢人則說：「我一定要變有錢。」

課程：以窮人方式來思考和說話的人，需要找財務規劃師並投資紙本資產。

對以窮人方式思考和說話的人而言，股票、債券、共同基金、ETF、存款方案和保險就足夠了，可能比什麼都不做來得好。

資產 vs. 負債

富爸爸對於資產的定義：「資產會將錢放進你的口袋裡。」

富爸爸對於負債的定義：「負債會把你口袋的錢拿走。」

記得：名詞加上動詞。要辨別一個東西是真的資產還是真的負債，需要名詞加上動詞。比方說，「資產」是個名詞，而「流動」是動詞。但只有流動這個動詞還是沒有辦法區別資產與負債。舉例來說，一間房子有可能是資產也可能是負債，端看現金流動的方向而定。

在二〇〇八年的危機中，數百萬名在E象限的職員失去了工作，不久後也失去了房子，這才發現自己的家其實不是資產，而是真正的負債。

假資產是真負債

數十億人都在投資虛假的資產。

401(k) 是虛假的資產，因為現金一直從你的口袋流出，還要好幾年。IRA 是個虛假的資產，因為IRA會把錢從你的口袋拿走，而且拿好幾年。政府退休金是個虛假的資產，因為他正從你的口袋把錢拿走，而且已經好幾年了。

共同基金是虛假的資產，股票、債券、ETF和存款也都是，這些全是衍生物。共同基金附帶了許多費用，而這些費用會讓有錢人更有錢，而你會更窮。

業內人士都知道，共同基金投資人投入了100%的資金，承擔100%的風險，利潤卻不到20%。

再說一次，共同基金和ETF都是衍生性金融商品（也是虛假的資產），但卻最適合一般投資人，或者沒有受過真的財務教育的被動投資人。

問題是如果再發生一次經濟危機，一般投資人的錢很可能全部蒸發，就跟二〇〇八年一樣。

記得：資產會將錢放進你的口袋，而負債則是把你口袋的錢拿走。

下一章各位將會知道當市場崩跌時，錢都消失到哪裡去了。

你發問……我回答

問：你說要「行上帝的旨意」，你收到什麼來自上帝的訊息，讓你覺得自己正在行上帝的旨意？

布魯諾 T. ——法國

答：我不是在說上帝曾對我說話，也沒有自以為是到覺得「上帝選中我來做這項工作。」此外，只有極度自傲和（或）有妄想症的人才會相信自己知道上帝在想什麼。我對於人類腦袋是否能夠達到和上帝一樣的程度感到真心懷疑——如果真的有上帝的話。

富勒讓我意識到我正在做的是許多人夢寐以求的事：做自己所愛的事，還能以此賺錢。

我以前也是在做我所愛的事。我是個企業家，有自己的公司。我是老闆，和許多全球知名的搖滾樂團合作，常能拿到後台通行證。我很喜歡這個工作，我的自尊心也很喜歡，我過得很開心。我住在威基基海灘上最高級的公寓裡，在韓國跟台灣都有工廠，且全美都有辦公室。我騎哈雷和開賓士敞篷車，和許多漂亮的女子約會。我可以說是酷到不能再酷了。

但在內心深處，我知道我的搖滾商品對世界沒有太大貢獻。不用上帝告訴我我的產品其實沒有讓世界變得更好，我自己知道。

這些搖滾商品其實就是富勒說的「有害商品」，由有害的公司製作出來的有害商品。

於是我遵從富勒的建議，睜開了自己的雙眼並且自問上帝希望我做什麼。身為未來學家的富勒，總是不斷關注要如何進化再進化。他會自問：「上帝想要給人類、地球和未來什麼東西？」

富勒相信人類是上帝費時幾百萬年的實驗，想要看人類能不能「理解」。富勒相信上帝想要知道人類用腦袋打造出來的，究竟是在地球上的天堂，還是在地球上的地獄。

他也相信人類正在接受「最後的考驗」。他相信，如果人類無法「理解」的話，我們就會用腦袋毀了自己和這顆小小的星球。富勒說，在人類和地球「滅絕」之後，上帝會讓地球重生，生命會再次出現，接著上帝會把一群新的靈長類放到地球上，於是一個新的百萬年實驗又會展開。

富勒對於生命的觀點是以百萬年為單位的，但一般人卻以十年為單位看待生命。這就是為什麼富勒能夠如此準確的預測未來，因為他以上帝的頭腦，而非人類頭腦來觀看未來。

我也是在跟他上了一週的課之後才開始自問「上帝的旨意為什麼」，而非「我想做什麼」。

由於我討厭貧窮，而且我不認為上帝會希望人類貧窮，因此我將財務教育視為貧窮問題的一個可能解方。我開始將富爸爸教我的事教給別人。這不是件容易的事。

富勒也經歷過類似的過程，最終他問了自己：「我能做什麼？我如此微不足道。」在問了這個問題後，他不再為了錢工作，轉而問自己上帝的旨意是什麼，以及自己能做什麼。

我不知道上帝是否想要繁榮勝過貧窮，但這是我創立富爸爸公司的原因和方法。我相信要教人釣魚，而不是給他們魚吃。

問：你覺得如果事態照現在這樣發展下去，有可能爆發另一場世界大戰嗎？

梅琳達 G. —— 澳洲

答：有可能。我們已經身在其中了，這是一場有許多戰線和多層級的戰爭。現代的戰爭包括貨幣戰、貿易戰、恐怖主義、科技戰、軍事戰爭和社群媒體戰爭。

托克維爾（Alexis de Tocqueville）曾說：「欲摧毀民主國家的自由者應當知道，戰爭是其通往成功最可靠亦最短的路徑。」

我很擔心我從小生長的美國和美國夢都已不復存在了。

我很擔心我們早已身陷另一場世界大戰，而這次是一場透過社群媒體，由貪婪、無知、仇恨和暴民所煽動的戰爭。

我很擔心我們正站在分界點上，即將進入艾茵．蘭德（Ayn Rand）在其經典《阿特拉斯聳聳肩》（Atlas Shrugged）裡描述的世界，一個由社會主義和法西斯主義官僚（也就是光明會份子）所控制的世界，而真正的資本主義份子，真正創造財富的人卻被迫躲藏。

就許多面向而言，我已經在躲藏了。

問：你覺得美元貶值和惡性通膨最終會使菁英曝光，並終結他們相對於99%人口的優勢嗎？

威廉J.——瑞典

答：不會。永遠會有人想要支配和壓迫他人，並剝奪他人的自由。

富勒在說到人類「沒有理解」時所形容的人性特點，就是人性當中的傲慢、殘酷、貪婪和專橫，而人類之所以正在接受「最後的考驗」也是因為這些特點。

當富勒談到或寫到人類要「理解」時，他說的是人類必須進化，我們必須從只為自己工作進化成一起為世界工作，而且是為眾人工作，而非只為受過高等教育的有錢人工作。

再次引用托克維爾的話：「美國的偉大之處不在於比其他國家更進步，而在於其修正自身錯誤的能力。」

當聯準會在一九九八年、二〇〇八年和現在印造了數兆美元並掠奪全球財富時，美國就不再偉大了。當美國以保護有錢人、摧毀中產階級並創造出受過教育的窮忙底層為名大量印鈔時，其便已失去了道德的準繩。

我們的教育體系是有錢人和高知識份子掠奪其他人和摧毀環境的幫兇，一切都以印造虛假貨幣為名。

第十五章
誰拿走了我的錢？

退休、退休金和虛假的資產如何導致窮人及中產階級變得越來越窮

從二〇〇八年開始，全球前四大央行總共印造了超過九兆美元來拯救世界經濟。這些錢去了哪裡？誰拿到了這些錢？你嗎？還有為什麼這麼多退休基金都面臨破產？

對世界經濟的威脅

我在二〇一八下半年寫作本書的同時，全球經濟有四個重大威脅，分別是：

1. 利率上升

二〇〇八年過後，全球央行紛紛將利率降到近代最低的水準，因為央行希望人民借錢。成本低廉的債務讓世界陷入巨大的資產泡沫，股票、債券、房地產和企業都成了巨大的熱氣球，而利率上升將導致這些熱球氣墜落。

2. 中國

中國的麻煩大了。中國恐怕是主要國家裡，債務占 GDP 比率最高的國家。中國無論是借入還是借出的金額都是全球最高。如果中國倒了，世界也會跟著倒。

一旦中國經濟衰退，澳洲和巴西等出口原物料到中國的國家也會跟著受害。

3. 美元強勁

在川普總統減稅，尤其是減少B象限公司的稅之後，美國就成了避稅天堂。數十億美元的熱錢湧進美國使美元強升。

強勢的美元對勞工階級不利，因為美國製造的商品變貴，而一旦對美國產品的需求減少，勞工便會失業。

強勢的美元也對有美元借款的新興國家不利，美元強勢代表自身國家的貨幣走弱，將使這些規模較小的國家和公司更難償還其美元債務。

4. 退休金

如同前一章所述，全球的勞工退休金都面臨破產危機。

在美國，許多人靠著救濟金和醫療保險過活，就像數百萬的嬰兒潮世代人在退休後需要靠著社會福利計畫過活。

有個你可能也知道的事實是：導致美國人破產的首要原因是醫療支出。

到了二〇三〇年時，嬰兒潮世代將進入「超高齡」（八十五歲以上），但就在嬰兒潮世代最需要錢的時候，全球的退休系統也可能會崩潰。

再次引用前幾章當中，關於日漸趨嚴重的退休金危機之各家說法：

國際貨幣基金組織警告：

最大的風險來自各州政府和地方政府的退休基金問題。

塞蒙．布雷克警告：

西班牙的退休基金幾乎要完全見底了。

英國的無資金準備公共退休金已經累積了數兆英鎊。

就連保守的瑞士，有資金準備的公共退休金也只占了69％，但以今日如此悲慘的標準看來似乎算是表現相當良好了。

馬丁．阿姆斯壯警告：

全美最大的公共退休基金是加州公務人員退休基金（CalPERS），但加州卻有嚴重的無清償能力問題。強烈建議我們的客戶在來不及以前趕緊脫手。

路透社警告：

退休金給付擔保公司（PBGC）可能將在十年內破產。PBGC是美國聯邦政府透過為數百萬美國勞工退休金提供保險，以便協助這些問題纏身的年金方案的官方機構。

既然幾百萬勞工已經撥付了好幾兆美元的資金到這些退休基金裡了，為什麼這些退休基金還會破產？誰拿走了這些錢？

差距

一九七九年以來，稅後收入占比變化（經通膨調整）

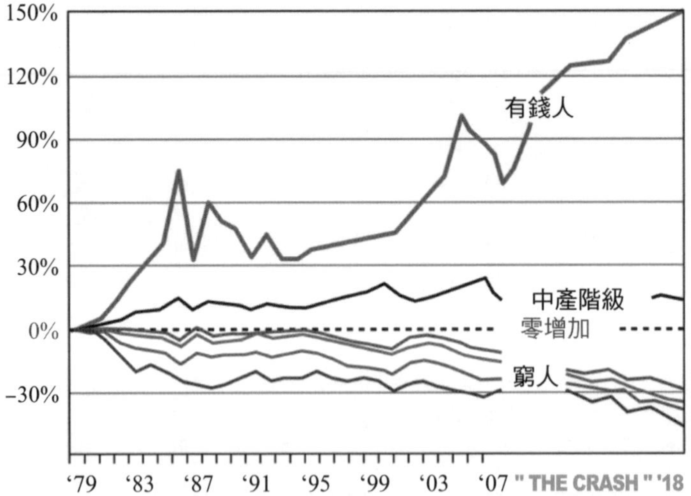

資料來源：美國國會預算辦公室

有一個更恰當的問題是：為什麼有錢人越來越有錢？

一張圖勝過千言萬語。上一頁的圖表顯示出，退休金從窮人手中進到中產階級再到有錢人手中。

問：等一下，你是說我們的退休金從窮人手中流到中產階級再流到有錢人手中？

答：沒錯。因為沒有受過真正的財務教育，中、下階層的人就像在太空裡迷航，完全不懂自己的財富如何透過他們努力賺來的錢、繳的稅和他們的房子、存款及退休金帳戶，慢慢被有錢人偷走。

財富大掠奪

我在一九八三年時讀了富勒的《強取豪奪的巨人》。你可能還記得，巨人（Grunch）這個字代表「全球大型財富掠奪」。一九八三年時，我人生中頭一次成為真正的學生，想要了解巨人如何竊取了我們的財富。

我發現強取豪奪的巨人是透過政府、教育體系、金錢、宗教、銀行和華爾街進行掠奪財富。以下是五種巨人透過金錢、存款和投資偷走眾人財富的方式。

中、下階層節節敗退的五個原因

一、賭徒管賭場

一九五〇和六〇年代時，只有賭徒才會投資股市。當時如果財務管理師將股票推薦給客戶，會被視作是一件不道德的事。

經歷過二戰者的心中，對於一九二九年發生的股市崩盤和其後長達好幾十年的經濟大蕭條仍餘悸猶存。因此，一九五〇到六〇年代，聰明的投資人會購買政府債券或存錢。

一九五〇到六〇年代，窮爸爸和富爸爸都在存錢。當時存錢比投資股票安全，因為在一九四四年的布列敦森林協定後，美元有黃金支持，也因而成為全球的準備貨幣，或者「跟黃金等值」。

一九七一年，尼克森總統為金本位制度釘上最後一根棺材釘。

美元和所有的政府法幣都成為債務。賭徒接管了政府這個大賭場，欠錢的人成為贏家，而存款的人成為輸家。

全世界的教育體系都不曾提及這個全球史上極為重大的歷史轉折。

窮爸爸繼續存錢，沒有改變。他期望存款和政府退休金能救他。

而富爸爸改變了，他必須改變，因為作為企業家，他沒有政府給的薪水或退休金可以依靠。

一九七三年的某個時間點，富爸爸做了天翻

美國公債歷史利率

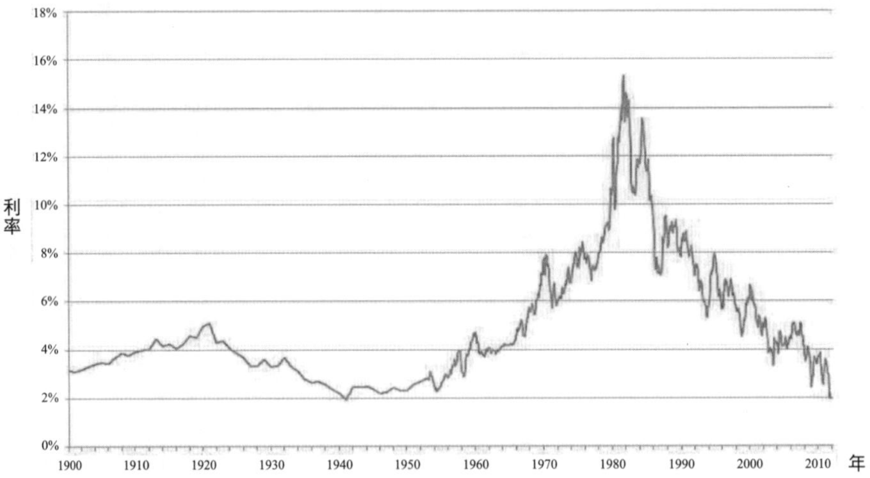

資料來源：Observations (ObservationsAndNotes.blogspot.com)

地覆的改變。富爸爸在一九七三年了解政府想要做什麼之後，就想出了他的第一堂課：「富人不為錢工作。」

一九七三年時，富爸爸理解到錢是有毒的，專門用來竊取以下這些人的錢：為錢而工作的人、存錢的人或是投資 **401(k)**、**IRA**、股票、共同基金和 **ETF** 等有政府補助的投資標的物的人。

一九七三年時，富爸爸建議他的兒子和我學會如何用債務取得資產。這是我去上了人生第一堂房地產課程的原因，之後我也上了股市、債券和 **CFP** 的課程。

各位可以從上一頁的圖表看到，一直到一九九〇年左右，存錢的人不斷上升。

一九九〇年過後，利率開始下調，存錢的中、下階層成了輸家。

一九九〇年之後，由聯準會、大型銀行和美國財政部所帶領的賭徒們開始印造越來越多的貨幣，以便拯救自己和他們的有錢人朋友。

印鈔使得窮忙族和中產階級變得越來越窮，因為虛假的貨幣創造出通膨，而通膨則讓生活開銷越來越高。

重述一次富爸爸的第一堂課：

「富人不為錢工作。」

複習窮爸爸的教導：

「去上學、找個好工作賺錢和存錢，不要借錢。」

我沒有聽窮爸爸的話。

掠奪簡史

一九七一年後，賭徒成了贏家。仔細注意一下道瓊工業平均指數，也就是股票市場，是在一九七一年過後開始加速上漲的。

一九七〇年代商學院開始貶低黃金，用凱因斯（John Maynard Keynes）的話說，黃金是「野蠻的遺跡」。現在多數的 MBA 畢業生和公司主管都只懂虛假的貨幣和資產，對於上帝的貨幣，金和銀則所知甚少。

一九七〇年代開始，窮人和中產階級的小孩也被專給有錢小孩讀的長春藤名校錄取。布里爾在他的《尾旋墜落》裡描寫了像他這樣中、下階層的小孩如何被長春藤名校錄取，並開始與有錢人家，包括來自甘迺迪、布希和川普等家族的小孩來往，而這些小孩的父母全都擁有多家企業和房產。

歐巴馬、柯林頓和希拉蕊等讀過名校的中、下階層學生都發現他們必須努力追上有錢的同學。注意到他們三位都是律師了嗎？同樣身為耶魯畢業的律師，布里爾寫到許多出身中、下階層的律師開始發明虛假的資產、經過金融操縱的衍生性金融商品，這些產品雖使他們致富，卻剝削了其他中、下階層的人。

一九七二年時，尼克森總統對中國敞開了大門，窮忙的人從此變得更窮了，因為他們的薪水成長停滯且（或）工作也沒了。

一九七四年，員工退休所得安全法（ERISA）通過，這項法案在許多想要政府稅金的團體遊說之下被強力推行通過，這些團體包括大型銀行、聯準會、華爾街、好幾千個其他利益團體、軍方、教師工會和各家 NGO（就是川普總統說的「沼澤」）。四年後，401(k) 的雛形出現了。

ERISA、401(k) 和 IRA 都是「沼澤」的傑作，ERISA 為後來的 401(K)、IRA 和員工退休計畫鋪好了路，同時也將通往股票和債券市場等大型賭場的大門打開，讓數百萬沒有受過財務教育的中、下階層勞工走進這個賭場。

就在領導人不斷印鈔和剝削勞工的同時，有一些像富爸爸這樣的中產投資人看穿了財富掠奪的祕密，並在股票、債券和房地產市場陷入泡沫時賺了一筆錢。

到了一九七八年，已經有數百萬的外行人被迫走進由有錢人擁有的銀行和華爾街等大賭場裡。

富爸爸總將這些大賭場稱為「紙牌屋」。這些紙牌屋在一九九九年以後變得越來越不穩定，因為一九三三年通過了將商業銀行和投資銀行業務區別開來的格拉斯史蒂格勒法案將在一九九九年被廢止。

柯林頓總統以及以時任財政部長的羅伯特．魯賓為首的一班菁英強盜們，包括前高盛公司的聯合主席和美國外交關係協會的榮譽主席等，摧毀了窮忙族和中產階級的生活。

問：格拉斯史蒂格勒法案的廢止，如何摧毀了窮忙族和中產階級的生活？

答：格拉斯史蒂格勒法案的廢止，讓銀行家可以拿走一般投資人的存款，將錢投資在大賭場裡。

當賭場害一般投資人輸錢後，聯準會和美國財務部還幫賭場紓困，犧牲一般投資人的未來，以拯救有

為什麼存錢的人是輸家

美元1913年至今的購買力變化

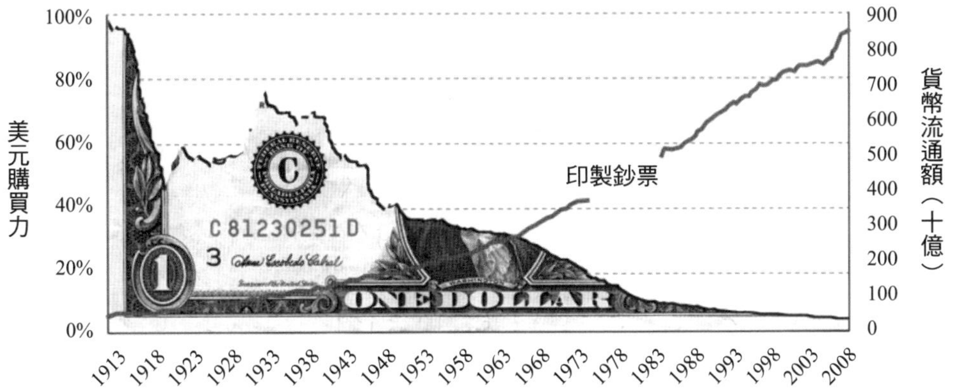

資料來源：美國勞工統計局

錢人。

有錢人用一般投資人的錢當賭注，害一般投資人賠錢後，還要一般投資人用稅款來還他們輸的錢，而紓困的錢就像是給這些有錢人的紅利一般。

紙牌屋崩垮

雖然這樣虐待了一般投資人，但好像也沒什麼大不了，畢竟只是幾百萬人被踩在腳底而已，誰在乎呢？但接下來，紙牌屋開始不穩了。

一九九八年，全球紙上賭場的地基開始碎裂，於是大型的市場崩潰也隨之展開。

在二〇〇八年的金融危機後，全球的央行和美國政府據估計印了快九兆美元的鈔票，只為了拯救自己和他們的朋友。

我在二〇一八年寫作本書的同時，全球正陷入另一個大型的經濟泡沫。股票、債券和房地產讓數百萬的賭徒致富。

一九七一到二〇一八年間，賭徒成了贏家。

一九七一到二〇一八年間，許多中、下階層勞工努力工作賺取虛假貨幣、存虛假貨幣，還將虛假貨幣投資在虛假資產裡，但因為這些虛假資產全由讀過一流商學院的虛假基金管理人管理，因此勞工成了今日的最大輸家。

三大經濟泡沫

大泡沫一

一九九八：泰國泡沫破滅。

一九九九：長期資本管理公司泡沫破滅。

二〇〇〇：網際網路泡沫破滅。

大泡沫二

二〇〇八：房地產衍生性金融商品泡沫破滅。

大泡沫三

二〇一八泡沫年？

二〇一八年利率上升的同時，股票和房地產市場卻衰退。

據CNBC報導，亞洲的「超級富豪」光是在二〇一八上半年，就因為亞洲市場疲弱而損失了超過千億美元。

據另一項報導估計，二〇一八年十月一日到十四日之間，全球資本市場蒸發了將近六兆美元。

盡頭將至了嗎？

二〇一八年的股市下跌是富豪離開賭場的徵兆嗎？二〇〇八年過後十年，一般投資人又要輸了嗎？

道瓊工業平均指數(DJIA) 1895-2015

陰影區代表美國經濟衰退

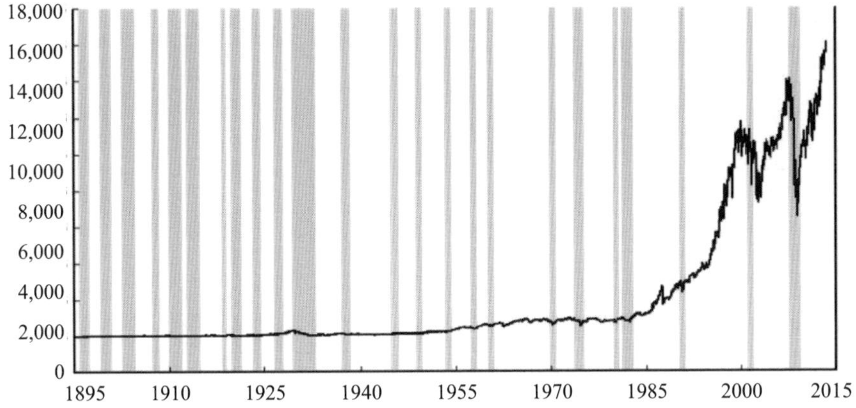

資料來源：標普道瓊指數有限公司

三重頂

高中的我不是整天衝浪就是坐在教室裡看著窗外，仔細觀察海浪。

每個衝浪的人都知道，巨浪是一組一組來的，而且通常是三道一組。意思就是，如果不小心錯過了頭兩道浪，就趕緊調頭向外海划去吧，第三道巨浪馬上就要來了。

我清楚記得自己衝過的最大一道浪。那是個冬天，巨浪侵襲夏威夷海岸的時候。我本來不應該下水，而應該和其他人一起在岸上觀浪的。當時的浪已超過我的能力，但自尊心卻讓我下水而且一直待在水裡。

那天，我聽到另一位比我更靠近外海的衝浪者對我大喊：「外側！」，意思是我離岸太近了，剛好位在大浪的崩潰區。

我聽到後立刻調轉浪板，瘋狂划水，希望能趕到「最外側」去。

第一道浪簡直像座山一樣，我只能勉強衝到浪頂，接著就看到第二波如山一般的浪朝著岸邊而來。在我勉強渡過第一道浪尖之後，我看到那位已在「最外側」的浪者還在划水。我知道第三道浪馬上要來了，也知道自己必須趕緊追上第二道浪，不然就會被第三道浪打翻壓入水下。

我起乘第二道浪的時機有些遲了，我估計浪高約有十二～十五英尺，在我站起身並下浪時，最高峰可能有到十八英尺。就在我一邊向前衝，而浪在我身後潰下的同時，我的雙腳已經有點不聽使喚了，但我不知怎麼的還是成功維持平衡，盡可能的衝到了岸邊，接著趕緊上岸並提著浪板以最快的速度在岸上往上跑，以便擺脫正要開始潰下的第三道浪。

其他浪者沿著第三波巨浪的表面上衝卻沒成功，眼睜睜盯著浪升到高峰接著潰下，接著看到他們的浪板劃過空中。那景象深深烙印在我腦海裡。

當有人問我如何預測市場時機時，我只會說：「我從小衝浪衝到大的。」

下圖顯示出歷史上較大的幾波金融海嘯。注意一下那三個高峰，交易員之間會稱這種模式為「三重頂」。

第一個頂峰是在一九九八年，第二個是二〇〇八年，我們什麼時候會看到第三個呢？

就歷史經驗來看，第三波頂點也預示了長期耗竭點的出現，第三波高點後隨之而來的就是大跌。

我猜測在二〇一九到二〇二五之間，許多現在很有錢的業餘賭徒將會成為明日的最大輸家。

問：大崩盤什麼時候會發生？

答：我在夏威夷的大島上長大，大島上的火山直到今天都還在噴發。每次噴發之前都會有「前震」，也就是一些小小的地震，警告居民火山要爆發了或是大地震要來了。而在爆發或是大地震過後，則會有餘震。

在我寫作本書時，前震的次數不斷增加。在我寫作本書時，大多數美國人都覺得過得很開心，因為失業率低、工作機會多、薪水正在成長。

問：哪些事件是前震？

成立富爸爸公司的原因

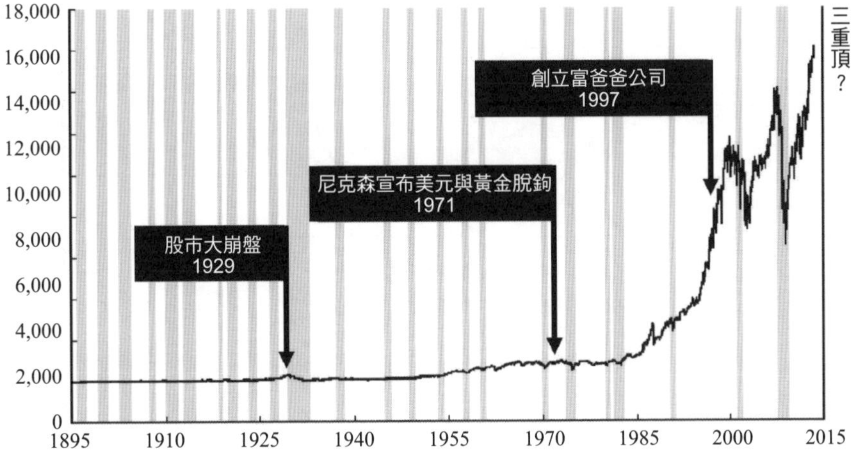

資料來源：標普道瓊指數有限公司｜2013 research.stlouisfed.org

答：不斷升高的國債和福利、債券和股票市場的突然崩跌、導致保險利率上升的大型環境災害、網路駭客攻擊、無止歇的全球反恐戰爭，以及全球充滿許多相互對抗和指責，卻不願解決本國或全球問題的領導人。

仍在尋歡作樂……

有句英語俗諺是：「羅馬城燒起來了，尼祿皇帶還在彈琴」。

底下的圖表顯示，美國都已經燒起來了，而我們的領導人還在為了競選而舉債。

賭徒的黃金時代要終結了嗎？

俗話說：「賭博保證讓你一無所獲。」

馬太福音（20：16）說：「這樣，那些在後的將要在前；那些在前的將要在後。」

本書就是要獻給那些今日在後，但想要明日在前的人。

以下是另外四個退休、退休金和虛假的資產導致中、下階級越來越窮的原因。

差距

一九七九年以來，稅後收入占比變化（經通膨調整）

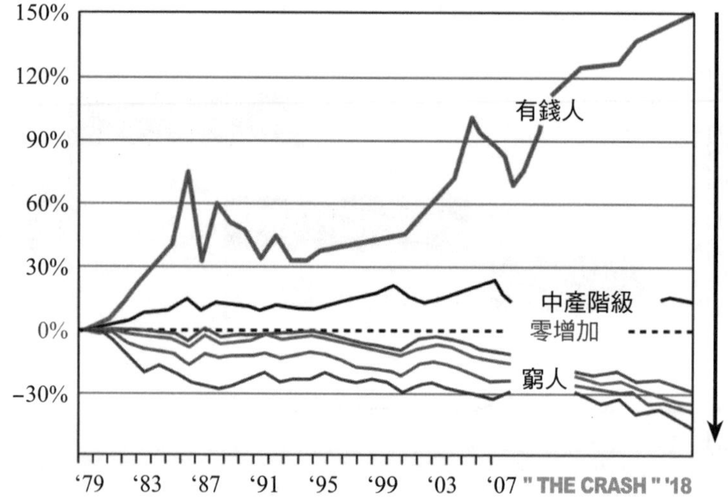

資料來源：美國國會預算辦公室

二、通貨膨脹

「年輕人有福了，因為他們將繼承國債。」

——美國前總統胡佛（Herbert Hoover）

「若沒有政府發放的助學貸款的話，大學學費將便宜許多。」

——蓋瑞・強生（Gary Johnson）

對後代的擔憂

美國的嬰兒潮世代生活過得挺輕鬆的，我們在世界史上經濟成長最快的年代裡長大。但一九八二年以後出生的千禧世代（X世代），和一九九五年後出生的網路世代（Z世代），也就是嬰兒潮世代的孩子和孫子輩的前方道路則艱困了許多。許多千禧世代不是失業就是學非所用，許多人甚至一出社會就背著沉重的學貸。他們同時也繼承了龐大的國債，一筆他們的父輩、祖父輩和曾祖父輩留下的金融災難。

未來的世代將被歷史纏身

如果未來的世代不改變這個腐敗的體系的話，他們的孩子和孫子將會繼承到什麼？

「政府透過持續推動通貨膨脹，可以不知不覺且祕密的將人民大部分的財產加以充公。」

——約翰・凱因斯（1883—1946）

「擊潰布爾喬亞（中產階級）的方式，就是讓他們在稅賦和通貨膨脹之間疲於奔命。」

——列寧（Vladimir Lenin，1870—1924）

「通膨使存款變得徒勞、破壞人們的計畫也阻礙投資，如此將導致生產力和生活水準降低。」

——凱文・布雷迪（Kevin Brady，1955—）

問：政府爲什麼希望有通膨？

答：以便用便宜的美元償還國債。

問：政府無法創造通膨後會發生什麼事？

答：硬幣的另一面就是通貨緊縮。如果過度通縮的話，美國和全世經濟就會陷入新一波大蕭條。

問：你是說政府希望我們爲了因通膨而導致價值越來越低的美元工作？

答：沒錯。

從下一頁的圖表可以看到美國的通膨現象如何侵蝕美元的購買力。

問：政府如何創造出通膨？

答：有很多方式，其中一種是印鈔票。

印鈔票會使錢的價值降低，只要政府和銀行持續在印鈔票，存款的人就會是輸家，而借款的人則是贏家。

記住：銀行體系建立在印鈔上，又以部分準備金制度廣為人知。意思是，存款的人每存一塊錢，銀行就有權借出那一塊錢的「一部分」。如果部分準備金是10%，存款人每存十美元，銀行就能貸出九美元。當借錢的人把借來的九美元存入銀行時，這家銀行又可以再貸出八點一美元。可悲的是，存下來的真正的錢只有一元。這就是為什麼一旦存款人恐慌的話，銀行恐怕無法把存款人存的錢全還給他們。

自救

「紓困」已是耳熟能詳的詞了，但未來則可能要「自救」，也就是存在銀行裡的錢可能會被轉換成銀行的股票。各位就成了銀行的投資人。

因此買個防火的家庭用保險箱，將金、銀、現金和各種重要文件從銀行提出來放在保險箱，可能是個明智之舉。

美元消費者購買力

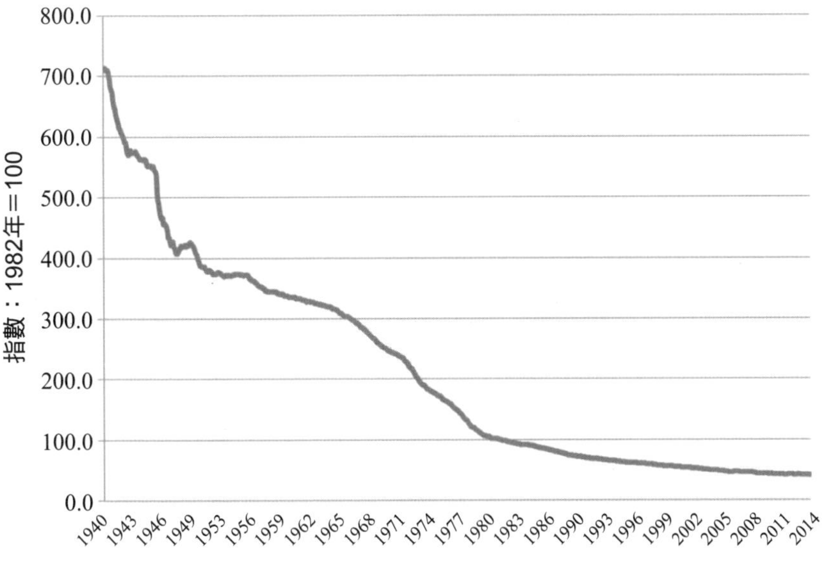

資料來源：美國聖路易斯聯邦儲備銀行

假的保險箱

有些人會有「假的保險箱」，假如這個人被搶劫的話，他就會讓搶匪看他的假保險箱，並讓搶匪拿走裡面的偽貴重物，像是偽珠寶和假的勞力士手錶等。真正的保險箱最好不要放在家裡，而是放在儲物櫃或是「假牆」後面等。

或者如果有很多資產要保護的話，更好的做法是將貴重物放在另一個國家，但要合法的做。許多人會祕密將錢和財富存在海外，但卻是以非法的方式，如此這些財富可能會被沒收。某些律師的專長就是合法的境外金融業務。

如果你想要照我寫的做，請記得要合法。

貨幣的定義

本書的第一部分裡，我曾寫到貨幣能成為貨幣的標準。

1. **貨幣要有儲存價值：**一九七一年過後，所有的政府法幣都有毒，無法令人信任其能儲存價值。就定義而言，因為所有的政府法幣已不再有儲存價值，所以不再是貨幣了。
2. **貨幣是記帳單位：**美元目前暫時是全球通用的記帳單位。
3. **貨幣是交易媒介：**同樣的，美元目前暫時是全球通用的交易媒介。

問：所以中、下階級變得越來越窮的其中一個原因，是因爲信任美元這樣的政府法幣？

答：沒錯。一九七一年以後，所有政府法幣都變得有毒，將為錢工作和存錢的人的財富偷走。

三、真正的資產讓有錢人越來越有錢

亞馬遜創辦人貝佐斯是億萬富翁，你覺得他是因為領好幾千萬美元的薪水變億萬富翁的嗎？

亞馬遜員工在二〇一七年的收入中位數是 28,446 美元，而貝佐斯十二秒內的收入就超過了 28,446 美元。貝佐斯的年薪只有一百七十萬美元。

雖然貝佐斯的年薪只有一百七十萬，（技術上來說）有點低，但他身為全球首富可不是無來由的。他的資產淨值不斷飛漲，主要是因為他持有近八千萬張的亞馬遜股票。

下一頁那幅前面出現過的圖表可以解釋為什麼貝佐斯如此富有。

每個月，數百萬名勞工的 401(k) 帳戶和退休金方案，總計數十億美元都會有一部分流入亞馬遜的股票裡。

所以貝佐斯的薪水雖然不變卻越來越有錢。

課程：「現金」和「流」是金錢世界裡最重要的兩個字。每個月，全球一般投資人的退休金都會流入世界各地的貝佐斯口袋裡。

四、市場崩跌讓有錢人越來越有錢

當市場崩跌（一定會發生的情況），中、下階級的人就會陷入危機。

但有錢人卻會在市場崩跌時去借款，將勞工的股份以低廉的價格買回來。

五、募資晚宴

我剛開始尋找自己的致富方程式時，會去一些總會讓我想起政治募款的募資晚宴（RCDs）。在這些募資晚宴裡，潛在客戶（像我這樣的人）會坐在裡面，吃著一些品質不太好的餐點，一邊聽財富管理公司或管理人的簡報。

好幾次我差點要將那些餐點吐了出來。我無法相信人們竟然聽得下這些胡言亂語。

問：如果退休基金快要破產了的話，有錢人要如何變有錢？

答：這個遊戲的名稱是「資產管理」，就算一般投資人的投資沒在賺錢，有錢人還是能從受管理的資產裡收取各式各樣的費用並藉此賺錢。

二〇一三年五月二十七日《富比士》報導：

「沉重的投資管理費」

「想到每年要付出40％的報酬給投資組合管理人或顧問，可能會讓許多人望之怯步，但這卻

差距

一九七九年以來，稅後收入占比變化（經通膨調整）

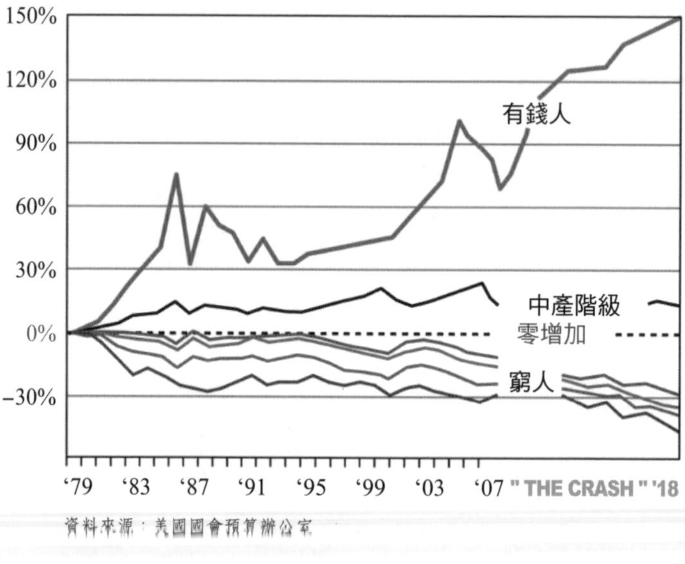

資料來源：美國國會預算辦公室

是許多人在聘請投資顧問幫他們管理共同基金或 ETF 投資組合時，實際要付出的費用。」

二〇一六年五月十一日，《書呆子錢包》（NerdWallet）報導：

「為什麼1%的管理費可能會讓千禧世代的退休存款付出五十九萬美元」

「書呆子錢包的分析發現，四十五歲到六十五歲的投資人，因投資費用而損失的錢從12%上升到了25%。

「書呆子錢包的投資及退休部門首席分析師凱爾．拉姆齊說：『大家都在談**複利**的好處，卻沒什麼人提及**複合費用的危險**。』」

募資晚宴的成本

我去過許多募資晚宴，在這些晚宴上，財金專家總會告訴我們他們的神奇方程式如何幫人致富。

在某次的晚宴上，我突然拿出計算機，仔細閱讀印刷精美的手冊上那些附加細則，仔細計算我如果從三十五歲開始投資的話，總共需要付多少投資管理費。

結果非常驚人，如果我一開始每月投資七百五十美元到 401(k) 帳戶裡，而年報酬率有達到8%的話，我每年要付的管理費用和其他隱藏的費用會超過兩百五十萬美元。兩百五十萬美元可以讓你吃非常多頓的募資晚宴了。

我讓我的會計師再幫我核對了一次數字，他只說：「幸好你當場離開了。」

但困擾我的是實在太多人沒有當場離開，他們大部分都搶著排隊想要報名個人財務分析服務。

他們為什麼要排隊？因為大部分的人都不滿意自己現有財務顧問帶來的報酬率。

正如我先前所說，這個遊戲的名稱是「資產管理」而不是「為客戶的投資賺取報酬」。

從紐約來的臭屁顧問帶來的神奇方程式其實也沒那麼神奇，就我能確定的部分來看，這位專家的神奇方程式也不過是跟著標普 500 指數而已，這只要有讀小學五年級的人都做得到。

這位自吹自擂的顧問還宣稱他所收的費用只有1％，但當我仔細讀了細則後發現，費用遠高於此。即使如此還是無法阻止急迫的人們投入幾十萬，甚至幾百萬美元到他身上。

問：這些人在急什麼？

答：大部分的一般投資人都在追求投資報酬率（ROI）、獲益或資本利得。他們只是希望自己的錢能夠「成長」而不是縮水，只有不到5％的基金管理人能獲得高於平均的收益，但就算你輸了，基金管理人還是會贏。

與其關注股市的上上下下，倒不如關注基金管理人到底收了多少百分比的費用還比較明智。而且費用的名目相當多：

- **券商帳戶費：**這種費用可能包括維持券商帳戶的年費、協助決定投資策略的高級研究訂閱費用，或者是取用交易平台權限的費用。
- **交易佣金：**買賣股票等投資標的時仲介收取的費用。
- **共同基金交易費：**買賣共同基金時的仲介費。
- **費用率（Expense Ratio）：**所有共同基金、指數型基金和 ETF 都會收的年費，以該基金中的投資總數按比率收取。
- **銷售費用：**部分共同基金收取的銷售費用或佣金，以付給賣出該基金的仲介或銷售人員。
- **管理或顧問費：**投資人付給財務顧問的費用，一般以受管理資產總額的一定比例收取。
- **401(k) 費用：**維護該方案的管理費，通常雇主會將費用轉嫁至方案參與人身上。

真正的註冊財務策劃師

約翰・麥嘉瑞（John MacGregor）是我的多年好友，已有二十五年的 CFP 經驗。他寫了一本《有錢人破產的十大原因》（The Top 10 Reasons the Rich Go Broke），該書收錄了許多故事，全都是有錢人聽從財務規劃人員的建議卻破產的真實故事，相當駭人。只要將退休金投資在管理基金裡的人，都應該要讀這本書。

當中有個有趣的故事是，麥嘉瑞有天參加了一場募資晚宴，發現台上的財務規劃師很眼熟。他突然意識到那位「專家」根本不是基金管理人，而是好萊塢演員，曾在多個電視廣告裡出現。該位演員只不過是在那個晚宴裡扮演基金管理人罷了。

麥嘉瑞說當他看見幾乎所有人都排著隊，等著把自己的錢拿給這位演員時，他簡直快吐了。

費用的報酬率

我明白大家都需要錢，所以仲介公司會收取費用、佣金、顧問費和管理費等。

我不是嫉妒他們可以收取這些費用或佣金，我的重點是，投資人需要了解「平均下來」這個詞的意義，因為平均是個謊言：裡面包含了投資報酬率（ROI）和費用報酬率（ROF）。

分析費用

如果你有退休帳戶，或者投資貨幣市場帳戶、401(k) 或 IRA 等有政府背書的退休計畫的話，這類方案大多充滿共同基金和 ETF，因此首先要看的是他們收取的費用而不是報酬率。如果你數學不好，或是不喜歡看那些細則的話，記得僱用會計師或律師幫你好好閱讀和分析這些細則。長期下來，這個小動作可能會為你省下好幾百萬，遠遠、遠遠超過會計師或律師的費用。

請會計師或律師幫忙讀這些細則的費用，可能比讀大學的學費還貴。

我也付了很多各式費用，為什麼？因為我的費用報酬率（ROF）非常吸引人。

我付了好幾千美元的費用給我的合夥人和富爸爸公司的顧問：肯．麥可羅（Ken McElory）的房地產投資公司。

為什麼？因為麥可羅的投資報酬率是無限的，在投資人回本以前，他不會收取任何費用。在投資人回本之後，麥可羅才會抽部分的報酬作為費用，以我和金的情況來說，這個報酬是好幾百萬美元。無限報酬是「虛假」的相反。後面的章節會再詳細說明。

高於一般的佣金

我和金在二十年前剛搬到鳳凰城時，就想要知道鳳凰城第一名的商用房地產仲介是誰。

沒過多久我們就找到了。我和金一起和克雷格見了面，相當喜歡他和他的投資哲學，於是向他提出一項我們跟所有優秀房仲都會提的提議。我們不會只付給他一般房仲收的6％仲介費，而是10％的仲介費，同時邀請他成為夥伴，並加碼給他10％的投資報酬。

我解釋一下為什麼我和金會這麼做。

我和金都注意到，許多投資人會要求仲介做同樣的工但收較少的錢。比方說，買賣雙方的仲介都坐到談判桌上了，就在雙方的仲介要達成協議之前，通常買方或賣方就會要求仲介要「砍一些佣金」，也就是要他們做一樣的工但賺更少。比方說，他們可能會要仲介做一樣的事，但只收3％而不是6％。

我也不知道為什麼大家會這麼做，他們一定覺得砍了仲介的佣金顯得自己很聰明。但我和金不做這種事，如果我們的仲介是全城最好的，我們會希望他能成為夥伴。

請看現金流象限圖。

象限的左邊為中、下階層；象限的右邊則是有錢人。

大部分人都以E和S象限的眼光看待世界，也把房地產仲介視為S象限的人，認為就只是個「掮客」而已。

我自己身為B和I象限的人，如果合作對象傑出的話，我希望他們也成為B或I象限裡的人。麥可羅是B和I象限的夥伴，克雷格則是I象限的夥伴。

有天，一位朋友問我怎麼找到這麼好的投資標的時，我回他：「我視仲介為夥伴，而不只是一個掮客。」

好幾次，我們的夥伴都讓我們成了百萬富翁。

在其他投資人還在試著砍仲介的佣金時，我們已經賺了好幾百萬。

最糟的建議

幾年前，一位朋友建議我和金換一家會計公司。我和金都樂意學習新事物，於是同意和一間全國知名會計事務所的人見面，並同意讓他們分析我們的財務報表。我們約了幾個星期後再見面。

我和金坐在房裡，接著他們的首席會計師宣布：「我們的財務規劃專家特地從華盛頓特區飛過來，為你們提供投資組合的建議。」

這位專家穿著東岸學院風的衣服並戴著玳瑁紋鏡框的眼鏡，進門坐下來之後說：「我看過你們的投資組合了，你們在房地產的比重太高了。我建議你們把所有房地產賣掉，把錢投入股票、債券和共同基金裡。」

我和金忍不住大笑，以為他在開玩笑。

他難道看不出來我們大部分的收入都來自房地產帶來的現金流嗎？

他卻沒有笑，一臉嚴肅的樣子。

我後來問我們的私人會計湯姆．惠萊特：「他難道沒看出我們從房地產賺了好幾百萬還免稅嗎？」

湯姆點點頭，說：「他看出來了。」

「那他為什麼還建議我們賣掉所有房地產？」

湯姆說：「因為他沒辦法從你的房地產裡收到佣金。」

我和金問：「他賺的錢從哪來的？」

「受管理的資產。」

言語的力量

小時候我們常說：「棍棒和石頭會打斷骨頭，但言語不會傷人。」

這句話和事實的落差很大。言語充滿力量，非常、非常強大的力量。我們都曾因為言語而感到受傷，也曾因言語而感到美好。我們也曾因言語而受到鼓舞或挫折。同時，我們也都曾被言語所蒙蔽、欺騙和誤導。

我從 MBA 課程裡退學的其中一個原因就是言語。許多教授都不用真正的商界使用的詞語，他們說的話都是基於理論而非事實。

真正讓我下定決心的是我的會計老師，當他說出「資產」和「負債」的虛假定義時，我就走了。以下是學校教的資產和負債的定義。

資產（名詞）：個人、企業或國家所擁有或可控制的具有經濟價值之資源。

我不曉得你們的看法，但我覺得這個定義模棱兩可，一點也不清楚實用。

負債（名詞）：企業在執行業務的過程中所產生的法律上之金融負債或義務。

這就是為什麼這麼多人和會計師會說一個人的家、車子和冰箱是「資產」。模糊的定義讓會計師和其他人能「騙自己」，所以才會有這麼多人說「我的房子是資產」，但房子其實是負債；所以，當有人說「我的資產淨值是……」時，我就聽不下去了。

資產淨值通常毫無價值，一點都沒有，因為資產淨值是基於謊言、希望、夢想和幻想的。大家都可以把自己的車子、家具、衣服、房子，甚至是價格過高的藝術品算進資產淨值裡。所以富爸爸總說：「資產淨值根本一文不值。」

富爸爸的小學堂

富爸爸常說：「有豪宅和名車的人往往比什麼都沒有的人窮。有豪宅和名車的人表面上看來富有，資產淨值也高，但一旦工作沒了，可能不到三十天就破產了。」

所以富爸爸常說：「銀行想看到你的財務報表，而不是學校的成績單。財務報表顯示出一個人的財務 IQ，也就是他在用錢方面的聰明程度。」

富爸爸只想要確切的數字，他能計算和驗證的數字。所以富爸爸教導他的兒子和我商業界裡最重要的兩個字：「現金」和「流」。

富爸爸的老師

如先前所說，富爸爸是跟著真正的老師學做生意的。他在接手他爸爸的生意時只有十三歲，他的老師就是公司往來的銀行、會計師、律師、簿記員和各種人。

從他十三歲開始，他的老師就必須符合 KISS 原則：保持簡單。

因此富爸爸才會在他的兒子和我才十歲時就教我們：「資產和負債都是名詞，還需要一個動詞才能知道一個名詞究竟是資產還是負債。舉例來說，房子是個名詞，在沒有加上『流』這個動詞以前，你不會知道這究竟是資產還是負債。」

如果房子是出租用的，能把錢放進你的口袋，那就是資產。

如果房子是你的家，把錢從你的口袋拿走的話，就是負債。

所以我和富爸爸的兒子學到：

1. 資產把錢放進（現金流入）你的口袋。
2. 負債則把錢從口袋拿走（現金流出）。

你最大的負債

從一出生開始，退休，也就是當你不再工作或無法工作的那天，就是你最大的負債。

如果你有幸能夠長命百歲的話，未來的生活費將會越來越貴。

這就是救濟金和醫療保險會瀕臨破產的原因，因為嬰兒潮的人紛紛退休了。

松鼠擁有為了過冬而預先儲存核果的本能，但人類沒有。一個人如果無法存下足夠的財務，支持他們在退休以後的生活，他個人及家人的人生寒冬就會像是松鼠還在冬天就吃完所有核果一樣。

我的一位朋友因為無法再在家照顧媽媽，所以找了一間有提供二十四小時醫療照護服務的老人安養機構。該機構的費用每月九千美元，如今他的媽媽已在安養機構住了六年，且應該還會更久。

他們都沒有預料到媽媽會活這麼久。安養機構的費用已超出他每月賺的錢，他和妻子只靠收入和退休金存款過活。

那麼當你不再賺錢以後，誰來照顧你呢？

水至清則無魚

我在本書前面的章節曾說：「一九七一年後，貨幣就變得看不見了。」

差距

一九七九年以來，稅後收入占比變化（經通膨調整）

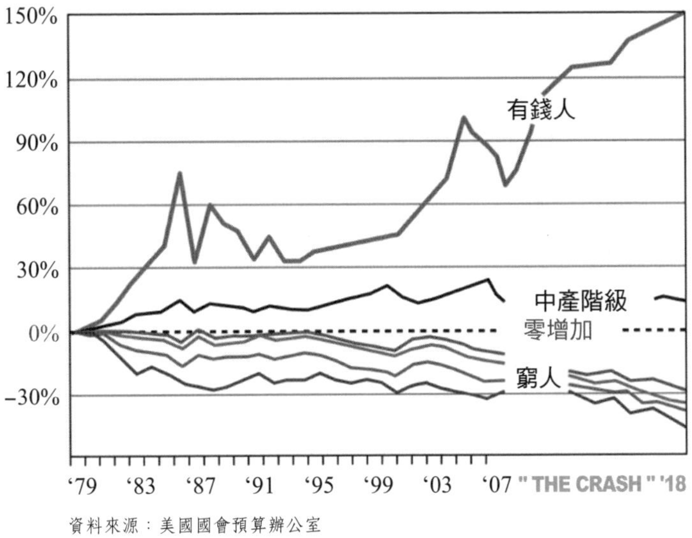

資料來源：美國國會預算辦公室

大部分的人因為未曾受過真正的財務教育，所以都看不見錢。

大部分的人矇著眼在混濁的水裡游泳。大部分的人因為沒有受過真正的財務教育，所以連資產和負債的差別都不知道。

這使得控制著央行、政府、華爾街、「大到不能倒」的銀行和學校的超級有錢人變得更富有，因為他們能抓到矇著眼在混水裡游泳的小魚。

一旦小魚被抓住，在虛假貨幣的巨大網裡游泳之後，超級有錢人就會把一些虛假的資產，像是儲蓄帳戶、股票、債券、共同基金和ETF等，賣給被困住的小魚。

對於一般人而言，如果他們長命百歲的話，退休就會是他們最大的負債。

超級富豪很清楚這一點。

他們把虛假的資產賣給一般人，因為一般人的假資產其實是有錢人的真資產。只要坐看現金流動就好。

跟著錢

要了解真正的資產和虛假資產的差異，只要再把所有圖表仔細看過一遍並跟著錢就可以了。

象限和稅

把現金流象限和稅一起看時，混濁的水就會變得稍微清澈。

為錢工作者所得稅率最高。

每個象限的所得稅率

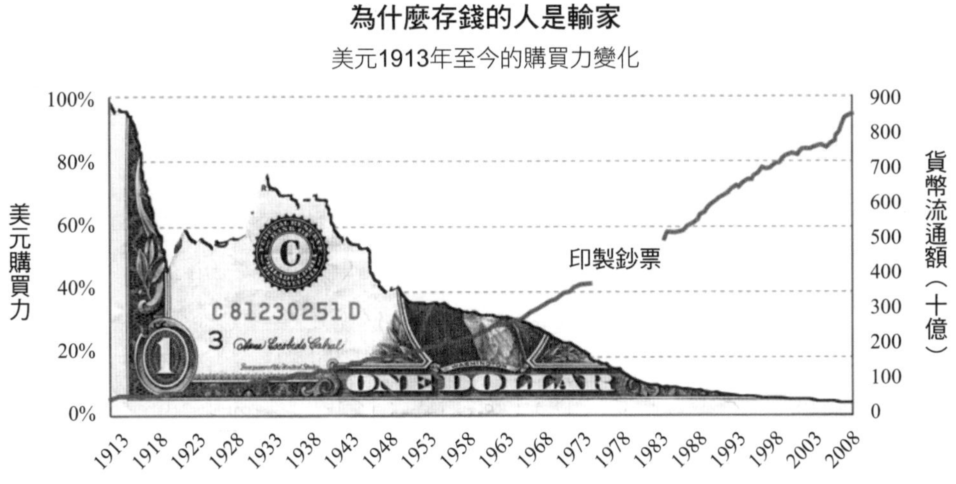
為什麼存錢的人是輸家
美元1913年至今的購買力變化
美元購買力
貨幣流通額（十億）
印製鈔票
100%
80%
60%
40%
20%
0%
900
800
700
600
500
400
300
200
100
0
1913
1918
1923
1928
1933
1938
1943
1948
1953
1958
1963
1968
1973
1978
1983
1988
1993
1998
2003
2008
C 81230251 D
ONE DOLLAR

資料來源：美國勞工統計局

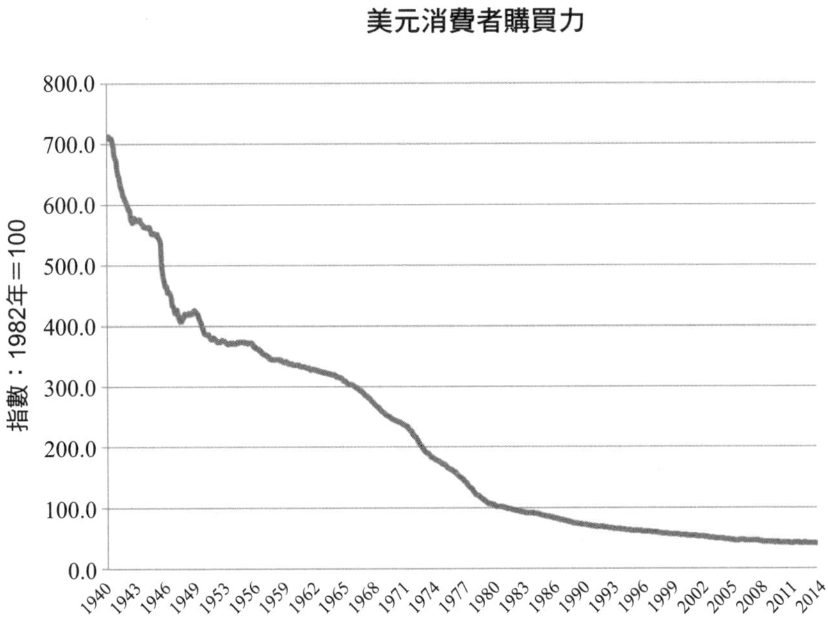
美元消費者購買力
指數：1982年=100
800.0
700.0
600.0
500.0
400.0
300.0
200.0
100.0
0.0
1940
1943
1946
1949
1953
1956
1959
1962
1965
1968
1971
1974
1977
1980
1983
1986
1990
1993
1996
1999
2002
2005
2008
2011
2014

資料來源：美國聖路易斯聯邦儲備銀行

黃金 vs. 虛假貨幣

主要貨幣對黃金價格1900—2018

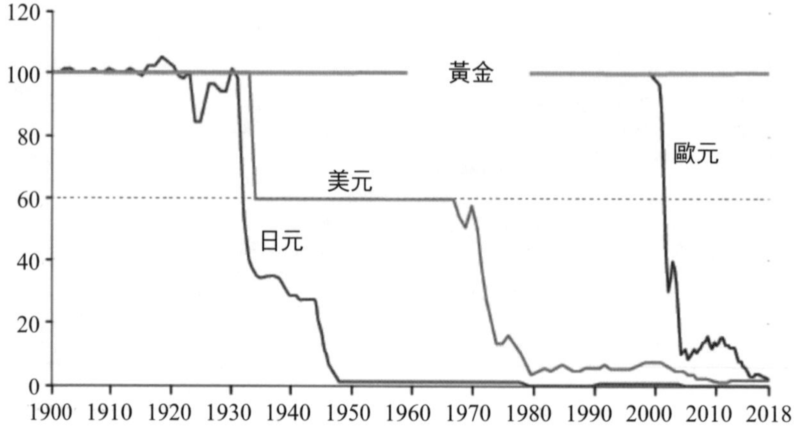

這是三重頂嗎？

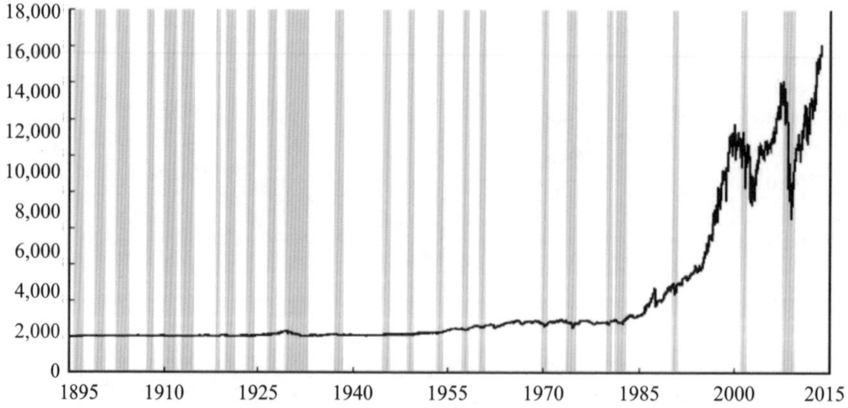

資料來源：標普道瓊指數有限公司

把勞工的錢拿去投資的人賺最多錢，所得稅率最低。

最糟的財務建議

這就是像「上學、找份工作、努力工作、存錢、買房、不要負債而且投資組合要多元，包括股票、債券、共同基金和ETF等」等建議很可能是導致差距的主因，請見355頁的圖表。

因為學校不教真正的財務教育，中、下階層人的終結即將到來。

我會提出幾個問題：

差距擴大以後會怎麼樣？

這個世界是朝著一個只有窮人和有錢人的和平世界發展，還是朝著另一場法國大革命或布爾什維克革命，也就是另一場有錢人和窮人的戰爭發展，讓無產階級從有產階級身上進行搶奪？

貧富之間的差距是否能夠縮減？

一些財務教育是否能改變世界的未來？

可以的，只要有一些真正的財務教育，貧富差距是能減少的。但你必須幫自己和家人尋找這種教育，因為我們的教育正被希望水保持混濁的人控制著。

問：誰控制了我們的教育？

答：一九〇三年，洛克斐勒等超級富豪參與了普通教育委員會的成立過程。如今，有錢人仍繼續掌控學校能教的科目，因此學校才沒有真正的財務教育。

結論

富爸爸常說：「當銀行家跟你說你的房子是資產時，他不是在說謊，只是沒把事實告訴你而已。他沒說的是，你的房子是銀行的資產，不是你的。」

存款、股票、債券、共同基金、ETF和退休方案等情況也相同。這些全都是虛假的資產，因為現金全會透過複合費用流到超級富豪手裡。

你只需要跟著錢走，就能看到現金究竟流到誰的手中。

傳奇投資人，同時也是先鋒基金（Vanguard Funds）的創始人約翰・柏格（John Bogle）曾說：「（投資人）投入了100%的錢也承擔了100%的風險，但只有33%的報酬。」

而且一旦共同基金市場崩潰的話，投資人將損失100%的錢。如果共同基金賺錢的話，投資人只會拿到20%的報酬，剩下的80%全由共同基金的所有人獲得。

記得，遊戲的名稱不是「顧好投資人的錢」，而是「資產管理」。

即使一般投資人損失了一切，即使基金崩潰、被燒了、不存在了，基金的所有人還是贏家，因為還有各式各樣的費用。

清澈的水是唯一所需

巴菲特說的最好：「如果你撲克牌玩了三十分鐘還不知道誰是冤大頭，你就是那個冤大頭。」

只要有清澈的水就能看到：

1. 錢從誰手中流出
2. 錢流入誰的手中

如此一來，你就能看到真正的資產和負債；最重要的是，你就會知道真正的冤大頭是誰了。

如果想學如何看見現金的流向，去上由真正的會計師教的真正會計課程、讀富爸爸顧問湯姆．惠萊特（一位真正的會計師）的書《免稅財富》，並好好玩幾場富爸爸現金流遊戲吧。

人們教導彼此

我和金在一九九六年時創作了富爸爸現金流遊戲，好讓人們能教導彼此，看到錢的流向。現在全世界有好幾千個現金流的社團。

一旦能看見錢的流向後，就更能看出虛假的貨幣、虛假的老師（尤其是虛假的財務顧問和仲介）以及虛假的資產。

最重要的是，一旦你能看見錢的流向，你就不再是在混水裡游泳的魚了。

在下一章，你將能看見有錢人看見的，並了解為什麼有錢人會越來越有錢。

差距

一九七九年以來，稅後收入占比變化（經通膨調整）

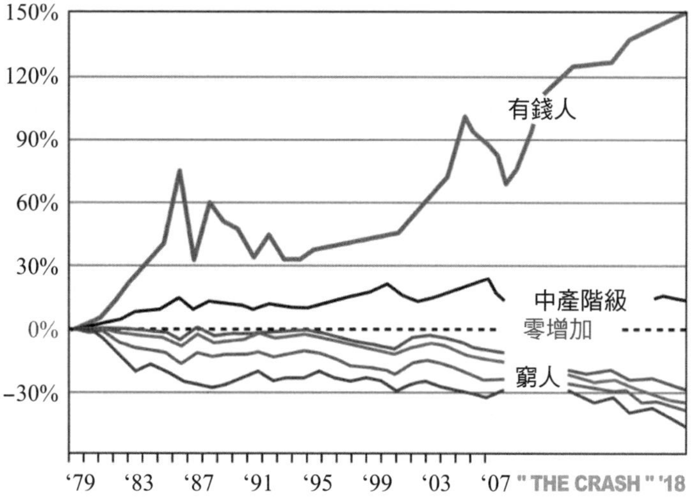

資料來源：美國國會預算辦公室

你發問……我回答

問：感覺大部分的人都被其他事情（例如電視、運動和假新聞等）分散注意力，而不去注意這些重要議題，那麼下一次的經濟危機會不會是讓我們了解實際情形的一記當頭棒喝？

艾莉 B. ——羅馬尼亞

答：希望如此。以財金用語來說，這個世界已經經歷了長達近七十年的牛市。也就是說，從一九四四年的布列敦森林會議以來，市場和經濟就一直向上發展。那同時也是美國開始掌控全球經濟，且美元成為全球準備貨幣的一年。

我推測長達近七十年的牛市差不多要結束了，因為美國利用自身在財金上的權利讓有錢人越來越有錢，卻犧牲了全球的中、下階級。這就是富勒書中所寫的財富掠奪。

我們可能即將要進入長期的熊市了，可能還會伴隨著美元崩潰和新一輪的全球大蕭條。富爸爸針對經濟景氣的轉換曾說過：「馬桶總會沖水的。」

對大部分的人來說，這是個壞消息。但對於已經提早知道，且準備好迎接一個美麗新金錢世界的人來說，也可能是個好消息。

問：許多人相信要給別人魚，也就是免費的教育、食物和醫療。哪個才是正確答案？

邁克 S. ——蘇格蘭

答：兩個都是。正確答案取決於在找答案的是誰。更重要的問題是：「你覺得上帝的旨意是什麼？」

問：你覺得下一波經濟危機有可能讓美國出現如一九三〇和四〇年代納粹德國一樣的獨裁政權嗎？

莉蒂雅 J. ——立陶宛

答：有可能。有個詞叫「法西斯主義」，是一種全由官僚掌控的政府型態。商人和官僚之間有很大的差別，官僚是一群制訂了規則，且希望每個人都要遵守規則的法西斯主義者。生活的各個面向都有官僚。

別誤會了，規則是很重要的，我們需要規則。比方說，所有駕駛人都要在同一邊駕駛並遵守速限是最好的作法。

問題在於，官僚想要大家都活在一個由他們的規則所掌控的世界裡。問題在於，大部分的官僚就和多數學者一樣，不是活在真正的金錢世界裡。大部分的官僚更傾向於社會主義和共產主義，而非資本主義。

艾茵．蘭德在其經典《阿特拉斯聳聳肩》裡就寫過這一點。

該書描述一個經濟完全崩毀的世界，一個因為官僚掌控一切而導致所有事情都失靈的世界。而作為回應，最後一批殘存的資本主義者躲藏起來，拒絕被毫無生產力的官僚寄生蟲剝削。

第十六章

在清水中捕魚

假新聞……和透明度

以下幾個標題相當值得大家深思，同時也能清楚說明什麼是真的，什麼是假的。

文件顯示庫許納（Jared Kushner）多年來未曾繳納聯邦稅

《紐約時報》二〇一八年十月十三日報導

過去十年來，傑瑞德．庫許納的家族企業共花費數十億美元購買房地產。他個人的股票投資總數大幅增加，個人資產淨值則成長五倍，來到三億兩千四百萬美元。然而，根據《紐約時報》記者檢閱的機密財務文件顯示，擔任白宮高級顧問的川普總統女婿庫許納多年來所繳納的聯邦稅款卻近乎於零。

假新聞，還是笨記者？

用巴菲特的話來說：「記者越聰明，這個社會才能過得越好。因為就某方面來說，人們是靠著媒體來獲取新知的，所以老師越好，學生才會越好。」

問：這些《紐約時報》的記者是聰明還是笨，又或者他們正是助長假新聞的幫手？

答：我們可能永遠也無法知道。如果只看標題的話，會覺得伊凡卡．川普（Ivanka Trump）的先生，川普總統的女婿庫許納聽起來又是一個騙子，似乎與他的丈人很像。

由於沒受過太多財務教育，有數百萬人，尤其是像窮爸爸這樣的學術菁英會說：「有錢人都是騙子。」

以下這幾個問題值得各位思考一下：巴菲特是正確的嗎？我們需要聰明的記者才能有聰明的社會嗎？民眾真的是靠媒體才能獲取新知嗎？

若巴菲特是正確的（我相信他是），那麼假新聞、反社會的社群媒體和沒有受過真正的財務教育的記者（包含部落客在內）又為我們的社會做了什麼？有多少記者是和窮爸爸一樣，雖然學業成績很好且受過高等教育，但在財務方面卻過於天真，且內心深處相信有錢人都是騙子？

答案？我們可能永遠也不會知道。

《紐約時報》的這篇文章繼續寫道：

文件顯示，（庫許納）的稅額之所以如此之低，是因其採用的減稅策略年年為其帶來數百萬美元的損失。但這些損失只存在於文件上：無論是庫許納還是他的公司看來都沒有真正損失任何一毛錢。其損失主要來自折舊。折舊是一種賦稅優惠，讓房地產投資人每年都能自他們的應稅所得中扣除其房產成本的一部分。

以二〇一五年為例，庫許納的薪水和投資所得共一百七十萬美元，但上述所得卻淹沒在八百三十萬美元的虧損之下，而根據《紐約時報》取得的資料顯示，虧損的主要來源是庫許納及其公司房產的折舊費用。

其他值得思考的問題：

記者是否在說明或暗示「庫許納是個騙子？」（特此說明，不是。該篇文章清楚說明了「文件內並沒有任何庫許納或其公司違法的跡象」。）

庫許納如何能在收入一百七十萬美元的同時，卻又被八百三十萬美元的損失淹沒？如果他損失了八百三十萬美元的話，為什麼沒有破產？

折舊是某種只有邪惡又狡詐的有錢人能用的神祕稅賦漏洞嗎？還是折舊其實是種包括那位記者在內，人人都能利用的合法租稅獎勵？

折舊是人人都能利用的合法租稅獎勵：你、我和那位記者都可以。

問：庫許納眞的有一百七十萬美元的收入，卻因爲八百三十萬美元的折舊損失而不用繳納聯邦稅？

答：沒錯。

問：這合法嗎？

答：合法。

問：這些記者是否希望人們覺得庫許納、他的家族和川普家族是騙子？

答：只有你能回答這個問題。

《紐約時報》的這篇文章繼續寫道：

文件內並沒有任何庫許納或其公司違法的跡象。庫許納律師的發言人表示，庫許納繳了所有應繳的稅款。

就理論上而言，折舊的規定是為了避免房地產開發商因建物損耗而使其投資不斷虧損。但就實際層面而言，此一免稅額卻往往成為川普和庫許納等開發商最有利可圖的禮物。

問：爲什麼記者要使用「川普和庫許納等開發商最有利可圖的禮物」這樣具有煽動性的字眼？

答：這是一個「黃色新聞」的例子。

問：什麼是黃色新聞？

答：根據維基百科的說明，黃色新聞和黃色媒體是美國用語，用來指稱報導內容幾乎或完全沒有經過查證，而使用聳動標題以增加銷售的新聞報導及相關的報紙。其所使用的技巧包括將新聞事件誇大、捏造醜聞或以腥煽色為主等。

問：爲什麼你的個人顧問湯姆・惠萊特教你的內容，記者都不教大衆？惠萊特說稅法當中關於如何納稅只有寥寥幾頁，剩下的好幾千頁大多都是在告訴大家如何合法地不繳稅，而且大多數的西方國家都是如此。

答：在惠萊特的《免稅財富》中以及在他的課堂上，他都會告訴像你我這樣的人資本主義政府需要夥伴。

- 在民主國家裡，資本主義政府希望你我這樣的公民能成為他們的夥伴，投資政府需要完成的計畫。
- 而在共產這種中央集權的國家裡，大部分的基礎建設都是由政府官僚掌控的。以中國為例，大部分的有錢人都是官僚或太子黨（官僚二代）的朋友。
- 在美國，「自由市場經濟」代表政府會透過租稅獎勵，鼓勵一般人和企業家參與政府想要和需要完成的建設計畫。

住房的租稅獎勵

比方說，政府需要企業家提供住房，因此才會有給房地產投資人的「折舊」租稅獎勵。

工作的租稅獎勵

政府也希望民眾能創造工作機會，所以在B象限的企業家，只要員工數超過五百人就能減稅。二〇一八年時，亞馬遜公司為了搬遷總部而挑選了一座新市鎮。許多城市都很樂意能有幾千名高收入的職員入住，所以才會這麼多城市都提供租稅獎勵給亞馬遜。

內華達州也提供了伊隆．馬斯克（Elon Musk）的特斯拉汽車十億美元的租稅獎勵，鼓勵其在該州設立電池工廠。

高薪職員的租稅獎勵

亞馬遜和特斯拉都有上千名的高薪員工。一般而言，一個員工的薪水越高，賦稅收入就越高。高薪職員能夠吸引上百個小企業前來，而小企業老闆的稅額則較高。這就是為什麼地方政府總會提供租稅獎勵給亞馬遜和特斯拉這樣的公司，希望他們把公司遷到美國不同的州和城市裡。

大企業會吸引小企業，同時也代表會有更多工作機會，工作機會多了就代表會有更多的住房、學校、政府職員以及更多的地方政府稅收。

能源的租稅獎勵

文明沒有能源便無法成長。一旦能源變得稀缺或價格上升的話，文明就會瓦解。因此，政府也希望企業家能提供能源，所以才會提供租稅獎勵給原油和天然氣探測。美國現在已減少對外國原油的依賴。

食物的租稅獎勵

同時，政府也希望你我能生產食物，所以也會提供租稅獎勵給食物生產者。人民若無法溫飽，暴動就會發生。

是獎勵，不是漏洞

這些租稅獎勵並非如記者暗示讀者的那樣，是無恥的騙子們偷偷藏在體系內的漏洞或「錯誤」；這些獎勵都是刻意為之、合法且包括記者在內的所有人都能取用的。

再強調一次，稅賦和租稅獎勵是推動資本主義的引擎。

誰在繳稅

再看一次現金流象限，你就會了解是誰在繳稅了。

像川普和庫許納家族這樣的有錢人家，都會為其子孫做好成為B和I象限人的準備。

這些紐約時報的記者可能在學校裡表現良好，並學到了E或S象限的技能和心態。他們若非「黃色新聞」型的記者，就是單純矇著眼在混濁的水裡游泳，因為在財務上太過天真而不知道B和I象限裡的事。

每個象限的所得稅率

《紐約時報》的這篇文章繼續寫道：

法律假定建物的價值會年年降低，但事實上，其價值往往是增加的。此一租稅獎勵因為有著極大的彈性，所以讓房地產投資人能夠決定自己需繳納多少稅。

問：稅法讓房地產投資人能夠決定自己需繳納多少稅？甚至完全不繳稅也可以？

答：沒錯。專業的房地產投資人能夠擁有一般房屋持有者無法擁有的折舊扣除額。

問：爲什麼不是每個人都這麼做？

答：高中沒有教稅賦的事。

問：你是在高中學習稅賦相關知識的嗎？

答：不是。我從九歲幫富爸爸工作起，就開始學習有關金錢、債務和稅賦的事了。

問：這是否讓你的人生在財務上贏過別人？

答：確實。這就是為什麼我和金在一九九六年創了富爸爸現金流遊戲，並在一九九七年寫了《富爸爸，窮爸爸》、創立了富爸爸公司。我們希望所有人都能透過富爸爸教給我，而我再教給金的教育，在財務上擁有先機。

我們在一九九六年時，將富爸爸現金流遊戲交給哈佛做臨床評估。他們立即退回並拒絕這個遊戲，遊戲的外盒甚至沒被打開過。

這其實是好事，是一記當頭棒喝，將我敲醒。

當哈佛拒絕我們的遊戲，並對於人們透過「模擬」、玩遊戲和犯錯的方式學習感到嗤之以鼻時，我和金就了解到原來我們正在銷售給像窮爸爸一樣的人：有工作的學術菁英。

失敗是成功的另一面。請哈佛評估我們的遊戲卻失敗了，其實是好事。我們知道了自己的客群是誰。我們知道，我們的客群不是大學、學校或學校教師。

人們教導彼此

我和金現在很確定自己的客群是誰了。

我在一九九七年時寫了《富爸爸，窮爸爸》。一開始我只打算寫一本小冊子、一本簡單的書來描述一個真實故事，解釋財務報表和會計的重要性，並且推銷富爸爸現金流遊戲給想學的人，而非那些自認知道所有答案而心靈封閉的教授。

同一年，我們成立了富爸爸公司，我們公司的使命就是「提升人們的財務健康」。為了完成使命，我們知道自己必須越過過時、昂貴、緩慢、無聊、自大又與現實脫節的教育體系。我們的企業計畫非常簡單：教學校沒教的事——金錢。這是個生活技能，也是全世界的人都在用的科目。

富爸爸公司專精在打造各種財務教育的產品，讓人們能透過教導彼此的方式學習。要成為醫生、律師、零售商人或是高薪的職員需要上學，但想要成為富有的企業家或投資人則不需要。

就像《富爸爸，窮爸爸》英文版封面所說的：「有錢人會教孩子，而窮人與中產階級不會的金錢觀念。」

庫許納知道的事

這篇《紐約時報》報導接下來的片段，說明了有錢人教給孩子，所以像庫許納這樣的小孩會知道，而中、下階層不知道的事。

> 庫許納因折舊而產生的巨額損失，在文件記載的年份裡，大多抵銷了其應稅收入。

即使他購入房產的資金全是貸款而來，但仍會申報折舊損失。據文件顯示，庫許納好幾次投入的錢連購入金額的1%都不到。而且即使是這麼小的金額，也大多是以貸款支付。

問：庫許納申報的數十億美元房產購買價格中的1%是貸款而來的？這是否代表他不花一毛錢就買下了數十億元？

答：沒錯。這就是所謂的「無限報酬」、「無成本的金錢」。我在一九七三年的第一堂房地產課程裡學到了這一課。

問：所以不用錢也能致富嗎？

答：沒錯。但你需要真正的財務教育和實際經驗。從我理解了無限報酬的那一刻起，我再也不必說「我付不起，沒有錢」了。

只要懂了無限報酬的力量之後，不需要錢也能致富。

資訊的無限報酬

免費影片：我和惠萊特在二〇一八年的紐奧良投資大會上進行了四十五分鐘的簡報，標題是「無限報酬：資訊的報酬」，各位可至以下網址觀賞影片：

http://reg-backoffice.s3.amazonaws.com/videos/kiyosaki-noic18/Kiosaki.mov

看過這部影片後，你將會更了解庫許納如何以及為什麼能夠在不花一毛錢，也不繳任何稅的情況下，購入價值數百萬美元的房產。我和金也使用相同的方程式。

《紐約時報》的這篇文章繼續寫道：

結果是，庫許納花別人的錢，卻還能申報能夠免稅的損失，而這都是稅法允許的。折舊減免在其他產業裡也有，但通常無法在花了借來的錢後還申報損失。

從美國國稅局的角度來看，庫許多已經虧損了好幾年。

與一般領薪水的人不同的是，此類公司的所有人可以出於稅賦目的申報損失。當庫許納經營的這類公司申報的損失超過其收入時，就形成所謂的「營業淨損」。此種損失可以抵銷該公司原先應付的稅額。根據損失金額的不同，甚至還有可能因此種損失而得到退稅或抵銷未來應繳的稅額。

問：所以負債和稅賦讓有錢人越來越有錢？

答：沒錯，但要這麼做需要有紮實的財務教育、大量的練習和一個全由如惠萊特一般聰明的人所組成的團隊。一定要記得：「通往財務天堂的門有很多扇，但通往財務地獄的更多。」

《紐約時報》的這篇文章繼續寫道：

知名的信託和房產律師布拉特馬爾（Jonathan Blattmachr）曾說：「如果我的人生能夠重來一次的話，我會從事房地產業。」現任先鋒財富事務所主持律師的布拉特馬爾，在看過庫許納的文件後說：「很棒！你從不用付錢的東西上拿到了稅額扣抵。」

問：就連一位非常聰明的信託和房地產律師也不知道有錢人如何運用債務和稅，讓自己變得越來越有錢？

答：沒錯。只有極少數人知道。我鼓勵你去看我和惠萊特拍的影片，你將會學到只有少數入知道的事（請見第366頁）。

《紐約時報》的這篇文章繼續寫道：

去年的稅法改革將所有產業的此種獎勵優惠都取消了，只有一個例外：房地產業。

問：這就是你在二〇一六年時賣掉所有紙本資產、股票、債券、共同基金和ETF的原因嗎？

答：你覺得呢？

在清水中游泳

在另一篇文章裡，《紐約時報》報導庫許納和伊凡卡在二〇一七年的被動收入達八千兩百萬美元。可能也不用繳稅。

讓有錢人越來越有錢的是資訊而非金錢，而且是學校沒有教的資訊。

一張圖勝過千言萬語，下圖顯示的是學校教的內容。

這些是學生在學校學到的內容，請注意錢從哪裡流入，又流向何處。

這就是混濁的水。這就是當你跟孩子說「上學、找到好工作、買房、不要負債且做長期投資」時會發生的事。就是這句至理名言將水給攪混了。

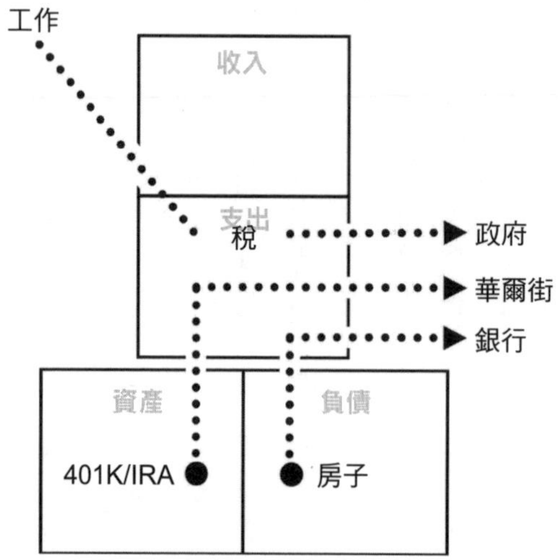

水正在變清澈嗎？

我在《富爸爸，窮爸爸》中寫過，麥當勞創辦人雷・克羅克曾問一群德州大學MBA的學生：「麥當勞是做什麼生意的？」

一位學生回答：「漢堡。」

但克羅克回答：「不是，麥當勞是做房地產生意的。」

在電影《速食遊戲》（The Founder）裡，麥當勞是做房地產生意的概念被清楚呈現了出來。

麥當勞的方程式

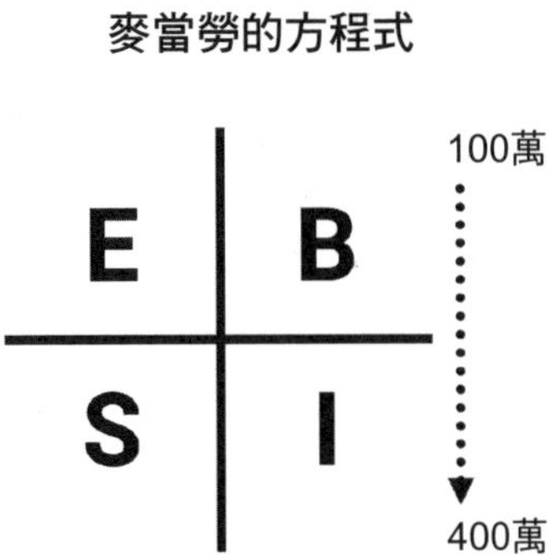

富爸爸是做房地產生意的

富爸爸公司也是做房地產生意的。右下的圖表顯示，如果富爸爸公司賺入一百萬美元，我們就借了四百萬。我們提高了被動收入的金額，且現在已能夠申報五百萬折舊被動損失。

我們和庫許納一樣，因為來自房地產的被動損失抵銷了公司的收入，因此繳的稅少到幾乎沒有，還是合法的。

問：稅法鼓勵你借錢投資然後變有錢？

答：沒錯。我和金如果不借錢投資房地產的話就需要繳稅。

要記得，美元在一九七一年後就成了負債。如果人們不再借錢，貨幣就會消失，經濟也將崩潰。

這就是為什麼信用卡公司要提供各種獎勵，並鼓勵大家刷卡，還有最重要的：借錢。

這就是為什麼學貸是美國政府最大的資產。

債務就是金錢。

推薦「無債生活」的人，其實是在傷害經濟發展。與其過無債生活，我建議大家去上房地產的課程，並學著使用債務和稅讓自己致富。

在清水中游泳

這就是混濁的水。下面這張現金流圖表顯示了有錢人是如何在清水中捕魚的。

有錢人受過真正的財務教育，所以知道：

1. 如何利用稅務獲取資產。
2. 如何利用債務獲取資產。
3. 如何在不繳稅的同時再投資。
4. 為什麼囤金和銀是合理的，而非虛假的金錢。

有錢人爲什麼越來越有錢

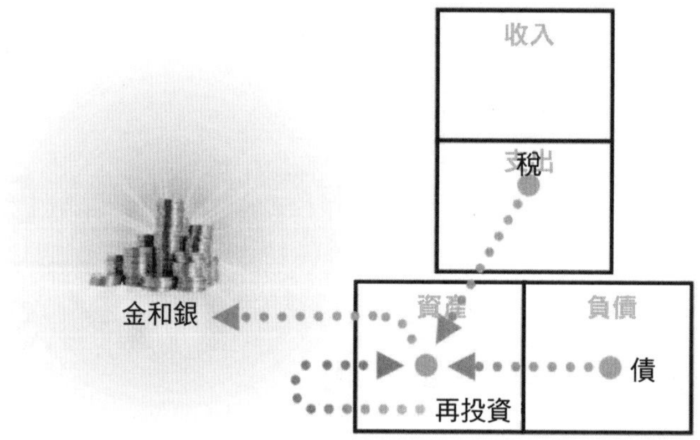

「你不可能在這裡這麼做。」

無論我和惠萊特去到哪裡，只要我們展出了下方的圖表，就會有人舉手說：「你不可能在這裡這麼做。」

我們在英國、日本、俄羅斯、澳洲、紐西蘭、加拿大、中國和全美國都講過這個概念和圖表。

每次演講（以及解釋圖表）到了尾聲時，總會有人說：「你不可能在這裡這麼做。」

問：當人們說「你不可能在這裡這麼做」時，你都如何回應？

答：我和惠萊特會說：「這邊有麥當勞嗎？」因為沒有受過財務教育，大部分的人都無法看見他們眼前可以讓他們賺入好幾百萬美元的機會。

《紐約時報》的文章寫道：

> 文件顯示，（庫許納）的稅額之所以如此之低，是因其採用的減稅策略年年為其帶來數百萬美元的損失。但這些損失只存在於文件上：無論是庫許納還是他的公司看來都沒有真正損失任何一毛錢。其損失主要來自折舊。折舊是一種賦稅優惠，讓房地產投資人每年都能自他們的應稅所得中扣除其房產成本的一部分。

不只是折舊

《紐約時報》的記者只專注在折舊的稅賦利益，但真正的財務教育應該要包含折舊、攤還和增值的稅賦利益。

1. 折舊

折舊是給專業房地產投資人的被動損失。

折舊是為了房地產及內部要件的「損耗」而設立的，內部要件可能包括地毯、照明和其他經營房地產投資生意的必需品。

免稅收入

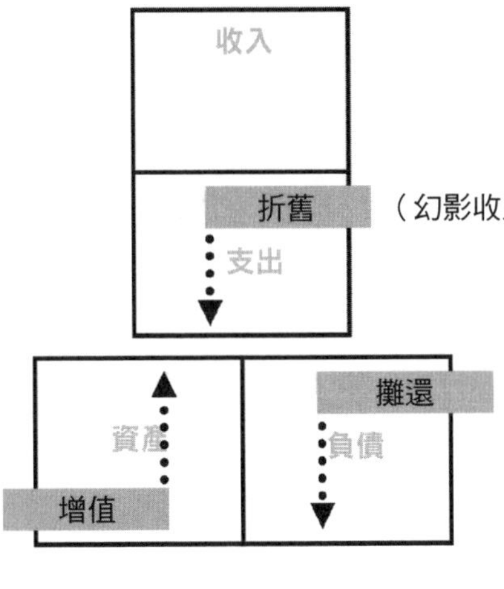

2. 攤還

攤還是貸款總額隨著時間減少的量。

攤還的數額，也就是需繳納的房貸金額，由承租人繳納。

攤還的利得可以免稅。利用房產賺錢的其中一種方式是，只要承租人持續繳款，就能再融資並提高債務總額。透過舉新債還舊債借來的錢是免稅的，因為這是一種債。

一般投資人將房子拿去再融資時，拿到的錢因為是債所以也是免稅的。問題在於，一般投資人是要繳每月還款金額的承租人。

好幾百萬人因為把自己的家當提款機，不斷將增加的價值拿去再融資以還債，因此在二〇〇八年以前就破產了。

當房市崩潰時，他們住家增加的價值也隨之蒸發，好幾百萬人因此欠下遠高於房價的債務。幾百萬棟房屋的價格始終沒有回到二〇〇八年以前的水準。

在我住的附近，二〇〇八年要價四百萬的房子，在二〇一八年僅值兩百到三百五十萬美元。二〇〇八年過後，許多私募股權基金和對沖基金以極低的價格買下了數千棟遭抵押的房子。當房價在二〇一八年開始上升時，這些基金就把這些房子賣掉以抑制房價。

3. 增值

增值是每個房屋持有者都夢寐以求的事。數百萬人仍然相信「房價只升不跌」。炒房的人總夢想會有資產增值，但炒房的問題在於會有資本利得稅。

所以我更傾向將增加的價值借出，因為債務是免稅的。

在講述無限報酬的影片裡，有一個將房地產拿去再融資的例子，藉以說明有錢人如何利用債務賺取數百萬元卻無須繳稅。庫許納和川普都採行同一套方程式。

但給各位一個忠告：債務是把上膛的槍，既能保護你也能殺了你。

在即將到來的經濟危機或市場崩潰裡，債務（尤其是公司債）將會殺了數百萬名員工的未來。這場市場崩跌將會嚴重傷害上班族，即使他們沒有任何債務也躲不過，因其工作的企業早已背滿債務，到時將無法清償其欠下的公司債。

一旦數百萬名上班族失業的話，就會有數百萬人再也無力負擔他住的房子或開的車，因為車和房都不是真正的資產。

提醒大家一個歷史事實：一九二九年時，道瓊工業指數達到三百八十一點，創下歷史新高。股市下一次達到三百八十一點已經是二十五年以後的事了。

重述有錢人的話

巴菲特的智慧之語值得再說一次：「記者越聰明，這個社會才能過得越好。因為就某方面來說，人們是靠著媒體來獲取新知的，所以老師越好，學生才會越好。」

巴菲特以無限報酬在進行操作，沒有用自己的錢，所以才會如此富有。

資訊的報酬

再強調一次，如果想要了解更多關於無限報酬的力量的話，請看我跟惠萊特在二〇一八年的紐奧良投資大會上所拍的影片。

若真的還想要再學更多的話，請和朋友、家人和商業夥伴一起看這支影片並相互討論。

我相信討論和學習將會非常生動、熱烈而且收穫滿滿。

有些人會說：「有錢人都是騙子。」

討厭川普總統的人會更討厭他，因為惠萊特說明了川普如何給予有錢人永久的減稅優惠卻取消了為錢工作的人的減稅優惠。

我和金不想泛政治化，爭論只會浪費時間和精力。我們單純選擇以合法、不違背道德也不破壞良善的方式致富而已。

大部分的一般投資人都以為投資報酬率指的是金錢上的「投資報酬」，但對有錢人而言，投資報酬率是「資訊的報酬」，而這些資訊是無法在學校、大部分的書、報紙或財金刊物裡找到的。

若想在清水裡游泳，就需要乾淨的資訊。

在接下來的章節裡，各位將學到如何為迎接腐敗金錢制度的崩垮，以及為未來的金錢做好準備。

你發問……我回答

問：我們如何讓大衆更清楚有很多人雖然學術成就很高，但可能對投資或金融所知有限或一竅不通，卻因爲寫了一些這方面的文章而被人認爲是專家？

艾拉M.——西班牙

答：我不懂你的問題。你是在問有多少學術菁英或財金專家其實不知道自己在說什麼嗎？我的答案是，你要問自己，這位作者為什麼寫了這篇文章？是為了要：

1. 向你推銷？
2. 教育你？
3. 警告你？
4. 賺錢？
5. 讓自己聽起來很厲害？

問：如何最有效的讓數百萬人了解稅法其實是要提供獎勵給投資人，好讓投資人爲了降低甚至完全免稅而願意照著政府希望的做？感覺是項艱鉅的任務，畢竟說法太多了。這有可能做到嗎？

羅勃特C.——冰島

答：我很懷疑。如果每個人都知道有錢人如何以及為什麼能賺得較多又能繳較少的稅，可能就會發生革命了，因為很不幸的是，只有極少數人受過真正的財務教育，知道如何少繳一些稅。

別忘了，我們的教育體系的目標是教導人們成為E和S象限的人，而不是B和I象限的人。

問：B象限的企業有許多方法（和獎勵機制）能夠減少應納的稅額，甚至在某些情況下，應繳的稅幾近於零，而S象限的高收入者卻做不到。但之前媒體報導國會通過新的稅法時卻幾乎沒有提及這件事。爲什麼？

茉莉亞 H. ──美國

答：我很懷疑掠奪的巨人會想要媒體或學校體系知道有關稅的事情。

很高興你想多知道和多學一些稅務相關的知識。想要學習就是學習的第一步。我不推薦教導不想學習的人，俗話說：「別教豬唱歌，這只會浪費時間又讓豬討厭。」

第十七章
美元的終結？
繁榮和蕭條的循環、股災……崩潰？

詹姆斯．瑞卡茲在著作《下一波全球金融危機》裡，引用了馮內果（Kurt Vonnegut）一九六三年的作品《貓的搖籃》（Cat's Cradle）當中的篇章，以引導讀者進入該書主題：

讚，讚，很讚，
這麼多不同的人用相同的裝置。

問：瑞卡茲是在說我們就像牛一樣被圈養在柵欄裡放牧，不是等著被擠奶，就是等著被屠宰嗎？

答：沒錯，我是這麼認為的。

問：這個裝置是金錢嗎？

答：沒錯，以及金融工具或金錢的衍生物。

問：所有東西不都與金錢相關嗎？他的意思是全球經濟、文化和生活本身都被困住了嗎？

答：沒錯，的確如此。

瑞卡茲是真正的老師，他極為聰明，畢業於名校，不僅是學術菁英，還是律師、商界人士和貨幣學者。他曾擔任長期資本管理公司（LTCM）的顧問，而該公司最終成了近代史上最大的一場金融災難。該公司的覆滅成了瑞卡茲的當頭棒喝，促使他開始研究失敗的原因，同時也更加深入了解金錢和權力的幽暗世界，以及到底是誰在掌控這個世界。

他的發現和洞見，使他成為國防部在未來「貨幣戰」方面的顧問，其書名也是由此而來。接著，他又與國家情報局局長以及掌管全球央行體系的幕後掌權者合作。

瑞卡茲是真正的老師，因為他是「業內人士裡的業內人士」。我在《下一波全球貨幣大戰》於二〇一一年出版時便拜讀了這本著作。身為一個希望能看清楚「混水」的局外人，閱讀《下一波全球貨幣大戰》就像是戴上了潛水面罩，好好將鮮為人知的黑暗世界看了一遍。他接下來的著作更加引人深思，若對於黃金作為上帝的貨幣仍有疑問的話，瑞卡茲二〇一六年出版的《下一波全球新貨幣：黃金》，絕對不容錯過。

若想知道美國和全世界正在朝哪個方向前進，《下一波全球金融危機》將為你照亮前方的路。

我很榮幸能與瑞卡茲在某些計畫裡共事，為即將到來的美麗新金錢世界提供財務教育和產品。

最後一片雪花

瑞卡茲以雪崩來暗喻即將到來的經濟危機，以及可能會發生的美元崩盤。雪已經在離村子不遠的山頭上累積多年，但幕後掌權的人不願先引爆小型的爆炸，讓小型的雪崩毀掉滑雪季，而是不斷築起柵欄，讓雪不斷累積，以吸引滑雪客，「大災難」（災難性雪崩）的威脅因此逐年增長。

於是就在某一天，一片小雪花落在山頂的雪上，下一刻村子就被埋在好幾噸的雪裡了。

這場關於雪崩的隱喻，從一九七一年就開始了，也就是尼克森總統讓美元與金本位脫鉤的那一年，並且一直累積至今。每次市場崩跌之後，我們的領導人都不是想辦法解決問題，而是趕快印更多虛假的貨幣，於是國債越堆越高，問題也年復一年變得更加棘手。

會埋住地球村的不是雪，而是債務、虛假的投資和貨幣的崩潰。

一切就等著那最後一小片雪花。

美元的終結

一九四四年，有四十四國在布列敦森林會議上聚首，同意要建立二戰結束後的世界貨幣體系。二戰之前，英鎊是全球貨幣之首，然而深陷戰事的英國不得不將黃金運至美國以支付戰事費用。二戰將至尾聲時，美國已成為全球黃金持有數量最高的國家。

由於美國持有這麼多黃金，因此承諾會將美元與黃金掛鉤，美元也因此成為了全球的「準備貨幣」。一九四四年時，美元就跟黃金一樣值錢，這是真的，當時的美元受到信任和尊重。但好景不常，一九五〇到一九六〇年間，德國、日本、英國和其餘歐洲主要國家都逐漸復甦，並且開始出口貨品到美國。與黃金掛鉤的美元令美國、尼克森以及其盟友感到不安。

一九七一年，尼克森毀棄了在布列敦森林會議上的承諾，接著美國開始出口虛假的貨幣到世界各地，以換取福斯和豐田汽車等貨真價實的商品。

這個世界也欣然接受這些虛假的美元，只要全球都還對美國領導者有信心就不會有問題。但是二〇〇八年之後，對美國的信任卻遭逢了嚴重的試煉。

對美元的信心不再了嗎？盡頭將至了嗎？債務這座山已經過高了嗎？印造更多虛假貨幣能阻止雪從山頭滑落嗎？最後一片雪花是否即將到來？

三種貨幣

我曾在前面提過，現代貨幣有三種，分別是：

1. **上帝的貨幣：**金和銀。
2. **政府的貨幣：**美元、披索、人民幣、日幣和歐元等。
3. **人民的貨幣：**比特幣、以太坊和其他以區塊鏈為基礎的虛擬貨幣。

共產主義和資本主義的差別

共產主義：以中央集權的政府為基礎。

資本主義：以央行為基礎。

央行不喜歡黃金，因為他們無法印製黃金。

央行也不喜歡比特幣和區塊鏈，因為人民的貨幣不需要央行。

央行印造法幣，但法幣並不穩健。

上帝的貨幣和人民的貨幣都比央行印造的貨幣穩健。為什麼？

問：虛假的政府法幣還會存在多久？

答：我認為不會太久了。美元曾與黃金掛鉤，在我讀高中時，政府的法幣上面都印著「銀元券」。

但現在，美國政府只能厚顏的在虛假貨幣上印著「我們信賴上帝」。

如果你相信上帝也是國債的共同簽署者的話，那就繼續相信政府法幣吧。

下一種法幣

瑞卡茲說政府法幣可能很快就會變形成特別提款權，這是另一種虛假貨幣的形態，只是這次是由國際貨幣基金組織發行。

特別提款權無法永久存在，因為它是更為虛假的貨幣。特別提款權是否象徵了終結，也就是全球政府法幣的崩潰？我希望已經有許多人在思考這個問題了。

真正的問題

政府法幣真正的問題在於：信心。

只要人民還對政府和央行有信心，美元、人民幣、披索和歐元等虛假的政府法幣就還是安全的。

最後一片雪花就是信心。

信心一旦喪失，政府法幣就完了，美元將會崩垮，雪崩將從山頂滾滾而下，橫掃一切。

富爸爸最喜歡的資產定義是：「貨幣是一種概念，以信心支撐，代表實際完成的工作，並且可以兌換。」

仔細看每一行，就會明白為什麼政府法幣會完蛋。

1. 貨幣只是一種概念，並不是真的存在。
2. 貨幣想要存在，必定要對政府領導人和銀行存有信心。

3. 真正的錢代表實際完成的工作，但印造虛假貨幣不需要做實事。
4. 真正的錢能創造真正的價值，虛假的貨幣則是價值小偷，因此虛假的貨幣無法保值。
5. 印造虛假的貨幣是在劫掠大眾，並降低大眾的工作價值。
6. 印造虛假的貨幣讓操縱貨幣者變得更富有。
7. 當大眾覺醒並對法幣喪失信心時，虛假的政府法幣便再也無法兌換，而債務雪崩也將從山頂滾滾而下。
8. 財務教育是一種自我防禦，避免自己受貪婪的窮人和有錢人傷害。

凱因斯幾十年前說過：

「資本主義是一種驚人的信仰，其認為最邪惡的人會做出最邪惡的事，都是為了追求每個人最大的利益。」

以下是另一位真正的老師，道格．凱西（Doug Casey）關於愚笨的名言：

「愚笨是一種不自覺的自我毀滅傾向。」

「兩害之中較輕者仍是一種害。」

「感恩的反面是享受權利。」

法國作家大仲馬關於愚笨的名言：

「天才有其極限，但愚蠢沒有。」

美國發明家和政治家富蘭克林對無知的評論：

「他學識淵博，會說九種語言的『馬』，卻無知到誤買了牛來當馬騎。」

前任聯邦準備理事會成員柏南克的名言：

「美國政府有一種叫印刷機的技術，讓其能在幾乎不用任何成本之下盡其所需的印造美鈔。」

「不用成本」？真的嗎？柏南克不是史丹佛和普林斯頓的教授嗎？他應該要更了解才對吧？

柏南克到底知不知道印造虛假的貨幣會讓數百萬人失去工作、家、存款和有保障的財務未來？

你們覺得呢？

如何脫離計謀

再重複一次馮內果《貓的搖籃》裡的段落：

讚，讚，很讚，這麼多不同的人用相同的裝置。

這令人不禁想問：我要如何脫離這個裝置？

許多人認為解決之道是重回金本位制，一九七二年的我就如此認為。

回頭來看，一九七二年時，我已經建立了自己的銀本位制。

我在一九六四年發現假的美元銀幣邊緣帶有銅的顏色之後，便開始用紙幣購買成捲的銀幣，接著我會找出其中真正的銀幣，再將假的銀幣還給銀行。

二〇一八年時，一枚一九六五年以前的真實一角銀幣要價兩美元。

我還有好幾袋一角、二十五和五十美分的真正銀幣。

我在一九七二年為了尋找黃金而飛越敵方後防發現事有蹊蹺。我猜在越戰跟金錢方面我們都被騙了。

我在一九七二年買了人生第一枚金幣，那是一枚南非克魯格幣，是在香港以將近五十美元的價格買下的。

這讓我成了罪犯，因為一九七二年時，美國人不得私人持有黃金。

我到現在還保存著那枚金幣，合法又安全的存放在美國境外的國家，而不是銀行裡。

如今，那枚以五十美元買下的克魯格幣，價值約為一千兩百美元。

我在一九七三年時上了人生第一堂房地產課程，學到了無限報酬。我再也不需要虛假貨幣，因為我找到了真正的老師。同一年，我從MBA學程退學。

從一九七三年開始，我一直在打造自己的金本位和銀本位制。此外：

1. 我不上傳統的教育課程。
2. 我上民間的研討課和讀書，以尋找真正的老師。
3. 我投資真正的資產，讓政府希望我成為夥伴。投資政府希望我投資的真正資產讓我可以合法繳低額甚至零元的稅。
4. 聯準會印鈔票，我印我自己的鈔票。
5. 我能將自己置於「大到不能倒」的銀行和華爾街投資銀行的繁榮、蕭條和股災的循環之外。
6. 我利用債務達到無限報酬，而且幾乎不用繳稅。

當大部分的人還在說：「在這裡你不可能這麼做」時，我已經遵循了麥當勞的全球財富方程式。

問：你不會擔心債務問題嗎？

答：當然會。

問：你如何處理債務？

答：我研究並時時關注全球經濟。我向真正的老師學習，以金和銀抵銷債務。金和銀能夠「避險」，是保護我免受菁英和自己的愚蠢影響的保障。

一張圖勝過千言萬語

本章前半段已提及，接下來的圖片說明了我個人重回金本位和銀本位制度的方程式。

我存金和銀，而不是政府法幣。這兩張圖表說明了我如何脫離這項計謀。

麥當勞的方程式

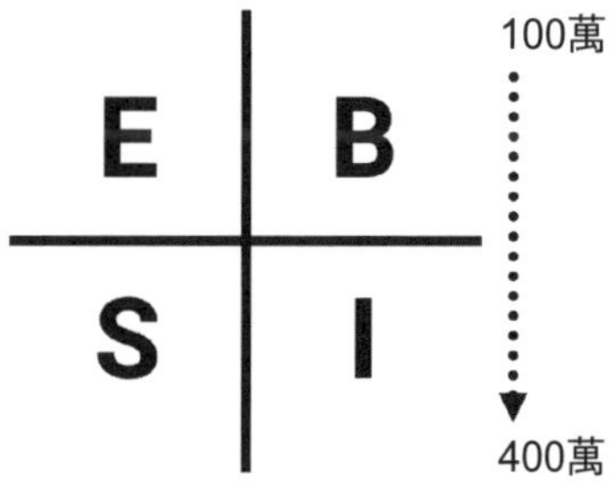

有錢人爲什麼越來越有錢

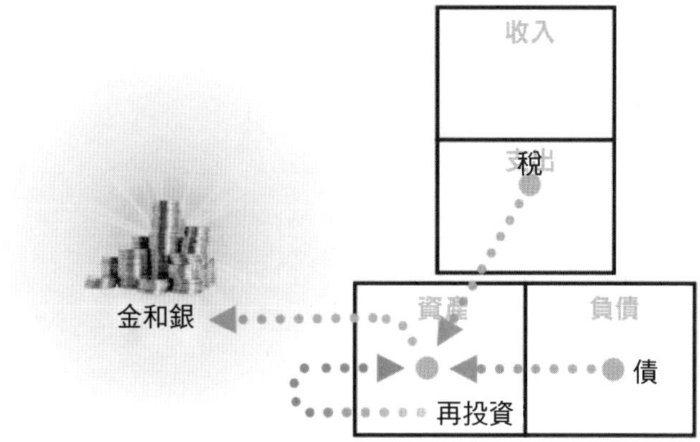

問：我必須遵循你的方程式嗎？

答：當然不用。事實上，請不要遵循我的方程式，因為還有很多更好、更容易的方法。我照著這個方程式，是因為想要自我挑戰並獲得許多資產。只要你和政府成為夥伴、不需要錢而且可以合法不用繳稅，你也能獲得許多資產。

問：你在使用債務時也是政府的夥伴嗎？

答：是的。政府希望人民借錢並承擔債務，所以負債才會不用繳稅。如果大家都不借錢的話，錢就無法被創造出來。

航空公司信用卡提供持卡人哩程優惠，而且刷卡還能升級。這麼做的同時，航空公司也在配合政府創造更多錢。

用工作賺來的錢，也就是繳完稅後剩下的錢投資的話，需要很長的時間才能存到足夠的錢。我比較喜歡用免稅的錢，也就是非工作薪資來投資，所以我使用債務。我協助政府創造更多錢，而政府也協助我創造更多金錢。但在實際嘗試之前，請先上房地產課程。

富爸爸常說：「債務到了笨蛋的手裡就成了災難。」

管理這個世界的笨蛋已經夠多了，請不要成為他們的一員。

最佳的金本位方程式

脫離「計謀」的最佳方程式，就是照著瑞卡茲的建議做：繼續工作並投資401(k)帳戶，同時購買金幣和銀幣，並存在銀行之外。

瑞卡茲還建議我們可以存一些錢在銀行以外的地方。我和金兩件事都有做：我們將一些錢存在銀行以外的地方，一些在國外。

問：但黃金太貴了，錢不多該怎麼辦？

答：我就是這麼做的。每個人都能以二十美元買到真正的銀幣，其實銀甚至有可能是比黃金更好的投資。

問：銀爲什麼比黃金好？

答：銀是一種工業用貴金屬，也就是說，銀每天都因為人們的消耗而在消失，因此銀的藏量正在逐漸減少。

別等待

我相信各位一定聽過：現在就是最好的時機。我同意，今天就開始投資吧。

問：我在股票有很多錢，也存了很多錢，為什麼不等到金跟銀的價格開始上漲後再開始買進？

答：因為真金白銀不是虛假的貨幣或紙本資產。有錢人現在就已經在囤金和銀了。

問：有人在囤金和銀又有什麼重要性？

答：因為「流動黃金」的數量有限。流動黃金指的是你我都買得到的真金，富裕國家和有錢人正在競相取得「流動黃金」，並將這些真金深藏起來。

美國和中國一直在操縱黃金價格，讓黃金價格一直盡可能維持在低點，好讓中國可以購入黃金。

一旦中國有了足夠的黃金，中美兩國就會讓黃金價格開始上揚。

美國為什麼要幫助中國？因為中國持有價值數兆的美國債券，只要美國開始印造虛假的貨幣，債券的價值就會開始跌落。

如果中國開始拋售美國債券，美國經濟就會崩盤。

因此和中國合作，讓黃金維持低價最符合美國的利益，如此一來，中國才能以低價購入黃金，抵消其購買美債的損失。

二〇一六年，國際貨幣基金組織將人民幣加入準備貨幣。

由於中國已經擁有了足夠的黃金，因此美國和中國願意放手讓通膨及黃金價格走揚。

通膨會毀了美元，而中國則能從上揚的黃金價格來彌補其購買美債的損失。

問：一旦雪崩開始發生，而全世界注意到「流動黃金」全沒了的時候，黃金價格是否會飆升？

答：正如瑞卡茲所說，到時你我有錢也買不到真金了。

問：黃金價格會升到多高？

答：瑞卡茲將目前流通的虛假美元數量和黃金價格相比，以計算若要將所有虛假美元都兌換成黃金的話，金價需要多高。二〇一七年時，如果你買得起的話，該數字是一盎司一萬美元。

問：金價若真的升到這麼高，有錢人不會賣掉嗎？

答：不會。真正富有的人不需要賣，因為他們不需要錢。要記得那篇關於庫許納的文章。真正的有錢人把債當錢用。

問：那金和銀的 ETF 呢？

答：金和銀的 ETF 就算真的有黃金也沒有多少，因為黃金和白銀 ETF 都是向銀行租借金和銀。金和銀 ETF 和所有紙本資產及金錢一樣，都是以部分準備金制度在運行的。ETF 每借來一盎司黃金和白銀，就會賣出五十到一百盎司的虛假紙本黃金和白銀 ETF 給毫無防備心的投資人。

當你賣掉金或銀 ETF 時，你收到的是錢而非金或銀。錢的價值會下跌，但金和銀的會走升。記得，大銀行和華爾街的人玩的遊戲是「無論如何我都贏定了」。

一九七二年時，我選擇不玩這個遊戲。

住在雪崩將至的村子裡

現在，全球有數十億人在雪崩的威脅之下，這些人全都被困在由超級富豪擁有的央行體系裡。央行裡的人並非由人民選舉出來的，因此也不用對人民負責。這就是黃金和比特幣會對央行裡的人造成威脅的原因。

在最後一片雪花和雪崩到來以前，建立起自己的金本位和銀本位制度能為你留下一條活路。若雪崩毀壞了電力系統，政府法幣和人民的貨幣就全完了。ATM 將無法運作、華爾街會關門，而人民的貨幣在全球資訊網消失的同時也會跟著消失。

永遠要記得，黃金和白銀早在地球形成之初就已存在，並且在人類都消失後仍將存在。所以我同意瑞卡茲的說法，他建議大家將10％的財富以真金白銀等真正的貨幣形式存放，並且要放在沒有電力、全球銀行體系以外的地方。

問：要是你錯了呢？要是根本沒事呢？要是根本沒有全球災難呢？要是全球經濟繼續成長呢？

答：為了世界著想，我和金都希望自己錯了。而且即使我們錯了，金和銀的價值還是會繼續上漲，美元的價值也會繼續下滑。

問：你怎麼能如此肯定？

答：我讓比我更有智慧的人來回答。瑞卡茲在《下一波全球貨幣大戰》裡寫道：

從一九一三年創立以來，聯準會最重要的職掌向來是維持美元的購買力；不過，從一九一三年至今，美元已損失95％的價值。換句話說，今日的二十美元只能買一九一三年時值一美元的東西。

據說法國啟蒙時代作家、歷史學家和哲學家伏爾泰（Voltaire，1694—1778）曾說過：

「紙幣終將回歸其內在既有的價值：零。」

美國首位總統喬治．華盛頓（George Washington，1732—1799）：

「紙鈔在你的州所帶來的影響正是其能有的唯一影響：毀壞商業。因為其將使誠實的人受到壓迫，並對所有的欺詐和不公義敞開大門。」

美國國會議員及總統候選人榮恩·保羅（Ron Paul）：

「黃金是誠實的貨幣，所以受到不誠實者的討厭。」

硬幣的另一面

將上述說法與銀行家所說的內容相比。

硬幣的另一面是德國銀行家麥爾·羅斯柴爾德（Mayer Rothschild，1744—1812）：

「只要讓我控制國家的錢，我才不在意誰制訂了法律。」

這句話的來源有爭議，許多人認為羅斯柴爾德沒說過這句話。有人認為這句話出自羅斯柴爾德家族，以及「來自舊世界的放款人」。我常常懷疑，真的有人能夠完全確定是誰說的嗎？這會不會只是另一個更混濁的水和假新聞的例子？我們永遠都不會知道。

什麼是真的？超級富豪真的控制了貨幣供給嗎？羅斯柴爾德銀行王朝不是在全球大部分的央行都擁有控制權益嗎？

針對這些問題，如果想要得到令人不寒而慄的觀點，來聽聽諾美·普林斯怎麼說吧。

美國人不知道的故事

我們已經聽了許多男性智者的話，現在應該來聽聽女性智者說了什麼。

諾美·普林斯和瑞卡茲一樣，都是真正的老師，也是一位業內人士，她曾在雷曼兄弟和貝爾斯登倫敦等公司工作過，也曾擔任過高盛公司的總經理。

和瑞卡茲一樣，普林斯也是「業內人士裡的業內人士」，她曾親眼見過機器內部的運作模式。

普林斯在《共謀》一書，以及富爸爸電台的訪談裡，分享了一個真實的共謀故事，這是美國人一無所知的故事。這個故事關於「黑色金錢」，我都稱為「偽金錢」。底下引用普林斯本人的話：

什麼是黑色金錢？

黑色金錢是聯邦準備系統和其他全球主要央行以電子方式創造，或者說「召喚」出來的貨幣，這些錢會流向大型民營銀行和金融市場，但其最終流向何處卻無法追蹤。聯準會和歐洲及日本央行已經創造了近十五兆美元的黑色金錢。若將中國央行也算進來的話，數字來到驚人的二十三兆美元。這些黑色金錢首先會流到最大的幾間民營銀行和金融機構裡，再以這些銀行和機構為起點，向近乎無窮的方向分散出去，以不同的方式影響了不同的金融資產。

為什麼黑色金錢不好？

黑色金錢代表了不同政府、央行和民營銀行之間的新共謀方式。他們共同利用法律、權力掮客和交換條件，為自身吸取了更多金錢和權力。黑色金錢是虛假貨幣的一種，因其並非來自真正的經濟活動；這是一種自外部而來，供市場食用的人工興奮劑，能夠操縱和扭曲市場，使市場再也無法以自由市場或受管制市場的型態運作。

我們為什麼會深陷這種新常態？

央行擁有不受法律管制或數量限制便能印造大量紙鈔的能力，其權力甚至已凌駕於政府之上。市場、銀行和投機者都倚賴央行印鈔以獲得補助，而且不只在緊急狀態，而是持續不斷在發生的狀況。

問：這些代表了什麼？

答：這代表當有人說「只要讓我控制國家的錢，我才不在意誰制訂了法律」時，這個人說的是實話。

對金錢的虛假請求

二〇〇八年，時任美國財政部長以及前高盛集團執行長的亨利・鮑爾森，向美國政府及人民提出了動用七千億美元幫「大到不能倒」的銀行紓困的請求。

問：爲什麼這是虛假的請求？

答：和鮑爾森一樣曾為高盛公司業內人士的普林斯，在其作品《共謀》裡述說的就是這個故事。簡單來說，「央行」不需要允許就能印鈔。聯準會根本不需要鮑爾森、小布希、國會或美國人民的允許就能印鈔。

問：這就是新常態嗎？聯準會和全球其他央行不需要允許，就能爲所欲爲？

答：恐怕是如此。現在的超級富豪根本不在乎制訂規則的人是誰、掌權的是哪個政黨（共和黨或民主黨、保守黨或自由黨），或是該國是資本主義、社會主義還是共產主義國家。

問：這是如何發生的？

答：二〇〇八年制定的「美國穩定經濟緊急法」創立了問題資產紓困計畫（TARP）。二〇一〇年簽署的「陶德法蘭克華爾街改革與消費者保護法案」（Dodd-Frank Wall Street Reform and Consumer Protection Act），將授權金額降到四千七百五十億美元。

問：所以政府拒絕了一開始的七千億美元請求？

答：沒錯。國會議員將七千億減少到四千七百五十億美元。

問：接著發生了什麼事？

答：二〇一二年十一月十一日，美國國會預算局進一步減少到四千三百一十億美元。

問：再然後呢？

答：羅斯柴爾德的那句話就成真了。在國家領導人拒絕了以後，央行就接手了，接著就像普林斯所說的那樣，新常態開始了。重述一次普林斯的話：

央行擁有不受法律管制或數量限制便能印造大量紙鈔的能力，其權力甚至已凌駕政府之上。

二〇一二年十一月十一日，當美國國會預算局將金額進一步減少到四千三百一十億美元時，羅斯柴爾德的話就成真了。正如普林斯所說：

聯準會和歐洲及日本央行已經創造了近十五兆美元的黑色金錢。若將中國央行也算進來的話，數字來到驚人的二十三兆美元。這些黑色金錢首先會流到最大的幾間民營銀行和金融機構裡，再以這些銀行和機構為起點，向近乎無窮的方向分散出去，以不同的方式影響了不同的金融資產。

問：這是否代表我的選票、我選了誰、我認同的政黨或誰贏了大選都不重要了？

答：我讓你自己回答這個問題。許多人想要相信自己的選票是有影響力的。普林斯在他的新書裡給了大家一窺機器內部運作的機會。至少你曾見過硬幣的另一面了，現在你就能自己決定你的選票是否真的重要了。

問：這是否代表金融市場受到操縱？

答：對、對、對。很久很久以前，專業投資人還能依靠「市場定價」，意思是自由市場會決定資產的真正價格。但現在，全球的央行控制了資產的價格。

問：你的意思是沒有了真正的「市場定價」之後，資產的價格都是虛假的？

答：是的……你我都看不見在黑池裡交易且受到操縱的黑色金錢。現在就連金和銀的價格也受到了操縱。

問：既然黃金的價格也受到操縱，又何必存真金和白銀呢？

答：同樣的答案，因為金和銀是上帝的貨幣，沒有交易對手風險。所有虛假資產都有交易對手風險。

交易對手風險代表資產的價格由他人決定，也就是由交易對手決定。比方說，美元的實際價值由美國政府領導人決定。股票的價值則取決於發行該股票的公司價值。當你把錢借給姊夫時，你的錢的命運就取決在他的手裡了。

問：金和銀的交易對手是誰？

答：上帝。

當央行的紙牌屋崩垮時，金和銀仍會是金和銀，因為他們是上帝的貨幣。

下一章，各位將會學到如何為雪崩和逃出計謀做準備。

你發問……我回答

問：你相信瑞卡茲和普林斯是以自己的生命安全爲賭注，來揭發金融界的眞相嗎？

阿曼達 E. —— 美國

答：沒錯。你也知道，社群媒體往往是反社會的媒體。若有人想攻擊你，你就會受到一大群憤怒而自以為是的暴民攻擊。在社群媒體這個高等法院裡，你就是有罪，而且還沒機會證明自己的清白。這不只瑞卡茲和普林斯會遇到，每個人都會。

問：你認爲美國政府會像一九三三年那樣，再次禁止民衆私人持有黃金嗎？

荷西 F. —— 尼加拉瓜

答：我覺得不太會，但很難說。二〇一八年，有一些央行在睽違了十年之後又開始購買黃金。如果購買黃金演變成恐慌導致美元崩跌的話，誰知道美國政府會做出什麼事？

問：你覺得人們對美元的信心還會持續多久（多少年）？當（如果）人們不再有信心時，全球經濟會變怎樣？

德內斯 T. —— 匈牙利

答：我不知道。我只知道：

1. 美國政府、經濟和人民都在債務裡載浮載沉。

2. 各種補助計畫都需要資金。
3. 每天都有一萬多名嬰兒潮世代的人退休。
4. 嬰兒潮世代退休基金的資金不足。
5. 美國深陷在贏不了的反恐戰爭泥沼裡。
6. 美國不斷舉債以償付各項費用。
7. 人工智慧取代的工作機會將比中國取代的還要多。
8. 二〇〇八年過後，世界已不再信任美元。

要是你信任我們的領導人能解決這些問題，那就繼續存虛假的貨幣吧。

問：我沒看過有人能 100% 理解這種欺騙行爲，更別說要推翻體系了。請說服我們。

昭 Y. —— 日本

答：憤怒和挫折的情緒正在滋長，且往往透過反社會的媒體在散布。注意一下不斷增加的民眾動亂，就像今日委內瑞拉的動亂一樣。「規則」將取代法律和秩序。

問：很明顯的，幕後的銀行家控制了所有人，究竟要發生什麼才能讓他們失去對我們的控制？

雷納多 J. —— 菲律賓

答：銀行體系已經剝削存款人好幾千年了。一千年前，存款人將自己的金或銀拿給銀行家保管，銀行家給了他一張紙條，一張借據，證明他存了金或銀。這位存款人拿著這張借據當做錢來使用，而銀行家則把這位存款人的金或銀借給別人。銀行家不斷進行這種操作。

通膨皆起因於經濟體系裡有太多錢，會降低貨幣的購買力。隨著存款人的金或銀在逐漸膨脹的經濟體裡擴散開來，其價值也會逐漸降低。

我們現在將這種銀行制度稱為「部分準備金制度」。在這種制度裡，銀行只需要保有一部分存款人的錢作為「準備」即可。大部分存款人的錢都被放貸出去，一再地給越來越多借款人。銀行藉推動經濟之名行此操作，以便幫自己賺更多錢。

影子銀行體系則是這種部分準備金銀行制度的延伸，個人向別人借錢後再放貸給其他個人或機構，且不受規管銀行的法規限制。隨著越來越多錢借入和借出，經濟也不斷成長。只要經濟持續成長，一切就沒問題。

但只要一間小公司無法清償貸款，紙牌屋就會垮掉，因為部分準備金制度和影子銀行創造出來的債務遠高於實際擁有的金錢。

中國有很嚴重的影子銀行問題。如果中國的經濟持續放緩而貸款全成了呆帳的話，中國發生的經濟危機將會使二〇〇八年的次級房貸危機看起來也不過像是池塘裡的一滴雨水。

許多銀行在二〇〇八年調降利率，有些甚至達到負利率，同時銀行體系又印造了數兆的虛假貨幣。

存款人不只損失了利息收入，他們的存款還因為銀行印出來的這數兆虛假貨幣而失去購買力。引發這場災難的銀行家不僅有紓困方案，還能收到紅利，存款人則成了全球史上最大的輸家。即將到來的災難將比二〇〇八年的危機大上許多，然而學校還是一直教學生不要欠債且要存錢。世界在一九七一年時有了巨大改變，但教育體系沒有。

第十八章

為更好的未來做準備

達到心靈上的健康、富足和快樂

我幾乎每天早上都會照著哈爾．埃爾羅德在《上班前的關鍵1小時》裡寫的內容來做，固定練習瑜珈十分鐘、冥想三十分鐘、讀心靈書籍或雜誌十分鐘，並在紙上和自己分享心靈深處的想法。

早上的這一小時是我一天當中最重要的部分。這一小時決定了我將如何面對新的一天以及未來的生活品質。

隱形天花板

在公司工作的女性經常討論「隱形天花板」。男人（時常還有女人）往往認為女性不如男性有能力，尤其是談到錢的時候。感謝上天，這個迷思已逐漸消除。

我的太太金就沒有隱形天花板。她是一位企業家，無論面對男性還是女性都很自在。她能賺的錢或能達成的成就也沒有極限。

金錢和財富並不會歧視人，因為錢財分不出男性和女性，也不會因為年紀、教育或種族而歧視人，但人們會。人們經常歧視，或甚至和別人共謀來反抗自己，因為人群裡的猶大會跳出來說「我永遠都無法致富」或是「我沒上過大學，所以永遠無法成功」，這些想法全是人群裡的猶大所激起的。

這就是冥想對我很重要的原因。每天早上，我都必須將我內在的猶大關掉，並且超越寂靜，直到找到寧靜。

大人物和偽大人物

男人也有「隱形天花板」，也就是所謂的「至尊男症候群」。歷史有絕大部分都是關於這種至尊男做了什麼天大的好事，或是對世界帶來極大的損害，而這種損害通常是違反人性的大型犯罪。

至尊男通常又被稱為「大人物」。

許多男性其實是惡霸，既傲慢又妄自尊大，還假裝成大人物。這些人都是偽大人物。偽大人物需要有「小弟」來撫平他們脆弱的偽大人物自尊。

大部分家庭、家族、企業和經濟體裡的金融災難，都是因為這些偽大人物想要假裝是真正的大人物，假裝自己知道跟錢有關的一切。

我們都認識一些金錢方面的偽大人物，你在為這些人工作嗎？你跟假裝自己是大人物的小弟一起生活嗎？

偽天花板

任何有抱負的人，無論是男是女都會遇到隱形天花板或偽大人物擋在前面。

在真實生活中，大部分的人都會為自己創造出假的隱形天花板和偽大人物，擋在通往快樂的大門前。

偽隱形天花板、偽大人物，或是讓我們內在的猶大操控我們的人生，往往會外顯成為對成功的限縮、錢不夠、升遷輪不到自己、困在沒有出路的工作或關係裡、混亂的過往、不佳的選擇、不快樂、物質成癮和憂鬱症等等。

偽隱形天花板是好的，只要你知道自己有就好。大部分的笨蛋都不知道自己有，等到撞上了才明白。我也曾當過那個笨蛋好幾次。

好消息是，當個笨蛋也有好處。每個硬幣都有兩面，笨蛋的另一面是天才。

所以，如果你也曾當過笨蛋的話，好消息是，你也是個天才。

童話故事結束了

數百萬人在成長過程中都相信童話故事，當一個故事以「他們從此以後過著幸福快樂的日子」結束時，你就知道這是個童話故事了。

所有的童話故事都有一個問題，那就是都有隱形天花板。舉例來說，黛安娜王妃是位美麗的妙齡女子，嫁給了真正的王子，未來的英國國王。她生下了兩位傑出的男性：另一位未來的英國國王，以及備位繼承人。

出生於一九六一年七月一日的黛安娜王妃實現了許多年輕小女孩的夢想，成為童話故事裡的公主和王子結婚，真正的王子。

但黛安娜王妃的真實人生童話故事卻成了皇室最真實的夢魘。她的童話故事以婚禮當天的皇家馬車揭開序幕，卻以一輛翻覆在通往巴黎的隧道裡，扭曲變形又支離破碎的賓士車作結。

課程：就連童話故事也有隱形天花板。

你的人生能成為童話故事嗎？

像你我這樣的普通人，也能夠將人生活成童話故事嗎？我認為可以，但有條件。只要我們了解活在童話故事裡的另一面其實是夢魘就可以。

醒醒吧！

好消息是夢魘也是通往童話故事的道路。問題是你願不願意醒過來，保持清醒並活著渡過這段夢魘？

健康、富足和快樂

大部分的人想要的其實是健康、富足和快樂的人生。

本章的主題就是如何達到硬幣另一面那個人人夢寐以求、童話故事般的生活，那個充滿心靈上的健康、富足和快樂的人生。

有可能嗎？

心靈健康

我的心臟科醫師拉達·高普蘭（Radha Gopalan）好幾年來一直敦促我冥想，他提醒我看醫生和服藥都只是虛假的健康，內在的心靈才是真正的健康。

拉達是一位真正的老師、心靈導師和好朋友，同時也是《第二個意見》（A Second Opinion）的作者，這本書主要探討結合東西方醫療所能帶來的力量。對於在意自身健康的人來說，這本書傳達了一個很重要的訊息。

去年，在最近一次富爸爸顧問團隊為期三天的讀書會上，他帶領大家討論生病將如何帶來健康和心靈上的啟迪。

高普蘭醫師不僅是位心臟科醫師，還是位針灸師。最後，他終於成功穿過我厚厚的腦袋，讓我理解原來自己一直為了財富而犧牲自己的健康和快樂。

身為A型人格，我很喜歡自己正在做的事。每一天都很有趣，每一天都充滿挑戰，也很成功，而我就是能在壓力中茁壯的人。問題在於，我的自尊正在掌控著我，而我自己也喜歡這樣。

艾克哈特．托勒在《當下的力量》裡寫道：

> 你是不是老想著離開你在的地方，去別的地方？你多數的作為，是否只是達到目的的手段？你的實現是否觸手可及？或者像性、飲食、藥物、刺激和興奮一樣，只限於短暫的享樂？你是否始終都專注在變成、達到、獲得、或輪番地追逐新奇的刺激、享樂？你是否相信，如果自己得到更多之後，就會變得更滿足、變得更好或心靈上更完整？你在等待一個男人或女人來賦予你的生命意義嗎？

托勒可能會把我這樣的人形容成是為了「未來救贖的救贖」而逃離過往，即使這只是個幻象。

托勒接著說道：

> 一般而言，未來只是過去的複製。表面的改變或有可能，不過真正的轉變實屬罕見，而且取決於你臨在的程度，是否足以取得當下的力量以瓦解過去。

直到拉達敦促我要「醒過來」、冥想、閱讀心靈方面（而不只是財金類）的書、練瑜珈和上健身房為止，我只不過是個「小弟」，一直試圖要變成更大咖的人物。真是浪費。

我並不知道當我每天呼嘯著去上班的同時，也在破壞我未來的健康、財富和快樂，身為一個試圖想變成大人物的小弟，我總是不斷更努力工作，拿自己的頭去撞自我設下的隱形天花板，並將我童話故事般的人生、婚姻和事業通通變成了一場夢魘。

我和拉達認識時，早已是多數人認為的「成功人士」，我有一個很棒的妻子、相當好的生活、金錢、一些名聲、快樂和健康，但我一直想要更多。

想要事情改變……得先改變自己

現在，我會將每天的第一個小時用來關照我心靈上的健康、富足和快樂。

受到拉達鼓舞的我開始尋找新的老師，而這次我找的是心靈上的老師。我在某個課程認識了哈爾・埃爾羅德，他在一場機車事故中近乎喪生，卻成功活了下來。他給了我他的著作《上班前的關鍵1小時》，這本書講述他重獲新生，以及恢復心靈健康、富足和快樂的過程。

讀完他的書之後，我更能理解拉達一直希望我了解的到底是什麼。透過遵行書裡的步驟，我的隱形天花板開始消融，這個過程雖然緩慢卻相當踏實。我心中的小人物終於不再試著成為大人物了。

我一直不斷要逃離我的過往，尋求未來的救贖，我看得出來，我想要做出改變，而我知道改變必須由自身開始。

我很開心的跟各位報告，隨著我慢慢走過（而不是逃離）我的夢魘的同時，奇蹟也一直在發生。

簡單來說，我的夢魘就是走過隱形天花板的路途。

另一位心靈老師

我在美好的早晨讀的其中一本書是《覺知》，這是一本關於覺醒的書。我很喜歡這本書，因為書中所探討的正是我這一類的心靈。

戴邁樂是一位真正的心靈老師，我從未見過他，只能從他的《覺知》一書認識他。戴邁樂是印度孟買的耶穌會教士，在一九八七年時驟逝。

戴邁樂若不是神父的話，我敢肯定他一定會是位傑出的陸戰隊訓練指導人員。他的心靈智慧之語直接、不拐彎抹角而且絕不政治正確。

我猜戴邁樂恐怕無法出現在今日的大學校園，因為他可能會傷了所有老師和學生的感情。

《覺知》一書透過以下的故事開頭：

一名男子發現了一顆老鷹的蛋，並將這顆蛋放在其畜養的母雞巢裡。小鷹跟著同窩的小雞們一起被孵育出來，也一起長大。

終其一生，這隻老鷹都做著跟雞一樣的事，認為自己就是一隻受畜養的雞。牠會刨土尋找各種蟲子和昆蟲，還會像雞一樣咯咯叫。牠也會拍打翅膀，飛離地幾英尺。

好幾年過去了，這隻老鷹也垂垂老矣。有一天，牠看見頭上晴朗無雲的天空裡有一隻雄偉的鳥。這隻鳥以優雅而雄偉的姿態在強勁的風流裡飛翔，金黃色的翅膀卻幾乎沒有拍動。

那隻垂垂老矣的鷹崇敬的抬頭看著，「那是什麼？」牠問。

牠的鄰居說：「那是老鷹，鳥中之王，是屬於天空的鳥類，我們則屬於地上，因為我們只是雞。」於是這隻老鷹從出生到死亡都只是一隻雞，因為牠覺得自己只是一隻雞。

這個故事使我想起了一件事，我希望你們問問自己：「你是一隻住在雞群裡的老鷹嗎？或者你是一隻試著要變成雞首的老鷹？」

什麼是靈性？

戴邁樂寫道：

靈性意指覺醒。多數的人雖然不自知，但其實都睡著了。他們在睡夢中出生、過活、結婚、生養小孩，最後也在睡夢中死去，終其一生未曾覺醒。

我希望你們從一開始就能正確地理解一個道理，那就是宗教並不一定和靈性相關。我再重覆一次，並不一定相關。所以現在請暫時不要摻入宗教。

覺醒的時間到了

以下是戴邁樂說的另一個故事：

一位紳士在敲他兒子的房門，他說：「傑米，起床了！」

傑米答道：「爸，我還不想起床。」

爸爸大叫：「起來，該去學校了。」

傑米說：「我不想去學校。」

於是爸爸問：「為什麼？」

傑米說：「有三個原因。第一，因為學校很無聊；第二，因為其他同學都嘲笑我；還有第三，我討厭學校。」

於是爸爸說：「好，那我也要告訴你三個必須去學校的原因。首先，這是你的義務；第二，因為你已經四十五歲了；然後第三，因為你是校長。」

起床，起床！你已經是大人了，不該再繼續睡了。醒醒吧！不要再玩玩具了。

大部分的人都說他們想從幼稚園畢業，但不要相信他們。不要相信他們！他們只是想要修理自己壞掉的玩具而已。「把我的妻子還來、把我的工作還來、把我的錢還來、把我的名聲和成功還來。」這就是他們想要的，他們想要自己的玩具能換成新的。就這樣。即使是最傑出的心理醫師也會告訴你，其實很多人並不是真的想要被治好。他們只想要解緩症狀，痊癒是很痛苦的。

富爸爸常說：「人人都想上天堂，但沒有人想死。」

他還說：「大部分的人只想要錢。他們不想變有錢。為錢工作很容易，誰都能為錢工作，但要致富很難。」

富爸爸常使用一個「臨在——做——擁有」（Be-Do-Have）的模型。

他說：「『富有』（being rich）和『擁有錢』（having money）不一樣。大部分的人只專注在擁有錢，而不是變富有。」

他進一步解釋：「泰瑞莎修女很富有，因為她不需要錢就能完成工作。」

艾克哈特．托勒在其《一個新世界：喚醒內在的力量》裡寫道：

> 小我通常把「擁有」等同於「臨在」（being）：我擁有，所以我臨在。我擁有越多，「我」的臨在就越多。小我透過比較而生，別人如何看待你會變成你看待自己的方式。……小我的自我價值感，在大多數情況下受限於別人眼中你所有的價值。你需要別人給你自我感，而如果你所處的文化背景中，大多數人都是把自我價值等同於你有多少和你有什麼，而你又無法超越這個集體迷思的話，你終其一生都注定會去追求一些事物，並無望地在其中尋求你的價值和完整的自我感。
>
> 你如何放下對事物的執著呢？試都別試了，這是不可能的。當你停止在事物中尋找你自己時，那個對事物的執著自然會消失。在此同時，只要覺知到你對事物的執著就可以了。
>
> 小我認同擁有，但其在擁有中獲得的滿足只是相對膚淺而短暫的。在它之內深藏著一個不滿

足、不完整和匱乏之感。

「我擁有的還不夠」對小我真正的意思是：「我還是匱乏的！」

重述一次富爸爸的課：「富有和擁有很多錢和事物不一樣。」

問：富有是什麼意思？

答：我不知道。每個人都有自己的答案，只有你才能回答這個問題。我只知道數十億人想要擁有更多錢，也想要擁有更多事物。

我的隱形天花板就是我內在那個不斷逃離當下的臨在，逃離「我還不夠好」的小人物。

我需要從這當中解脫。很可惜，更多的錢和成功只是一時的解脫，並非解藥。

神奇藥丸

一九六〇年代時有個電視和電台廣告會問：「解脫（relief）怎麼寫？」回答則是將廣告要賣的制酸劑給寫出來。旁白會一個字一個字將藥品名稱拼出來：R—O—L—A—I—D—S。接著，有好幾百萬人跑去買這個「解脫」。

現在，全世界的人們不斷被「神奇藥丸」的廣告轟炸。神奇藥丸看準了人們內心深處的欲望、需求、不快樂和「我還不夠好」的感受。

有針對減肥的神奇藥丸，也有針對快速致富、找到一生摯愛、辭掉工作且再也不用工作或重回學校取得更高學歷的各種神奇藥丸。

我最喜歡的神奇藥丸是減重的廣告。我一輩子都在跟過重纏鬥，因此只要廣告放上漂亮的男子或女子服用藥丸前後的對照圖，然後說「我服用了這個神奇藥丸，瘦了五十五磅（約二十五公斤），而且完全不用節食或運動，你看我現在的成果」，我就會毫無抵抗力。

有幾個廣告特別有說服力，讓我真的拿出信用卡訂購了這些神奇藥丸。但到目前為止，沒有任何一個神奇藥丸真的有效。我仍然持續跟我的體重奮戰。

正如戴邁樂所說：「人們只想要解緩症狀，痊癒是很痛苦的。」

痛苦在於每一罐神奇藥丸都還是要配上持之以恆的正確飲食及運動，那才是通往痊癒的道路。

十幾億元的樂透

從想要金錢中解脫。

二〇一八年時的新聞充斥著樂透彩上看十億美元的消息，新聞一出之後，樂透彩頭獎直接升破十億美元。

為什麼？因為好幾百萬人都在尋求財務上的緩解，而非痊癒的解方。大部分的人都想要簡單的致富之道，所以才都無法獲取大筆財富，或不再需要為真正的錢擔心。

比特幣上新聞時，相同的情況也發生過。突然之間，好幾百萬人都成了比特幣的投資者。我也是其中之一。我認識了一個人，答應要賣出五個他持有的比特幣給我，而且那是他在還沒多少人知道比特幣的初期買下的。我們握了手，但什麼事都沒發生。那位賣家和他的律師離奇消失，讓我沒被自己的愚蠢所害。

我不是在說比特幣很愚蠢，愚蠢的是我。我買的原因單純是因為價格在上揚，而我不想錯過這班車。我只要買五個，好讓我能進場並開始學習——就是我推薦的作法，我透過「淺嚐」的方式來學習。無論是金、銀、股票還是債券，我的作法都一樣。

最後，我選擇買了比較少人知道的人民的貨幣，例如乙太幣等虛擬貨幣。我透過只買一點淺嚐的方式來學習這個遊戲。

我猜測虛擬貨幣，也就是人民的貨幣將會成為政府法幣的隱形天花板。我猜這種小人物將會狠咬大人物的屁股一口。

人們為什麼不肯醒來

如戴邁樂所言：「靈性意指覺醒。」

覺醒是很不舒服的，你懂的。你覺得躺在床上既愉快又舒服，被吵醒是很令人不快的，所以許多有智慧的宗師不會試著吵醒人們。如果你睡著了，我希望接下來所說的話夠有智慧，沒有試圖吵醒你的感覺。雖然我不時會跟各位說「醒來！」，但這其實跟我一點關係也沒有。我的工作是盡我的本份，照我的步調走。若你能從中獲利，那很好，但如果不行的話，太可惜了。阿拉伯人說：「雨的本質皆相同，但既有可能讓沼澤裡的荊棘生長，也能讓花園裡的花綻放。」

翻譯：神奇藥丸沒有用，宗師沒有用，娶新的妻子沒有用，一部新的法拉利也沒有用。

仔細看「臨在——做——擁有」，你會發現更深層的問題在於「想擁有更多」。

問：如果一部新的法拉利、新的妻子、更大的房子、新鞋、新衣服或更多錢等等的緩解方式無效，該如何治癒「想要」？該如何治癒「我還不夠好」？

答：記住，「我還不夠好」的想法就是你內在的猶大和破壞者。猶大並非真實的你。與痛苦同在並覺知痛苦，就能開始這段路程，不要用酒情、毒品、性愛、食物和購物掩蓋痛苦。拉達的《第二個意見》、托勒的《當下的力量》和《一個新世界》、哈羅德的《上班前的關鍵1

小時》以及萊恩・霍利得（Ryan Holiday）的《障礙就是道路》（The Obstacle Is the Way）都提及了與痛苦同在的課題。

這些能賦予心靈力量，力量就存在於你的心中，讓你得以控管住在腦袋裡的猶大。

問：所以我的心靈可以在硬幣的另一面找到？

答：沒錯，確實如此。我們都有自己的優缺點、勇氣和恐懼，以及愛和憎惡。我們內在的天賦需要靠結合才能找到，而不是靠逃避、忽視或藥物去掩蓋硬幣的另一面。

每當我因為高血壓、過重和糖尿病前期感到不適而約診時，拉達總會說這些話敦促我醒來：

心靈的健康存在於你的不舒服之中。

心靈的財富存在於你的貧窮之中。

心靈的快樂存在於你的悲傷之中。

課程：與你內心的痛苦、脆弱、黑暗面和猶大一起臨在當下，才是發現真實靈性之所在。

教孩子脆弱

教育出了問題教育本身就是問題。教育只教頭腦，卻沒教心靈。

我曾在本書前面提及布里爾的著作《尾旋下沉》，該書探討高等教育透過極為聰明的學生對世界造成傷害，這些學生腐化了法律和金融體系，並製造出虛假的金融資產，再透過這些資產掠奪這個世界，好讓自己富有。

哈佛畢業的演說家艾科爾在其著作《共好與同贏》裡，描述了現代教育的慣例、方法和過程是如何讓包括極為出色的學生在內的所有學生，通通被困在自己的小潛力裡，而非去展現大潛能。

另一本由路葛瑞格・加諾夫和強納森・海德特合著的《為什麼我們製造出玻璃心世代？》則將

當代教育描繪得更加邪惡。

路加諾夫是「個人教育權利基金會」的執行長，他畢業於美利堅大學和史丹佛大學法學院，專長為高等教育內部的言論自由和第一修正案議題。

海德特則是紐約大學史登商學院的倫理式領導教授，他在取得賓州大學的社會心理學博士學位後，曾在維吉尼亞大學任教十六年。

《為什麼我們製造出玻璃心世代？》探討了當代全球公共論述中的仇恨、憤怒、不包容以及其根本原因。舉例來說，為什麼人們總在爭吵而非討論？為什麼恐怖主義及仇恨不斷滋長？為什麼全美國甚至全世界都有大型殺人案件？為什麼民主黨和共和黨總是相互攻訐而無法相互合作？為什麼校園內不斷發生學生攻擊演講者的暴亂，就只因為演講者說的話「刺激」或「威脅」了他們？

海德特和路加諾夫在他們的書裡說：「當代的不同之處在於我們假設學生是脆弱的。」他們的關注焦點集中在「i世代」（網路世代，這個字是社會心理學家珍．圖溫吉〔Jean Twenge〕提出的說法，意指一九九五年後出生的年輕人），以及二〇一四年在不同校園發生的暴動事件。兩位作者寫道：

> 許多大學生正在學習以扭曲的方式思考，這增添了他們變得脆弱、焦慮、容易感到受傷的可能性。

在他們動筆之前，曾經投書一篇〈爭吵引發不幸：學校如何教導扭曲認知〉至《大西洋》雜誌，這篇文章後來發展成《為什麼我們製造出玻璃心世代？》。他們如此描述：

> 在那篇文章裡，我們主張許多老師、家長、K-12的老師、教授和大學校務人員，一直在不知不覺中把一些受焦慮和憂鬱症所苦的人身上常見的習慣，教給了一整代的學生。
>
> 這種思考模式直接傷害了學生的心理健康，也干擾了他們的智力發展，有時甚至還影響到周遭親友的智力發展。在某些學校裡，一種防禦性的自我審查文化似乎正在慢慢浮現，一部分原因是某

些學生常會因為他們自認為缺乏同情心的小事就迅速「為其發聲」或讓別人顏面盡失。這樣的改變可能是為了回應那些為他人發聲的學生，也或者是為了其所代表的團體成員。我們將這樣的模式稱為惡意保護，並且主張這樣的行為將讓學生更難擁有開放性的討論，但開放性討論卻是練習重要的批判性思考和理性爭論技巧的最佳方式。

問：這些代表什麼？

答：暴力、仇恨以及爭論很可能因為科技和大規模的高等教育不斷增加。

現在的老師和學生都要求「安全」。人身安全當然很重要，但是「安全」的概念已經演變成可能令學生不高興的想法，換句話說，就是情感安全。這代表言論自由已死。

更糟的是，如果有學生因為某種想法而感覺「受到威脅」，這種新興文化允許人們加以報復、攻擊，甚至傷害他人，因為學生們認為其「觸發」了令人不舒服的情緒。

這就是暴力事件不斷攀升的原因，言論自由已死，真正的教育也奄奄一息。

《為什麼我們製造出玻璃心世代？》是一本非常重要的著作，對家中有學齡孩子的家長，或是有i世代員工的雇主時更是如此。此外，我在軍中的朋友也發現和千禧世代一起工作，以及跟i世代一起工作有很明顯的差別。

海德特和路加諾夫認為是i世代造就了千禧世代古怪而好鬥的名聲，然而問題是i世代及當代老師的態度正在影響全世界所有世代的人。

問：我們要如何爲這種「美麗新世界」做準備？

答：在《為什麼我們製造出玻璃心世代？》裡提供了許多種解決的方法，其中一個是《黑天鵝效應》的作者納西姆・塔雷伯（Nassim Taleb）所提出的看法，這本書不僅是二〇〇七年的暢銷書，更是許多專業投資人奉為聖經的財金書。

塔雷伯是一位統計學家、股票交易員、天才而博學的人，在紐約大學教授風險管理。他認為有太多投資人以錯誤的方式看待風險。在複雜的系統和社會裡，想要預見未來會發生什麼事是不可能的，但人們卻堅持試著要根據過往經驗來計算出風險值，卻也因此開啟一扇大門，通往人們無法預見也無從準備的「黑天鵝」事件。

黑天鵝（名詞），出人意表或難以預料的事件，通常伴隨著極端的後果。

因此，瑞卡茲才會認為諸如前聯準會主席柏南克這樣的學術菁英其實全都搞錯了。瑞卡茲和普林斯這兩位真正的業內人士，而不是虛假的學術菁英，都相信量化寬鬆政策和不斷印鈔只會弱化我們的未來。

柏南克是大蕭條領域的教授。二〇〇八年，他做了一件他認為聯準會在一九二九年應該要做的事：印鈔票。柏南克正朝著未來駛去，卻死盯著後照鏡看，就像俗諺說的：「將軍總在準備打前一仗」，二〇〇八年的柏南克打的是一九二九年的仗。

《為什麼我們製造出玻璃心世代？》以及塔雷伯在二〇一二年的新作《反脆弱》都認為我們的學校體系正在無意間傷害學生的未來，因為其讓學生變得脆弱，而不是讓學生做好準備，以面對未來難以預料的黑天鵝事件。

塔雷伯要我們懂得辨別以下三種不同類型的人：

1. 有些人像精美瓷杯一樣脆弱，不僅易碎還無法自我癒合，所以一定要小心對待。
2. 有些人像塑膠杯一樣充滿韌性，可以承受生命當中的巨大衝擊。家長通常會給孩子塑膠杯，但問題在於塑膠杯無法從跌倒或逆境中獲益，因為其無法學習、成長或變得更強壯。
3. 有些人則是反脆弱。反脆弱的人需要壓力、挑戰和困難才能學習、適應和成長。

非常重要：「反脆弱」的系統若沒有接受挑戰就會變得越來越弱、僵硬而沒有效率。比方說，孩童和人類都有反脆弱的系統，一旦不用，肌肉便會越來越弱，骨頭也會變脆弱。

一個人若在床上躺了整整一個月，他的肌肉就會萎縮，因為複雜的系統一旦缺少壓力就會弱化。神經質的家長和學校老師過度保護孩童，不讓學生接觸到真實生活，但這麼做其實正在傷害學生和全球的未來。

更重要的是，脆弱的人會變得暴力，以捍衛他們受保護不接觸真實生活的權利。

蠟燭vs.營火

蠟燭與營火的比喻則是另一個例子，如果吹氣吹得太大力的話，蠟燭就會熄滅；但如果真的很用力對營火吹氣的話，營火會變得更旺。

當我們的學校、老師以及神經質又過度保護的家長們一直保護自己的孩子，不讓他們接觸真實生活時，他們培養出來的就是「蠟燭」，這些孩子沒有足夠的準備，無法迎接未來的黑天鵝事件和長大成人後必須面對的世界。

如何準備好面對未來

許多人既強硬又充滿韌性。再說一次，強硬又充滿韌性者的問題在於他們無法成長或學習，因此當世界朝著未來奔騰而去時，這些人就會落在後頭。

最後我引用孟子的一段話讓大家思考，一句古老的智慧之語，也是《為什麼我們製造出玻璃心世代？》的作者在該書第一章「脆弱的虛假性」開頭所引用的話：「故天將降大任於是人也，必先苦其心志，勞其筋骨，餓其體膚，空乏其身，行拂亂其所為，所以動心忍性，曾益其所不能。」

人類就是這樣變成老鷹的。

恰如拉達不斷敦促我打開心胸並學習：心靈的健康存在於你的不舒服之中。心靈的財富存在於你的貧窮之中。心靈的快樂存在於你的悲傷之中。

雞群都充滿韌性。牠們能夠生存但無法學習。牠們生活在農夫提供的土地上，並以農夫提供的食物為生，同時允許農夫販賣牠們下的蛋、豢養牠們孵化的小雞，並且在農夫飢餓時以牠們為食。

老鷹是反脆弱的。牠們喜愛風中的不確定性、餵養自身雛鳥的挑戰，以及自由的藍天。

以下是我要問大家的問題：

- 你是老鷹還是雞？
- 我們的學校在教學生成為老鷹還是雞？
- 學校教你成為什麼？

只有你能回答這些問題。

下一章，各位將學習如何在由雞群管理的世界裡像老鷹般展翅翱翔。

你發問……我回答

問：我讀了高普蘭醫師的《第二個意見》，了解到東西方醫藥哲學的概念，以及我們每個人對於自身的身心健康所能帶來的正面影響。我們如何有效的將這些資訊傳播給無知的大衆？

莫尼克 B. —— 美國

答：我們都有可能對某些事一無所知，沒有人無所不知。只要分享自己在生命中學到的東西，就能為啟發他人盡一己之力。我讚賞高普蘭醫師分享自己對於中西醫學的知識，也讚賞你願意閱讀那本書。這就是我們傳播和啟發思想的方式。

問：你爲什麼認爲高普蘭醫師提出的資訊和常識哲學，並不屬於保持健康的主流說法？

狄帕克 J. —— 印度

答：高普蘭醫師說：「現代醫療其實是醫富，真正的醫療應該是不用錢的。」如果人們真的遵照他的建議專注在自身健康，而非倚賴藥物來治療疾病的話，個人醫療的花費將會減少許多。

問：如果有足夠的練習，我們內在的猶大（用你的話來說）最後能不能一直被控制住呢？

阿圖洛 S. —— 墨西哥

答：無法，猶大永遠都無法被控制。要降低猶大在你身上的影響力，就是當猶大在說話時，你必須要有覺知並學會聆聽。從猶大知道你正在聆聽的那一刻起，他對你的影響力就減弱了。

第十九章
如何在由雞群管理的世界裡……像老鷹般展翅翱翔

取回人生的主導權

注意：這一章可能會讓認同雞群的人不舒服。

正如路加諾夫和海德特在《為什麼我們製造出玻璃心世代？》裡警告的一樣，這一章節的內容可能會「刺激」到那些和瓷器一樣脆弱的人。如果你就是這種人，最好跳過最後一章。

至於生而為老鷹、充滿韌性或反脆弱的人，最後這章可能就是你期待已久的內容。

結論：給老鷹的課程

一九七二年時，我遇到一位賣黃金的越南女子，她身材瘦小，牙齒因為嚼檳榔而血紅，但她卻是我最好的老師。我常想到她，而且清楚記得當天的情景：我飛過敵線後方，往下看著因為先前的戰鬥而燒毀的廢墟，接著降落在一片我以為是穩固的土地上。關上直升機引擎的我，走過一座小村莊，對著正在賣蔬果雞鴨的村民微笑揮手。當地的農民瞪著我們，想不通這兩個美國陸戰隊員毫無武裝的在敵區閒晃，還問去金礦的路要做什麼。

那天，我自知在敵線後方找黃金是件非常愚蠢的事，非常愚蠢。那不過是場冒險而已。但今天的我了解到，尋找黃金可以說是我做過最明智的一件事。

在那位越南女子拒絕降價售出黃金時，她成了我的老師。她想要用即期價格售出，亦即當天國際黃金市場的金價。

那時的我還不知道「即期價格」是什麼意思。我是個大學畢業生，但她對於真正的貨幣、黃金和金錢世界的了解遠多於當時的我。

這讓我想到富爸爸和窮爸爸。我想知道關於真實的金錢世界，我想知道還有什麼是理應有知識的美國人還不知道的，我想知道自己為什麼對黃金一無所知，我想知道我們是不是被教育成擁有高學歷的窮人。

那位越南女子改變了我的未來。

我現在的財務基礎全建立在真金白銀，也就是上帝的貨幣，而不是人造的虛假紙鈔和紙本資產。

穩定的貨幣，穩定的世界？

我經常想到那位越南女子。我經常在想，如果學校將她對於真實金錢世界的知識教給學生的話，這個世界不知道會變成什麼樣子。而這也讓我不禁想問要是有穩定的金錢，世界會不會更穩定一些？在那樣的世界裡，有錢人、窮人和中產階級的差距會不會越來越小，而不是越來越大？那將會是稍微公平一點的世界嗎？

什麼是靈性？

戴邁樂在《覺知》裡寫道：

> 靈性意指覺醒。多數的人雖然不自知，但其實都睡著了。他們在睡夢中出生、過活、結婚、生養小孩，最後也在睡夢中死去，終其一生未曾覺醒。

那位越南女子拒絕降價售出黃金時其實正在跟我說：「醒來吧，醒來吧，醒來吧。」

請再看一次419～421頁的這些圖表，你將會看見我被她叫醒之後看見的課題。

建立我自己的金礦

一九九〇年代時，我受到那位越南女子的啟發開始尋找自己的金礦。我和合作夥伴最終在中國找到了一座藏量極為豐富的礦床，並協助這座礦場在多倫多證交所上市。

但當我們的採礦作業開始可以運行時，中國政府就將這座礦場收走了。

就像戴邁樂可能會說的，我醒過來面對真實的金錢和權力世界了。

瑞卡茲在《下一波全球金融危機》裡寫道：

黃金 vs. 虛假貨幣

主要貨幣對黃金價格1900–2018

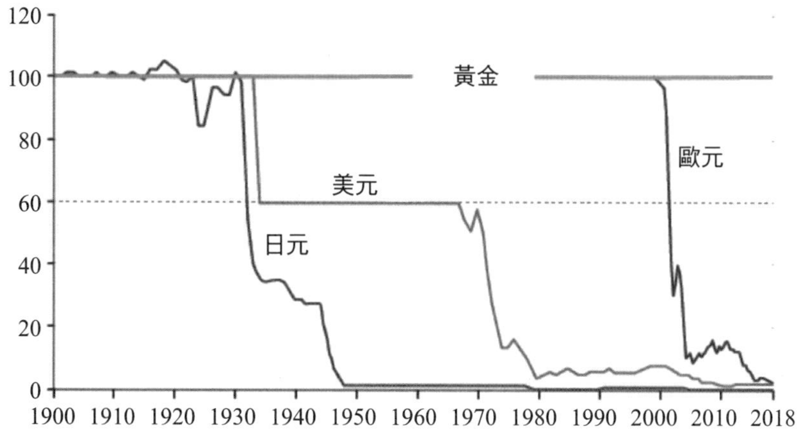

為什麼存錢的人是輸家

美元1913年至今的購買力變化

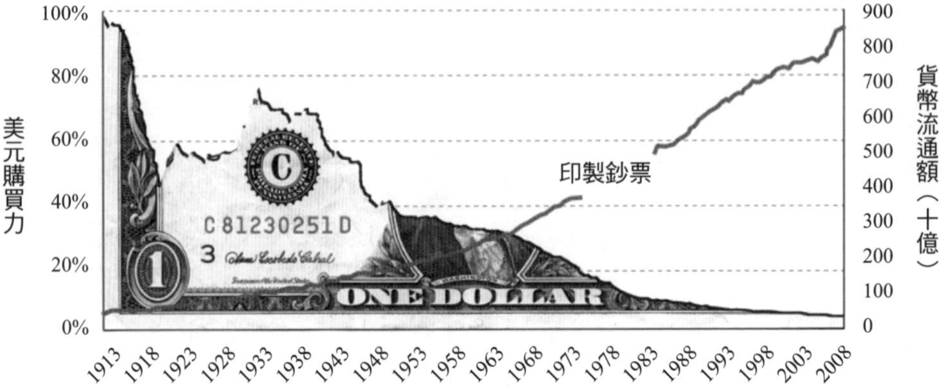

資料來源：美國勞工統計局

差距

一九七九年以來，稅後收入占比變化（經通膨調整）

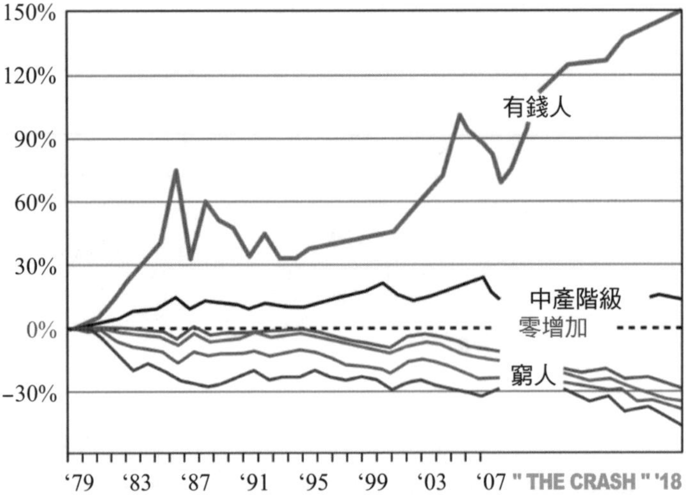

資料來源：美國國會預算辦公室

道瓊工業平均指數(DJIA) 1895-2015

陰影區代表美國經濟衰退

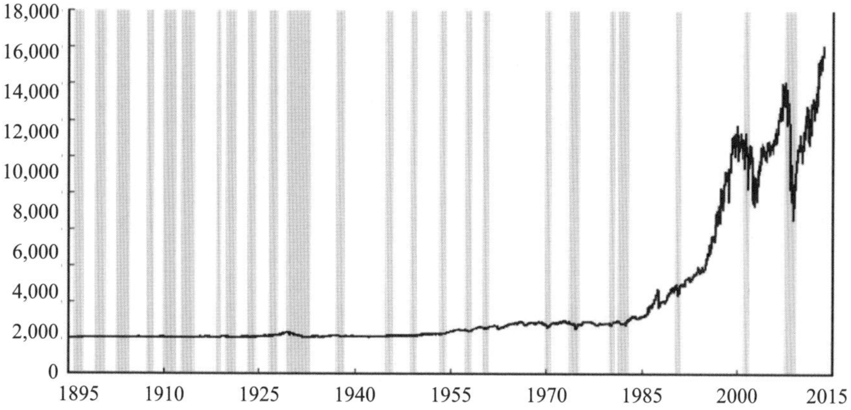

資料來源：標普道瓊指數有限公司

美國眾議院議長瑞恩（Paul Ryan）在預算法案中插入一個條款，提高了中國在IMF的投票權。這進一步強化了中國在管理世界貨幣體系國家專屬俱樂部的一席之地。

這些提高中國地位的勝利，隨著中國從二○○六年開始瘋狂收購黃金而來，而中國收購黃金則被認為像邀請中國加入這個專屬俱樂部所支付的邀請費。

美國和其他主要經濟強權的官員表面上公開貶抑黃金，但私下卻儲藏黃金以作為紙貨幣末日來臨前的強心針。美國擁有逾八千公噸黃金，歐元區有超過一萬公噸，而IMF有近三千公噸。

中國因為祕密收購四千公噸黃金，而且還會買更多，所以能與其他持有黃金和特別提款權的大國平起平坐。

課題：擁有黃金的人就能制訂規則。

這是那位越南女子教我的其中一課。若不是她，我不會開始緩慢而持續的蒐集真金和白銀，也就無法和金一起建立起我們真實的財富基礎。

若沒有那位販售黃金的越南女子，我可能會將財務基礎建立在虛假的貨幣和紙本資產上，打造出一個貨真價實卻不穩固的紙牌屋。

雷根總統時期的行政管理和預算局局長大衛．史塔克曼，在二〇一七年十二月時曾提出警告：

> 「世紀交替之初……財政赤字確實大幅噴發，直接導致聯準會開始進行資產負債表縮減，該作法極有可能撼動整座賭場。」

盡頭將至了嗎？

請思考一下……

《巴倫周刊》（Barron's）二〇一八年十一月十五日報導：

對沖基金產業之父說「我們可能已身在全球信貸泡沫之中」

> 在今日於康乃狄克召開的格林威治經濟論壇上，都鐸投資對沖基金公司創辦人，同時也是對沖基金產業的大老保羅．瓊斯二世（Paul Tudor Jones II）說：
>
> 「我們可能已身在全球信貸泡沫之中，全球的信貸泡沫。全球的債務與GDP比來到歷史新高。我不太確定我們是否該跑向緊急出口逃命，但我們確實已來到一個歷史節點，挑戰了相對於承載力而言債務不斷增加的經濟典範。
>
> 「自一九四四年於新罕布夏州布列敦森林召開的聯合國貨幣金融會議起，負債程度就不斷提高，這是因為『建立於央行的經濟信賴圈開始彼此合作』。這個現象一直延續到金融危機過後仍不墜，但其所奠立的基礎卻已『充滿裂痕』。」

真正的老師

大衛・史塔克曼和保羅・瓊斯都是真正的老師。他們是從全球金錢機器內部俯瞰世界的老鷹，普林斯和瑞卡茲也一樣，這些人都發出了類似的警告。

就跟《綠野仙蹤》的桃樂絲一樣，他們都見到了魔法師，也知道了真相：所謂的「魔法師」根本就不是魔法師。

那位越南女子也是從她小小的黃金世界裡俯瞰整個世界，她也是真正的老師。再看一次高階老師圖。

那位越南女子從最高層級來觀看世界，她做的全是真正的事：她替金礦的所有人販售黃金。

瑞卡茲在他的《下一波全球新貨幣：黃金》裡證實了布里爾的「高等教育從一九七〇年代開始洗腦那些最傑出優秀的學生」。瑞卡茲說一九七〇年代時，最頂尖的學校開始了一項反黃金的運動，用凱因斯的話來說就是「金本位

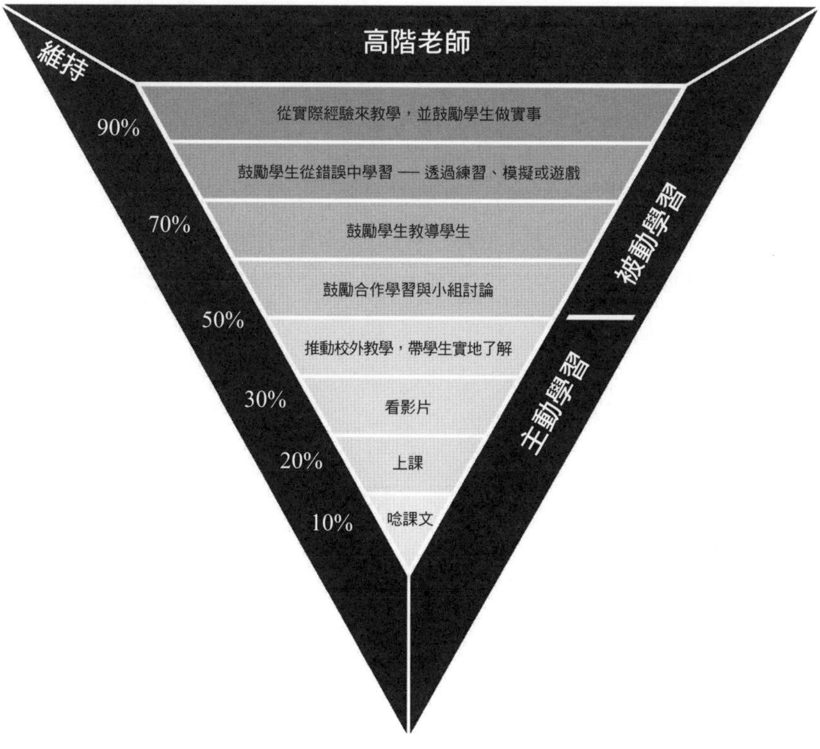

是野蠻的遺跡」來教導學生。

現在大多數的財務專家都是假的老師，他們會譴責黃金，卻對真正的黃金和金錢所知甚少，只是從商學院假的老師學習跟黃金相關的知識。

現在大多數的財金專家都不是老鷹，而是人云亦云的鸚鵡，重複著學術菁英老師教他們說的話，還不敢質疑。大部分的財務規劃師、證券經紀人和退休基金管理人都是如此，這就是許多退休基金會破產的原因，他們大部分都是鸚鵡，不是老鷹。

你被洗腦了嗎？

大部分的財金專家會說「黃金是野蠻的歷史殘跡」，是因為他們被洗腦了，重複著他們學會說的台詞，所以才這麼少人擁有黃金。

你是否也被洗腦而不願持有黃金？你是否相信要存錢，並長期多角化投資股票、債券、共同基金、ETF？

戴邁樂的話值得我們再看一次：

> 關於洗腦有一些有趣的研究，據研究顯示，當你接受或是「融合」了來自他人而非自己的想法時，就是被洗腦了。有趣的是，你會願意為了這個想法而犧牲生命。是不是很奇怪？測試自己是否被洗腦且融入了某些想法和信念的第一步，就是在這些想法和信念遭受攻擊的時候。你覺得很震驚，並以情緒化的方式回應。這是我們正在面對洗腦的一個很有用的徵兆，不是絕對可靠但很有用。你已經準備好要為一個根本不是你的想法而犧牲。恐怖分子或（所謂的）聖人都接受了某種想法將其生吞活剝，且準備為其赴死。傾聽不容易，尤其當你對某種想法有著強烈的情緒時更是如此。

我醒了

當我在越南發現自己被洗腦時，我就覺醒了。我在幾乎要殺了一個小男孩之前及時覺醒。我覺醒並發現我們並不是在與共產主義對抗，而是為了石油而戰。

當我發現自己被洗腦時，我就覺醒了。在那之前，我忘了自己在軍校所受的專業教育是關於石油的，也忘了自己曾是油輪的船副。在國王角美國海軍商船學院的全球經濟學課堂上，老師教我們美國不希望中國取得越南的石油。但我把這些全忘了，我加入海軍陸戰隊並且去了飛行學校，學習如何保衛美國抵抗共產主義。

我們在越南是為了石油而打仗，直到今日依然在為了石油打仗。

從一九一四年開始，所有戰爭都是為了石油。

我們現在在伊拉克、伊朗、敘利亞、葉門和阿富汗都有戰爭，這就是為什麼俄國會在那裡。

美國替沙烏地阿拉伯對抗他們不共戴天的仇敵伊朗。

你覺得「恐怖份子」為什麼買得起武器？因為他們賣石油。

當雞醒過來時，就能成為老鷹。我在越南覺醒了。

老鷹如何學會飛翔

步驟1：「醒來」

我們在錢的方面全都被洗腦了。

洗腦意指你接受了不屬於你的想法，而被洗腦的人會願意為了他們接受的想法而戰。我曾經願意為了美國而死。但我醒了，因為我發現我們是為了石油而殺戮，直到今日。

當我說出以下的話時，被洗腦的人就會不高興：「存錢的人都是輸家。」「房子不是資產。」「有錢人不會為錢工作。」「有錢人把債當錢用。」「有錢人合法不用繳稅。」

他們會不高興，有些還會勃然大怒。他們變得很情緒化，因為已經被洗腦了。他們因為自己脆弱的信念受到反駁而不悅，因為他們被「刺激」了。

老鷹知道這件事，但雞不知道。雞會捍衛自己納稅、存款和長期多角化投資在股票、基金、共同基金和ETF裡的權利，即使賠錢也依然故我。

再次引用戴邁樂的話：

> 測試自己是否被洗腦且融入了某些想法和信念的第一步，就是在這些想法和信念遭受攻擊的時候。你覺得很震驚，並以情緒化的方式回應。……你已經準備好要為一個根本不是你的想法而犧牲。

當你意識到自己的存款、房子和退休基金全是有錢人的資產時，你就醒了。

我不是在說不要買房、不要存錢或不要長期投資股票。事實上，我很推薦沒有接受過真正的財務教育的人繼續緊抓他們的信念，繼續相信應該要買房子、存錢、不要負債和長期投資股票，這個金科玉律最適合沒興趣把時間和金錢投資在財務教育上的一般人。

我要說的只是「醒來」，若你因此變得情緒化並想要捍衛這些想法的話，你就已被洗腦了。

飛鷹的那一面

若變得情緒化或有防衛心便無法學習，就看不見硬幣的另一面，也就是印有飛鷹的那一面。

步驟2：老鷹會教後代關於金錢的知識，但雞不會。

你認為庫許納是怎麼學會記者不知道的稅務、債務和無限報酬知識的？

他是從學校學到，還是從他爸爸身上學到關於債務、稅務、房地產和無限報酬知識的？唐納．川普又是從學校還是爸爸身上學到這些的？

是誰教我這些知識的？我的窮爸爸？

教育很重要，但我們一定要自問：怎樣的教育？

當我九歲和富家小孩坐在同一間教室時，我很快就意識到他們正在學一些我學不到的知識。我的許多同學都在家裡向爸爸學習關於金錢的知識。

所以富爸爸才會在我跟他的兒子放學後教導我們金錢的知識。

富爸爸經常說：「大部分的有錢人家都富不過三代，第一代賺了，第二代享受，第三代全敗光。」因此他教我和他的兒子關於真實企業和房地產的知識。他不希望自己的財富也富不過三代。

富爸爸將其稱為「王朝式財富」，也就是能代代相傳的財富。富爸爸還說：「大部分中、下階層的父母只想要自己的孩子找份好工作。」

詹姆斯．瑞卡茲在著作《下一波全球金融危機》裡講述了一個故事，說他在義大利遇見一位美麗的女子，而這位女子的家族財富已傳承了九百多年。你若熟悉義大利的歷史，就會知道要維持「王朝式財富」九百多年幾乎是不可能的事。

當瑞卡茲問她財富如何傳承九百多年時，這位女子答：「很簡單，我們投資能長存的東西。」

而當瑞卡茲問她是哪些投資時，她說：「房地產、黃金、博物館等級的藝術品。」

她並沒有提及現金、股票、債券、共同基金或ETF。

這就是我和金開發現金流遊戲、寫書和教課的另一個原因。我們希望人們能彼此教導，同時也能由父母教導孩子，如此才能創造出更多家族王朝，讓這些家族茁壯並將財富世代傳承。

老鷹相信要將財富世代傳承，這又叫做資本主義。

雞則相信任由政府將他們的財富奪走，再重新分配給其他雞群，這是社會主義和共產主義。

步驟3：老鷹從錯誤中學習，但雞不會。

雞從來不學習，因為他們往往太過膽怯不敢犯錯，或者是假裝自己不會犯錯。納西姆．塔雷伯可能會將雞形容成「充滿韌性」、耐久、堅強、不屈不撓，但卻無法學習、改變和成長。雞無法學習和成長，因為學校洗腦了他們，讓他們相信「犯錯的人都很愚蠢」。

學校教導學生不能犯錯，而不是教他們從錯誤中學習。教育似乎在教導學生變得脆弱，並攻擊持不同意見或是傷害了他們感情的人。也因此，雞才會總是比老鷹多。

步驟4：老鷹會作弊，他們會尋找協助。

尋求幫助在學校等於作弊。

雞群充滿韌性，所以不會求助，他們會忍耐，但無法學習、研究和成長，也無法成為老鷹。

老鷹會求助，有自己的團隊並且團隊合作。他們會聘請專業的教練。所有的職業運動員都有教練，業餘的人則沒有。

金錢是場遊戲。學校教學生要自己以E和S象限的身分玩這場遊戲。

在《共好與同贏》裡，艾科爾認為現行的教育方法將學生限制在自己的小潛力裡。最優秀的學生通常會成為高薪的S象限人，也就是醫生和律師等專業人士。求助是軟弱的象徵。

S象限裡的專業人士通常要繳最多稅。雞都是以個人身分玩這場金錢遊戲。

下圖的紐西蘭國家橄欖球隊是全球數一數二的橄欖球隊，

B和I象限人玩金錢遊戲的方式

金錢遊戲是團隊運動

但他們代表的國家則是全球面積數一數二小的國家。

艾科爾在《共好與同贏》一書裡提及，學會團隊合作能夠提升個人的大潛能。

所有企業家都知道，經營公司最困難的是處理人、客戶、員工、專家和政府官員的問題。玩團隊遊戲能發展重要的個人和團隊能力，因此能提升個人的大潛能。經營公司和投資都是團隊遊戲。

但在學校裡，以團隊方式來考試的話，叫做「作弊」。

老鷹會與來自現金流象限中B和I象限的人組成團隊來玩這場金錢遊戲。雞則是從E和S象限來玩金錢遊戲。

金錢遊戲是心態的遊戲

E和S象限的人都很吃苦耐勞，他們的座右銘通常是：「想把事情做好就要自己做。」

B和I象限的人以團體方式運作。老鷹的團隊裡一定至少會有簿記員，接著是會計師和律師。能夠準確無誤記帳的簿記員會是B—I象限團隊裡成本最低的成員，但他們為團隊帶來的貢獻卻極為珍貴。沒有了準確的數據團隊便無法運作。

大部分的S象限創業家，都會自己或是由伴侶來記帳，或甚至乾脆不記帳。所以大部分的S象限創業家才會只能繼續跟雞群往來。

我跟金開始創業時，僱用的第一個人是一位叫貝蒂的簿記員。那時我們賺的錢還不多，但還是聘請了她。貝蒂也是一位真正的老師，若不是貝蒂，我和金現在也無法獲得財富自由。

E和S象限人玩金錢遊戲的方式

成功是獨立獲得的

雞會說「等我有錢再來聘簿記員」，而這就是雞只會是雞的原因。

婚姻與金錢

婚姻也是一個團隊遊戲。

有些婚姻就跟泰山和珍妮的關係一樣，泰山都是靠自己管錢。有些婚姻則像生意合作一樣，而金就是我們婚姻裡的執行長。你的金錢團隊成員有誰？

步驟5：老鷹投資其所愛，雞則照著別人說的做。

別人叫他們做的事通常是上學、努力工作、納稅、存錢並長期投資股票。戴邁樂會說：「他們不僅睡著了，還被洗腦了。」

大部分的雞都相信「做你所愛，錢財自然來」。問題是研究顯示有70％的雞討厭自己的工作。

老鷹則會獲取自己喜愛的資產。底下的財務報表會說明兩者之間的差異。

企業和房地產是所有資產中風險最高的，因為這些資產的流動性最低。只要投資人犯了錯，這些資產就會拖垮他們。因此開公司和投資房地產都需要最好的財務教育以及最佳的團隊。

紙資產和金、銀一類的商品流動性很高。就算投資人犯了錯，也能很快止血。

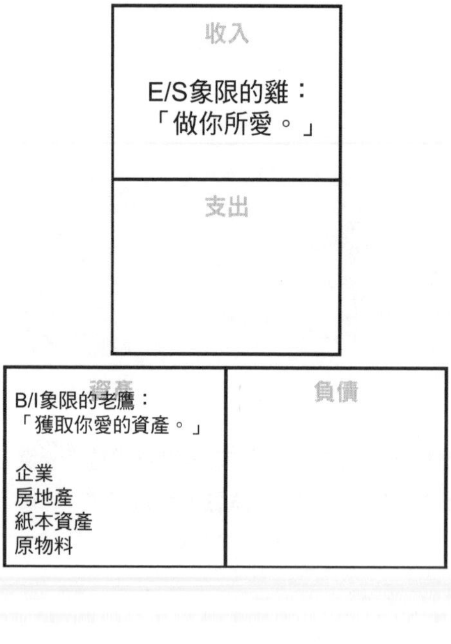

我成功的祕訣

若真要說我成功有什麼祕訣，那就是愛。我愛當企業家，喜歡建立自己的公司。我也愛房地產、利用債務並盡可能地少繳稅。我同時也愛黃金、銀和石油。

老鷹都愛自己的資產，但雞不是。

步驟6：老鷹投資無限報酬。老鷹會用「別人的錢」來投資，而雞就是「別人」。

四種資產的任何一種都有可能達到無限報酬。

紙資產是最容易達成無限報酬的資產，但如果你毫不思考就把錢交給「財金專家」的話還是無法達成。

這邊有個非常簡單的例子：

我用每股一美元買了一百張股票，花了一百美元。接著股價上升到十美元，於是我在十美元時賣掉十張股票，賺回一百美元的成本。

剩下的九十股就是我的無限報酬，是零成本的錢，是我的「資訊報酬」（return on information），而不是金錢報酬。

槓桿的力量

即使透過股票選擇權、買權和賣權，能夠獲得更高的投資報酬率但還是那句話，不要在還沒花錢上相關課程之前就輕易嘗試。

紙本資產的選擇權、企業的債和房地產都是槓桿。請記得並注意，槓桿越高，風險、報酬、所得和損失都會跟著提高。

如果你不願花時間和金錢學習且不斷練習的話，當一隻小雞會是比較明智的選擇。

五點建議

以下是五個能讓你和老鷹一同翱翔的建議。在讀這五個建議時，請一邊注意你內在「微小的聲音」在跟你說什麼。

「我付不起」「那太愚蠢了。」「我不在乎錢。」「我永遠不會變有錢。」「我不夠聰明，沒辦法那麼做」。

要記得，猶大就住在我們的腦袋裡。猶大會在我們和他人的背後刺人一刀。就我的經驗來看，聽從猶大的人太多了。

靈性就在你心裡，存在於寂靜和寧靜之中。

如果聽見猶大在跟你說話，深吸一口氣，看看周遭的樹木、溪流和花朵，不要說話，停下來，讓你的靈性有機會在沉靜之中與你對話。

其他祕訣

想要發揮所有潛力，必須透過愛、教育和經驗。如果你愛資產相關的課程並深入研究、犯錯、練習和學習，不久之後一定能找到獲取無限報酬的投資方法。

我和金都很喜歡當創業家，也喜愛房地產、黃金和白銀。我比金更愛石油，因為我在軍校時主修的就是石油。

股票vs.真正的物品

假設我投資十萬美元在紙本資產，例如我曾經工作過的標準石油股票上的話，我的免稅額是零。但如果我投資十萬美元在美國政府的石油開發計畫上，我可以立刻獲得聯邦政府和州政府將近40％的減稅額度。

也就是說，每投資十萬元，我繳的稅就能減少近四萬美元。

換個角度來說明，就是我減少的稅額抵消了我因為出書要繳納的稅額，就說是四萬美元好了。我因為投資石油而獲得的減稅額度抵消了因為其他收入而需繳納的稅款，甚至可能讓我完全不用繳稅。

這就是四萬美元的「幻影收入」，因為減稅而獲得的隱形收入。

課題：B象限和I象限人的減稅方式很相似，但在世界各地會稍有不同。真正的課題在於，擁有聰明的稅務會計師和稅務律師，可能是老鷹能做的最聰明的事。

$40,000	因為出書而要繳的稅
－〈$40,000〉	因為投資石油而獲得的減稅額
$ 0	

雞群則沒有簿記員、稅務會計師和稅務律師。

有一件很重要、需要特別提出來的事情，那就是任何人為了減稅而進行投資之前，都應該要先諮詢過稅務會計師和稅務律師。

課題：大部分的稅法和繳稅無關，而是和「如何少繳點稅」

雞花錢的方式

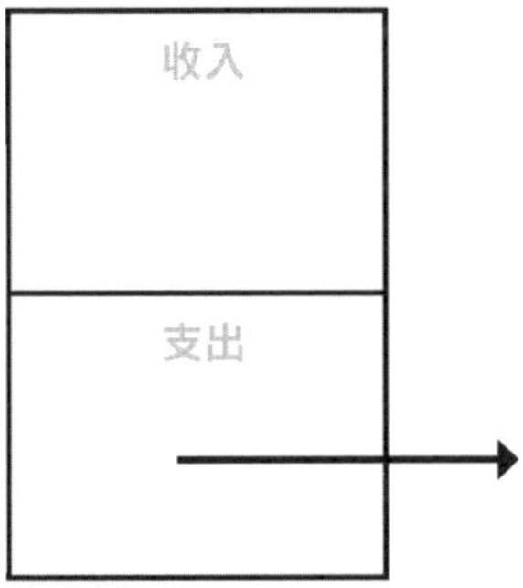

老鷹花錢的方式

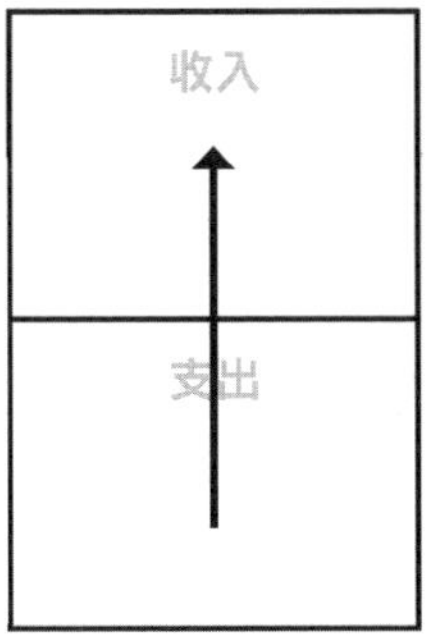

的獎勵措施息息相關。美國政府提供租稅獎勵給和政府合作的投資人。

文明需要能源。沒有能源、石化燃料和再生能源的話，文明就會瓦解。美國需要石油，很多石油。若沒有租稅獎勵的話，油價將會飆升，文明也將陷入混亂。

課題：老鷹花錢以提高收入，可能會花在教育上（一般課程和研討課）以及付費給簿記員、會計師和律師以獲取專業意見。

在這之中最棒的事？政府提供減稅額度給花錢來賺錢的人。

課題：努力工作的雞和努力工作並降低開銷來存錢的雞，要繳納的稅最多，從政府手上拿到的減稅額卻最少。

課題：雞花出去的錢就如同流水般一去不回來。

致謝

在此要特別感謝湯姆．惠萊特，他是《免稅財富》的作者，也是富爸爸公司稅務和會計規則方面的顧問。感謝他把稅務教育變得簡單，內容卻依然精確。

雞為什麼會輸

雞群總是照別人說的去做，並且把錢交給財務規劃師和基金管理人等所謂的「財金專家」幫他們投資。無論這些專家賺了或輸了他們的錢，雞群都沒辦法從中學到任何事。

老鷹如何學會飛翔

一九七八年，我因為銷售業績第一而進了全錄的總裁俱樂部。我達成了我的目標。我克服了自己害羞與害怕被人拒絕的本性，我學會了銷售，即使我仍然害羞與怕被拒絕。我學會了企業家最重要的技能：銷售能力。

一九七八年，我向全錄公司宣布我要辭職並創立自己的公司，並且感謝他們讓我擁有美好的四年經驗和真正的教育。

我和另一位同樣在全錄工作的朋友在閒暇之餘，建立了我們的新創公司：首間販賣尼龍材質和魔鬼氈做成的衝浪用錢包的商店，店址就在檀香山市中心，全錄辦公室的對面。

我們第一批十萬個尼龍錢包，剛從韓國抵達紐約，是時候銷售這些錢包了。我和朋友兩人都既興奮又害怕，因為這是個全有全無的賭注。

就在我要離開時，櫃檯人員伊蓮對我微微一笑，接著說：「你會失敗然後又跑回來的。」伊蓮工作這麼多年來，早已看過許多像我這樣年輕又志得意滿的銷售人員，出去開自己的公司，但一個個失敗又回到全錄。我的一位業務經理就是其中一員。

但這位直到現在仍是我最好的朋友跟我成功了。我們遠比想像的還要成功，尼龍錢包在國際熱賣，我們出現在許多運動商品雜誌、賽跑雜誌、衝浪雜誌，甚至是《花花公子》（Playboy）雜誌。錢源源不絕進來，我們達成了「美國夢」，成為百萬富豪。

但接著我們狠狠摔了一跤，損失了一切。我花了將近八年的時間償還所有欠投資人的債，其中一位投資人還是我的窮爸爸。

這是堂寶貴而真實的教育。

我在離開全錄的那天，回應伊蓮的話是：「我也許會失敗，但我絕不會回來。」

我確實沒有回去。我不斷在成功和失敗間起落，也很可能會一直如此下去，無論我變得多麼成功或有錢也依然如此。

這就是塔雷伯所說的反脆弱。就像人體需要挑戰、壓力和逆境才能保持強壯，人的靈性也是如此，而靈性就在我們的心裡。

這就是老鷹學會飛翔的方式。

我們全都是老鷹，有一對翅膀，有上帝賜給我們的靈性能夠學習如何去飛。

問題在於，我們有勇氣嗎？

智慧之語

有句話說：「上帝一開始創造了白痴是為了練習，接著祂創造了學校的委員會。」

說到金錢，學校的教育委員會究竟是由睿智的人，還是由對財務一竅不通的膽小鬼組成的？

富爸爸常說：「任何一個白痴都會花錢，因為花錢不用特殊的才能或教育。但要賺錢、守財，以及最重要的，不要讓白癡碰錢，就需要智慧了。」

我常會想到馬克．吐溫的話，並且再次自問：「這是不是學校沒有財務教育的原因？」我有自己的答案，那你的答案又是什麼？

愛因斯坦的話……

「教育就是一個人忘掉自己在學校所學後還記得的事。」

因為大部分的人幾乎沒學到任何和金錢相關的知識，所以還有多少能忘呢？

愛因斯坦還說：「想像力比知識更重要。」

富爸爸同意，他接著說：「想像力確實比知識重要，但愛因斯坦並沒有說知識不重要。知識很重要，因為知識能增加人的想像力。」

富爸爸還說：「每個人都有絕妙的點子，但沒有財務知識的話，點子就只會是點子，希望只是希望，而夢想也只是夢想。最糟的是，沒有財務知識的話，許多可能改變世界的想法，改善生活的發明，以及可能帶來和平的產品（而不是武器）就只能一直被困在這個人的想像裡。沒有了知識，資訊毫無價值。沒有了知識，大部分的人每天都與好幾百萬美元錯身而過。知識擁有將想像化為真實，以及將想法化為金錢的力量。」

唯有擁有知識，資訊的報酬（ROI）才有可能產生。沒有了知識，資訊毫無意義，而沒有財務教育的話，資訊也無法轉化成財富。

富勒博士曾寫道：

我希望你們能以個人角度思考這件事。一個會跟我說「我能做什麼？我能做什麼？我只是個微不足道的小人物」的人。

我說你們能做的事，事實上我已經跟你們說過，就是我們其實正在面臨「最後的考驗」，昨晚我跟你們說我們在宇宙中自有其功用。我們身在此地就是為了蒐集本地宇宙的資訊、解決本地的問題，以協助這個永遠不斷再生的宇宙維持完整。

完整是精髓。在無形的世界裡，有形的美感並不存在。在無形的世界裡，唯一的美感就是完整，而這存在於我們即將邁入的電腦世界裡。

我要感謝我在夏威夷的好友卡拉夫特（Randolph Craft），因為他帶我參加了這場一九八一年在加州柯克伍德太浩湖附近舉辦的活動。是他推著我去上這門由富勒博士講授的「商業的未來」。

那時，聽富勒博士上課對我而言是件無聊得要死的事，而且課程從一大早開始，一直到非常、非常晚的晚上才結束。我一直不小心睡著。卡拉夫特也是那個一直敦促我，要我在這五天的課程裡保持專心，不要像當年在學校一樣，把大部分的課程都睡掉的人。

卡拉夫特讓我成為活動攝影團隊的一員，以幫助我在課程中保持清醒。就這樣，我在這一堂我所上過最重要的課裡保持清醒、專注。這個研討會最後改變了我的人生方向。

富勒博士談到資訊時代是個無形的時代，而無形的時代將是個完整的時代時，我醒來了。

那是我人生中相當不成功的一段時期。無論是我的人生還是公司都一塌糊塗。富勒博士的話給了我一記當頭棒喝，讓我審視自己的生活中有哪些地方脫離了「完整」。那是張很長的清單。一九八一年之後，我意識到我的生活中有許多部分都脫離了完整，於是我開始「自我改進」。

在那次以及其後兩個夏天的研討課程裡，富勒博士總會說：「完整是所有成功事物的精髓。」

我一直謹記富勒博士關於「完整」的看法：

> 我希望你們能以個人角度思考這件事。一個會跟我說「我能做什麼？我能做什麼？我只是個微不足道的小人物」的人。
>
> 我說你們能做的事，事實上我已經跟你們說過，就是我們其實正在面臨「最後的考驗」，昨晚我跟你們說我們在宇宙中自有其功用。我們身在此地就是為了蒐集本地宇宙的資訊、解決本地的問題，以協助這個永遠不斷再生的宇宙維持完整。

一九八三年七月一日，在我最後一次跟富勒博士上課過後一個月，他就與世長辭了。

我得知富勒博士過世的消息時正行駛在檀香山的 H-1 州際公路上，我立刻停下車放聲大哭。我一直以為他會一直在這，帶領人類走出我們身處的混亂，但現在他卻走了。他的話不斷在我腦中出現：「我能做什麼？我能做什麼？我只是個微不足道的小人物。」

幾個月過後，我讀了他的著作《強取豪奪的巨人》。

在讀這本巨作的同時，我不斷想起童年時期我跟著富爸爸和窮爸爸上的課、在越南的墜機事件、不願降價賣出黃金的瘦小越南女子、回到夏威夷發現窮爸爸因為起身反抗全美國最腐敗的州政府而失業等事情。我想起不同的角度和觀點：我的窮爸爸希望我取得碩士學位，富爸爸則建議我學會有關債務和稅務的知識。

一九八三年，我還只是個沒沒無聞的人，但我知道自己應該要做什麼。一九八三年，我在搖滾樂產業工作，雖然有趣卻不是我的人生目標。我將我持有的股份給了合夥人，沒有要求任何回饋。我受夠了。

富勒常說：「讓學者自由，使其重回學習之中。」

一九八三年，我人生中第一次真的成為一位學生。人生中第一次，我感到完整，我變得完滿。我和我的學習成為一體，不再是虛假的學生，而是真正的學生。我成為想了解掠奪的巨人的學生。

一九八四年，正當我準備離開夏威夷時，我遇見了此生中見過最美麗的女孩，我們談論彼此的人生目標，接著相愛。

雖然我身無分文、沒有工作也沒有未來，但我和金沒有想太多就攜手離開了夏威夷前往加州。有一陣子我們連住的地方都沒有，曾遇過糟糕透頂的人，也遇過美好的人，曾攀到人生高峰也曾跌落谷底，但我們從不回頭看。我和金成為了彼此完整的一部分，也和我們的人生使命及目標合為一體。生活越困難，我們就變得越反脆弱，沒有任何事能阻擋我們。

從那時起直到現在，我們一直謹記富勒說的：「完整是所有成功事物的精髓。」我們現在還了解到，富勒的話對於無形時代，也就是現代這個科技無形、改變無形，連貨幣也無形的時代來說，還有更多意涵。

完整（名詞）

1 誠實且持有強大道德原則的特質；道德上的正直。

2 完整未分割的狀態。

最後要給大家一句富勒的智慧之語，這句話支撐著我和金，讓我們在沒有工作且經常沒錢時繼續堅持下去。

「如果地球和人類的成敗都取決於我和我做的事……我會成為什麼樣的人？我會怎麼做？」

你發問……我回答

問：我需要擔心仿造的金屬，尤其是金和銀嗎？

史恩T.——加拿大

答：你需要知道有可能會有偽金屬和仿造的金屬，並且只和有好名聲的黃金商和銀商買賣。

問：有不適合投資黃金的時候嗎？

亞力山卓B.——美國

答：有，當你很貪婪的時候。

問：我一直對投資金和銀有疑慮，我害怕政府會沒收這些金屬。你覺得這種情況有可能在二〇一九年發生嗎？

劉X.——中國

答：任何事都有可能。我不太相信美國政府會沒收我們的黃金，但另一方面，事情也很難說。所以我永遠都有備案。

問：你覺得若富勒博士還在世，看到你現在的成功以及開發出富爸爸現金流遊戲教導別人投資的話，他會對你說什麼？

答：我猜他應該會因為我讀了《強取豪奪的巨人》還採取行動而感到更開心。

伊魯L.——阿根廷

結尾反思

今日，教育比過去任何時候都重要，並且擁有驚人的力量。

而我想要問，在選擇老師的時候，你追隨的是東方三賢者……還是三盲鼠的腳步？

我們都是老鷹。我們都有翅膀。我們都有上帝賜給我們的靈性去學習飛翔。

我們都有選擇的力量。問題是，我們有勇氣嗎？

羅勃特・T・清崎

感謝你閱讀本書。

關於作者

羅勃特・清崎（Robert Kiyosaki）

史上最暢銷個人理財書《富爸爸，窮爸爸》作者。羅勃特挑戰並改變了全球數千萬人對於金錢的思考方式。他是企業家、教育家、投資人，相信世界需要更多能夠創造工作機會的企業家。

與傳統相反，羅勃特對於金錢與投資的獨到觀點，為他在全世界贏得直言不諱、不屈於權威、充滿勇氣的名聲，也促使他成為既熱忱又直率的財務教育提倡者。

羅勃特與妻子金是富爸爸公司的創辦人，也是現金流桌上遊戲的開發者。富爸爸公司是一間致力於推廣財務教育的公司。二〇一四年，公司利用已在全球各地取得成功的富爸爸遊戲，進一步開發出了劃時代的手機和線上遊戲。

羅勃特被譽為是一位充滿遠見的大師，擁有將金錢、投資、財務和經濟等複雜概念化繁為簡的天賦。他所分享自己達成財務自由的經驗，引起了各行各業不同年齡層讀者的廣大迴響。他的核心原則和訊息，例如「房子不是資產」、「投資現金流」和「存款人都是輸家」等，則點燃了激烈的批評和嘲諷。過去二十年來，他教導的內容和他的財務哲學以一種既充滿爭議卻又彷彿預言般的方式在世界的經濟舞台上占有一席之地。

他認為上大學、找到好工作、存錢、不要負債、長期且多角化投資等過往建議，在當代變化快速的資訊時代裡早已過時。富爸爸哲學和他想傳達的訊息挑戰了現狀，而他所教導的內容則鼓勵了許多人接受財務教育，並積極地為自身的未來投資。

他是全球暢銷書《富爸爸，窮爸爸》系列等二十五本書的作者，曾受邀至全球各地擔任媒體佳賓，包括 CNN、BBC、Fox 電視台、半島電視台、GBTV 和 PBS 等。他也曾出現在《賴瑞金現場》（Larry King Live）、《歐普拉脫口秀》（Oprah）、《人民》（People）、《投資人經濟日報》（Investor's Business Daily）、《雪梨晨鋒報》（Sydney Morning Herald）、《醫生們》（The Doctors，暫譯）、《彭博社》（Bloomberg）、美國國家公共廣播電台（NPR）、《今日美國》（USA Today）等數百個節目和報紙。過去二十年來，他的書在暢銷書排行榜上持久不墜。現在，他仍誨人不倦，不斷啟發世界各地的讀者。

請上 RichDad.com 了解更多詳情。

高寶書版集團
gobooks.com.tw

RD021
富爸爸，菁英的大騙局：
從貨幣、教育到資產，揭穿讓你越來越窮的金融謊言，邁向真正的財務自由
FAKE: Fake Money, Fake Teachers, Fake Assets: How Lies Are Making the Poor and Middle Class Poorer

作　　者　羅勃特・T・清崎 (Robert T. Kiyosaki)
譯　　者　黃奕豪
責任編輯　林子鈺
封面設計　林政嘉
內頁排版　賴姵均
企　　劃　鍾惠鈞

發 行 人　朱凱蕾
出　　版　英屬維京群島商高寶國際有限公司台灣分公司
　　　　　Global Group Holdings, Ltd.
地　　址　台北市內湖區洲子街 88 號 3 樓
網　　址　gobooks.com.tw
電　　話　（02）27992788
電　　郵　readers@gobooks.com.tw（讀者服務部）
　　　　　pr@gobooks.com.tw（公關諮詢部）
傳　　真　出版部（02）27990909　行銷部（02）27993088
郵政劃撥　19394552
戶　　名　英屬維京群島商高寶國際有限公司台灣分公司
發　　行　希代多媒體書版股份有限公司 /Printed in Taiwan
初版日期　2020 年 5 月

FAKE: Fake Money, Fake Teachers, Fake Assets: How Lies Are Making the Poor and Middle Class Poorer

First Edition: April 2019
First Traditional Chinese Edition: May 2020
The edition published by arrangement with Rich Dad Operating Company, LLC.

國家圖書館出版品預行編目（CIP）資料

富爸爸，菁英的大騙局：從貨幣、教育到資產，揭穿讓你越來越窮的金融謊言，邁向真正的財務自由 / 羅勃特 .T. 清崎 (Robert T. Kiyosaki) 著；黃奕豪譯 . -- 初版 . -- 臺北市：高寶國際，2020.05
面；　公分 .--（RD021）
譯自：Fake：Fake Money, Fake Teachers, Fake Assets：How Lies Are Making The Poor And Middle Class Poorer

ISBN 978-986-361-837-9（平裝）
1. 個人理財　2. 投資

563　　109004778

GOBOOKS
& SITAK
GROUP©